YEISHI CHOKI HOKUSAÏ

YEISHI CHOKI HOKUSAÏ

ESTAMPES JAPONAISES

TIRÉES DES COLLECTIONS DE

MM. Bing, Bouasse-Lebel, Bullier, Mme E. Chausson, Chialiva, Raphaël Collin
Cosson, Dieterlen, J. Doucet, Ducoté, Fricotelle, Genet
Mme Gillot, Mme P. Girod, Houdard, Hubert, Isaac, Jacquin, Javal, R. Kœchlin, Mlle Langweil
J. Lebel, Mme Léry, Le Véel, Madvig, Manzi
Maroni, Marteau, Migeon, Mutiaux, Pol Neveux, Odin, Dr Poncetton
Portier, Du Pré de Saint-Maur, H. Rivière
L. Rosenberg, H. Rouart, Ch. Salomon, Vicomte de Sartiges, Mme Seure, Smet, H. Vever, Vignier
Musée du Louvre, Musée des Arts Décoratifs

ET EXPOSÉES
AU MUSÉE DES ARTS DÉCORATIFS
EN JANVIER 1913

CATALOGUE dressé par MM. VIGNIER et Jean LEBEL

AVEC LA COLLABORATION DE M. INADA

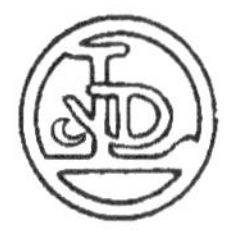

PARIS

DES ATELIERS PHOTO-MÉCANIQUES D.-A. LONGUET

EN VENTE

BIBLIOTHÈQUE D'ART ET D'ARCHÉOLOGIE

16, RUE SPONTINI, 16

YEISHI CHOKI HOKUSAÏ

Kiyonaga et Utamaro sont les plus grands parmi les peintres de l'école populaire qui, à la fin du dix-huitième siècle, faisaient de la femme le sujet à peu près constant de ces esquisses dont les graveurs et les imprimeurs répandaient les reproductions en couleurs dans le public de Yédo et d'Osaka, mais ils ne furent pas les seuls et bien d'autres marchèrent sur leurs traces. Nous en avons déjà étudié un, ce Shuncho, imitateur fidèle de Kiyonaga, qui fondit vraiment sa personnalité dans celle du maître qu'il s'était choisi; ceux dont on voyait les ouvrages cette année à l'exposition du Pavillon de Marsan avaient su ne pas se laisser absorber à ce point; plusieurs gardaient un talent relativement original et il suffit de se rappeler certaines estampes de Yeishi et de Choki, qui sont de rares chefs-d'œuvre, pour n'être point tenté de les traiter de simples caudataires; aucun pourtant n'avait échappé à l'influence des deux créateurs du style de leur génération et, dans l'œuvre des moins heureusement doués, ce sont surtout des redites et des pastiches. Hokusaï lui-même subit la mode dans sa jeunesse et, nous le verrons l'an prochain, de même Toyokuni. Sans doute est-ce cette décadence de l'imagination créatrice qui facilita la révolution dont, une fois maître de lui, Hokusaï devint le protagoniste; à la grâce des longues figures conventionnelles succéda un réalisme dont il ne redouta pas les outrances, tempéré seulement par une fantaisie pittoresque véritablement incomparable. Une nouvelle formule remplaça celle de Kiyonaga et d'Utamaro; le génie du maître y éclate, elle produisit entre ses mains des morceaux extraordinaires et triompha dans des livres ou dans des séries désormais illustres, telles la *Mangwa* ou les *Trente-six vues du Fuji-Yama* et les *Images des Poètes*. Cette formule valait-elle plus que l'autre? On ne saurait le dire, mais en vérité elle ne fut guère plus féconde. La « queue » du maître se montra à peu près aussi servile imitatrice que celle de ses grands prédécesseurs de la fin du dix-huitième siècle et, quand Hokusaï mourut, nul parmi ses élèves n'était capable de relever l'art de l'estampe japonaise en couleurs.

YEISHI ET SON ÉCOLE[1]

Yeishi appartient à la génération des grands classiques de l'estampe; même si l'on n'adopte pas pour sa naissance la date de 1747 proposée par Morrison[2], et que l'on s'en tienne à celle de

1. L'exposition de 1913 a été préparée, comme les précédentes, avec l'aide de M. Jean Lebel, qui a bien voulu de plus collaborer avec MM. Vignier et Inada à l'établissement du Catalogue.

2. Sur ces artistes on ne trouve guère de renseignements que dans les histoires générales de la gravure japonaise que nous avons citées dans nos précédents catalogues : Seidlitz, Tajima, Strange, Kurth et Morrison. M. Lemoisne leur a consacré quelques pages très justes dans l'article qu'il a écrit sur l'exposition *Yeishi, Choki, Hokousaï* dans la *Gazette des Beaux-Arts*, 1913, p. 1, p. 219.

3. *Ostasiatische Zeitschrift*, t. I, n° 4.

1764 ou environ donnée par Kurth[1], il demeure le contemporain, cadet de dix ans seulement,
d'Utamaro et vingt ans à peine le séparent de Kiyonaga : il travailla en même temps qu'eux et à
côté d'eux. On ne saurait toutefois le mettre au même rang que ces créateurs ; il fut un artiste de
reflet, un éclectique, a-t-on dit justement, très habile à s'assimiler leur manière et à l'envelopper
de la grâce aisée qui lui était propre ; cette grâce même allait parfois jusqu'à la fadeur quand il
s'abandonnait à sa facilité, qui était extrême : aussi se trouve-t-on singulièrement surpris, quand tout
à coup, dans son œuvre, quelques pièces se présentent qui égalent ce que l'école populaire de son
temps a fait de mieux, ces trois estampes figurant chacune, sur fond d'argent sombre, une femme
debout, du plus noble style et d'une magnificence de couleur que les plus grands avaient rarement
atteinte. Ces morceaux admirables ne doivent pourtant pas faire illusion sur l'originalité de l'artiste
et nous allons voir que son œuvre, d'ailleurs fort agréable, a beaucoup plus emprunté au fond
commun de son temps qu'elle n'y a ajouté.

Hosoda Yeishi appartenait à une bonne famille dépendant du clan des Fujiwara. Son nom
était Tokitomi Fujiwara ; il avait eu pour arrière-grand-père un secrétaire aux finances du gouvernement shogunal, pour père un inspecteur de la police, aussi ne doit-on pas s'étonner de le voir
débuter dans l'administration ; mais il s'occupait en même temps de peinture sous la direction d'un
certain Kano Yeisen, et sans doute y réussit-il, car son talent et la délicatesse de son goût le
firent prendre en gré par le shogun lui-même, Yeharu. Il avait ses entrées au palais et l'on dit
que c'est à la faveur du ministre qu'il dut son nom de Yeishi. La faiblesse de sa constitution
l'obligea à quitter le service du gouvernement trois ans à peine après son entrée en fonctions et
dorénavant il s'adonna uniquement à son art ; seulement, chose étrange, au lieu de continuer à
peindre dans le style académique de son maître, c'est à un artiste de l'école populaire qu'il
s'adressa pour compléter son éducation, à Okumura Bunkaku, et celui-ci lui enseigna les méthodes
et le style des Torii ; il les pratiqua dorénavant, ajoutant à son nom de Yeishi celui de Chobunsai,
de Tomisabro et d'autres encore, suivant la coutume. Cette conversion, aussi bien, n'alla pas sans
exciter quelque surprise. Assurément il réussissait auprès du public, le grand nombre d'estampes
éditées d'après ses peintures par diverses maisons prouve sa vogue : il allait de pair, suivant le goût
du temps, avec un Utamaro, dont il fit le portrait[2], avec un Hokusaï, qui collabora avec lui
(*Illustrations des trente-six Poétesses*, 1801), et l'empereur lui-même aurait pris plaisir à une *Vue
de la Sumida* qu'il avait peinte et qui fut placée au trésor impérial, en suite de quoi il se fit faire
un sceau spécial portant ces mots : « Vu par Sa Majesté l'Empereur. » Plusieurs ne le tenaient
pas moins pour un transfuge. « Malheureusement, dit un historien[3], Yeishi ne fit pas toujours un
usage judicieux de ses habiles pinceaux, en dépit des conseils prudents de ceux qui lui voulaient
du bien ; plus d'une fois il reçut de ses supérieurs de sévères remontrances et l'avis d'avoir à changer
de manière ; à la fin, il en conçut un tel chagrin qu'il brisa ses pinceaux et renonça à la peinture. » Cette anecdote ressemble fort aux anas dont les annalistes de l'art japonais se font trop
souvent les échos ; la mauvaise humeur des académiques est pourtant assez vraisemblable. Yeishi
mourut en 1829.

Nous ne savons rien de plus sur sa vie et quant à des détails précis sur son art, ce n'est
pas à des documents japonais qu'il faut les demander ; tout ce qu'ils nous disent, c'est que Yeishi
travailla pour la gravure pendant les ères Temmei et Kwansei (1781-1800) et qu'il abandonna ensuite
cette manière pour faire des kakémonos, assertion qu'on rencontre à propos de beaucoup de peintres
et qui ne se trouve pas toujours vérifiée. Yeishi n'aurait donc dessiné des modèles d'estampes qu'entre
dix-sept et trente-six ans. Toutefois, même durant un aussi court espace de temps, la chronologie
de son œuvre semble très malaisée à établir. Hayashi possédait une estampe datée de 1783 (n° 966 du
Catalogue de sa collection) qui aurait pu servir de point de comparaison pour les œuvres de jeu-

1. *Der Japanische Holzschnitt*, Munich, 1911. p. 72.
2. Arthur Morrison, *Yeishi's portrait of K. Utamaro* dans *Ostasiatische Zeitschrift*, t. I, n° 4.
3. Cité par Strange, *Japanese Colour Prints*. Londres. 1908, p. 33.

nesse, mais il ne la reproduit pas et nous ne l'avons pas retrouvée, et la seule date que nous possédions ensuite est celle d'un kakémono de 1795 reproduit par Tajima[1] : en admettant même qu'aucune commune mesure ne puisse être établie entre le style des estampes et celui des kakémonos, on ne s'étonnera pas qu'à ce moment le style de l'artiste apparaisse parfaitement formé. Et sans doute nous pourrons compter sûrement parmi les ouvrages de jeunesse certaines imitations directes de Kiyonaga, comme le n° 4 (pl. I); pourtant, avec un peintre aussi peu personnel que Yeishi, les constatations d'influences subies, celle d'Utamaro surtout, sont constantes et la chronologie n'en saurait guère tirer de renseignements. Les points de repère manquent donc pour fonder aucune argumentation et, sans chercher à établir une classification chronologique, il n'est permis que d'essayer de caractériser le style propre de l'artiste.

Ce style est fort élégant. Les femmes longues et cambrées qu'Utamaro avait mises à la mode dans l'école populaire reparaissent chez Yeishi et on les voit se promener par les rues, vaquer à leurs occupations familières avec grâce; le dessin en est toujours soigné; qu'elles tiennent seules la feuille sur un joli fond jaune ou gris tendre, assises sur leurs nattes ou debout dans leurs vêtements à ramages, les lignes du corps et des draperies s'harmonisent dans une mise en page heureusement combinée; si la présence d'une compagne vient animer la scène, les attitudes des deux amies se balancent agréablement et quand, aux triptyques, des divertissements moins intimes amènent dans la maison ou le jardin la foule des invitées, leurs théories y circulent et les groupes se confondent ou se dégagent en d'aimables arabesques. Et, de toutes ces gracieuses personnes, courtisanes ou dames véritables, les visages sont fort avenants, d'un ovale très marqué sitôt que l'artiste se dégage de l'influence de Kiyonaga, mais point exagéré comme souvent chez Utamaro, et la délicatesse du contour rend le modelé suffisamment sensible. Qu'on ajoute à ces qualités propres au peintre, la merveilleuse habileté des graveurs qui traduisirent ses esquisses, la douceur de leur coloris, la finesse de leur trait et les raffinements qu'ils recherchaient, tels que les transparences d'étoffes obtenues par les superpositions de planches ou ces gaufrures qui font jouer les blancs, et la faveur de Yeishi auprès des amateurs ne manquera pas de paraître pleinement justifiée.

Et pourtant cet agrément continu lasse à la longue. Trop de distinction paraît fade et, en feuilletant une série de Yeishi, on soupire après quelque mouvement imprévu. Tout est réglé comme il convient, mais nulle invention ne réveille l'attention. Ces jeunes femmes se présentent sans doute de façon à former le plus aimable tableau, jamais pourtant le petit drame ne se sent, qui décelait chez Utamaro une observation si aiguë; jamais ce rien de romantisme n'apparaît qui nous séduisait si fort, et la grandeur est absente aussi qui, chez Kiyonaga, faisait oublier l'impassibilité. Ce ne sont pas des portraits d'êtres vivants que nous avons sous les yeux, mais des gravures de mode. Certaines qualités pourraient, il est vrai, suppléer à l'impersonnalité de l'inspiration, et elles sont en effet singulières; quoi de mieux pondéré par exemple que la mise en page de Yeishi? Qu'est-ce toutefois que cette pondération, si l'on songe à la liberté, à la fantaisie de la mise en page d'Utamaro! On l'a dit spirituellement, cette beauté, conforme toujours aux règles, donne la sensation de l'inévitable, et l'inévitable, c'est l'ennui.

Au reste, ne soyons pas trop sévères pour Yeishi. C'est à lui, paraît-il, qu'il convient de savoir gré d'une invention qui fit fortune, celle de ces harmonies en violet, gris et jaune qui donnent à tant d'estampes une si avenante discrétion; toutefois l'attribution de cette idée à l'artiste n'est pas assurée. L'on ne saurait oublier non plus certains tours de force notables auxquels il se prêta, bien que moins audacieux d'ordinaire; il est l'auteur de la plus grande estampe qui soit sortie des presses japonaises à la fin du dix-huitième siècle, cette belle feuille de la collection Vever (n° 24, pl. VII), — elle faisait partie d'une série de quatre, — où l'on voit trois courtisanes dans leur intérieur; la composition, il est vrai, passerait inaperçue en un autre format et

---

1. *Masterpieces selected from the Ukiyoyé School*, t. V, pl. 151.

c’est surtout au graveur et à l’imprimeur que revient, semble-t-il, le mérite de cette pièce extraordinaire, mais dans l’ignorance où nous sommes des rapports du peintre avec ces ouvriers[1], la
part doit lui être faite assez belle. Et il se peut aussi que les trois chefs-d’œuvre que nous
signalions, ces grandes figures de femmes debout se détachant sur un fond d’argent sombre,
(n⁰ˢ 26 à 29, pl. IX et X) doivent beaucoup aux artisans admirables qui traduisirent le dessin de
Yeishi ; ni dans l’attitude, ni dans le jet et le décor des draperies, ni dans la mise en page, on
ne noterait rien de particulièrement remarquable ; mais la prodigieuse réussite de l’ensemble n’est
pas un coup de hasard, et c’est Yeishi assurément qui a été le génial maître d’œuvre. La délicate
harmonie des tons chauds qui chantent sur le fond argenté, l’accord profond de ces roses, de ces
jaunes, de ces verts avec les chatoiements du métal font de ces feuilles les égales des plus magnifiques. Et si l’imagerie courante de Yeishi, un peu fade et banale, paraît monotone, ces rares
chefs-d’œuvre demeurent pour témoigner qu’il a su parfois n’être pas inférieur aux grands
maîtres.

De même qu’Utamaro, Yeishi a formé une école assez nombreuse ; toutefois, alors que Tsu-
kimaro, Kikumaro et tant d’autres semblent avoir été surtout des aides chargés de traduire le plus
promptement possible l’idée du maître pour des éditeurs impatients, Yeisho, Yeiri, Yeisui et leurs
camarades d’atelier demeurèrent, sous la direction de leur patron, des peintres suffisamment origi-
naux. On ne saurait reconnaître d’ordinaire une estampe signée d’un des succédanés d’Utamaro
de celles que l’atelier répandit à profusion avec la signature de son chef pendant les dernières
années de son existence ; au contraire, bien que la marque propre de Yeishi s’aperçoive aisément
chez tous ceux qui sortirent de lui, chacun garde sa personnalité et celle de plusieurs est fort
attrayante. Les renseignements manquent malheureusement sur la plupart de ces peintres et nous
n’avons pour les étudier que les ouvrages qu’ils nous ont laissés ; ceux même de plusieurs survivent assez
rares ; ces ouvrages suffisent cependant à nous montrer une petite phalange très intéressante et qui
tient sa place honorablement entre les divers groupements de l’estampe japonaise du commen-
cement du dix-neuvième siècle.

Yeisho, qui porta aussi le nom de Chokosaï, était le mieux représenté au Pavillon de Marsan parmi
les élèves de Yeishi, et le panneau qu’on lui avait consacré tenait à côté de celui de son maître. L’œuvre
de Yeisho nous est parvenue beaucoup moins nombreuse que celle de Yeishi, mais elle y gagne, en ce
sens que nous n’avons pas le temps de nous fatiguer de ce qu’il peut y avoir d’impersonnel chez lui. On
y trouve en effet, à côté de la trace évidente des enseignements du chef de l’atelier, la marque de l’influence
d’Utamaro à laquelle ne se déroba aucun des peintres de la génération de Yeisho — un album de 1798 date
sans doute de sa jeunesse[2] — et certaines des feuilles signées de lui ne présentent ni plus ni moins
d’originalité que les « gravures de mode » de son patron. Toutefois, plus que Yeishi, il se préoccupa du
pittoresque ; son dessin ne manquait pas de fantaisie, et si cette fantaisie tourne parfois à la manière, nous
ne lui en ferons pas un crime : la prétention même vaut mieux que l’inéluctable facilité. C’était une idée
ingénieuse que celle de ces triptyques où trois courtisanes sont assises dans la chambre du Paon (n° 38) ou
de l’oiseau de Hô (n° 39, pl. XI), l’éclatant plumage déchiqueté formant fond à leurs robes brodées et à
l’ample monument de leur coiffure ; quelque chose de l’art de Toyokuni se sent ici, et c’est à lui peut-être
que Yeisho doit une part de son pittoresque. Mais sa fantaisie est bien à lui, et dans ses bonnes pièces,
elle se fonde sur une fine observation des mouvements et des types ; on trouverait difficilement plus
de grâce spirituelle alliée à plus de justesse d’attitude que chez cette dame assise qui rajuste ses épingles
à cheveux devant son miroir à main (n° 43, pl. XII), et rien de plus exact, pour qui connaît la japonaise,
que la petite femme qui tend sa coupe au « marchand d’eau de cascade », de même que rien de plus
humoristique à la fois (n° 40, pl. XII). Mais peut-être est-ce dans les grandes têtes de femme que Yeisho a

---

1. M. Smidt, on le sait, a étudié cette question dans un article des *Graphischen Kunsten* de Vienne (1911) *Harunobu, Technik und Faelschungen seiner Holzschnitte.*
2. Un roman de Kunembo (Hayashi, n° 1679).

donné toute sa mesure ; celles d'Utamaro avaient plus de noblesse sans doute, on n'y trouverait pas plus de fantaisie. Il y a une variété charmante dans les cinq que nous reproduisons, depuis la naïveté de l'aimable personne qui a passé son pinceau dans sa bouche et relit la lettre qu'elle vient d'écrire (n° 48, pl. XV), jusqu'au pittoresque de ces deux figures à demi voilées (n°ˢ 44 et 45, pl. XIII), sans oublier la grâce mutine de celle qui a posé négligemment sur sa tête une serviette à décor d'astéries (n° 46, pl. XV). Les ennemis des « grandes têtes », assez nombreux parmi les amateurs, accuseront celles-là de préciosité et nous avouons que Yeisho y a pris quelques libertés ; ses portraits doivent être médiocrement ressemblants, puisqu'il ne s'est pas embarrassé de mettre deux noms différents sur deux visages à peu près identiques (n°ˢ 46 et 47); reconnaissons aussi que ses grâces sont un peu voulues et médiocrement prime-sautières ; elles charment néanmoins. Yeisho a un talent personnel et n'est point du tout négligeable.

Yeiri lui aussi fut un agréable artiste, toutefois chez lui le maniérisme éclate encore davantage. Il semble plus éloigné de Yeishi que Yeisho, et Utamaro surtout semble l'avoir séduit, ainsi que Toyokuni : c'est une tête de Toyokuni qui se voit sur l'écran que tient une courtisane (n° 58, pl. XVII) et n'était la signature, on attribuerait à cet artiste, dans un de ses bons jours, le beau buste de chanteur sur fond d'argent de la collection Ducoté (n° 59, pl. XIX). Les peintres ne demeuraient pas, on le sait, invariablement enchaînés à leurs traditions d'atelier et ils jetaient volontiers un coup d'œil sur les officines du voisinage qui plaisaient ; Yeiri n'y manqua pas, mais non au point d'oublier toute originalité. Seulement quand il est lui-même, comme il arrive notamment aux deux curieuses estampes représentant des *soka* de Kyoto et de Yedo (n°ˢ 54 et 55, pl. XVI), c'est une étrange afféterie. Que ces courtisanes de basse classe s'avancent, distinguées comme des princesses, nous n'avons pas à nous en étonner; mais pour obtenir cette distinction, l'artiste a allongé la taille démesurément, plus sans doute qu'Utamaro n'avait jamais osé faire, et il a collé au corps les vêtements pour donner mieux l'illusion de la longueur; il n'y a pas jusqu'au petit geste menu qui n'amincisse encore cette stature toute conventionnelle. Le maniérisme s'étale ici sans vergogne, un maniérisme fort délicat certes, mais qui sent sa décadence : les écoles en pleine vigueur n'ont pas besoin de tant d'apprêts pour plaire. Il semble que Yeiri ait été fort goûté en son temps [1].

Nous ne savons rien d'Ichirakutei Yeisui et ses estampes sont rares; il y a toutefois, dans le peu que nous en connaissons, la même teinte de maniérisme, et ce n'est pas certes la simplicité qui fait le charme de la dame en buste (n° 61, pl. XX) qui se coupe les ongles avec une si laborieuse affectation ; le coloris toutefois en est admirable. Choyensaï Yeishin est moins connu encore, bien qu'on nous le donne [2] pour l'un des meilleurs élèves de Yeishi; au reste, la seule estampe de lui que nous exposions justifiait cette réputation, ce jeune homme au visage si fin (n° 62, pl. XX) portant les symboles des trois rêves du bonheur, le Fuji à son nom, les aubergines sur son kimono et le faucon au poing. Il y a peu de choses à dire d'un second Yeiri et de Yeicho, représentés chacun par une seule estampe assez peu caractéristique; quant au troisième Yeiri, Rekisenteï, on a tout lieu de croire qu'il ne fut pas élève de Yeishi, mais d'un certain Yeishun Hasegawa Mitsunobu; c'était un contemporain d'ailleurs des peintres de l'atelier du maître et son style ne diffère guère du leur : un souvenir de Toyokuni sur un écran (n° 70, pl. XXII), une note ironique à la manière d'Hokusaï (n° 65, pl. XXII) ne sont pas pour nous surprendre; il semble plus personnel pourtant dans une scène de ménage (n° 68, pl. XXI) où une femme jalouse cherche à s'emparer d'une lettre que lit son ami ; la mise en page est fort ingénieuse et le mouvement tout à fait juste. Aussi bien ces artistes secondaires sont la monnaie des maîtres et ils n'ajoutent rien à la gloire de l'école. Nous en aurions pu sans doute ajouter quelques autres, mais à quoi bon ? Il nous suffit de savoir que l'atelier du sage Yeishi, le moins fantaisiste des hommes, a fini dans le maniérisme et c'est une constatation qui, nous le verrons, a son importance.

1. Tajima, *Masterpieces*, t. V, p. 189.
2. *Ibid.*, p. 191.

Choki, que la critique allemande appelle Nagayoshi, est demeuré longtemps un personnage assez mystérieux. On ne sait à peu près rien de sa vie qui ne paraît pas avoir intéressé les biographes japonais de l'école populaire ; à peine nous dit-on qu'il fut élève de Toriyama Sékiyen ; il aurait signé aussi Yeishosaï et Shiko : c'est sous ce nom qu'il publia en 1795 un livre sur *La musique des Pins* (Cat. Hayashi, n° 1590), et la même année il collaborait avec Hokusaï, alors Shunro, à l'illustration d'un recueil intitulé *Drogues pour chasser les poux* (ibid., n° 1699). A cela se bornait notre science ; pas même une de ces anecdotes puériles dont est émaillée la vie de la plupart des peintres. D'autre part, ses estampes se rencontraient en petit nombre dans les collections et elles apparaissaient très inégales, de sorte que les uns, comme MM. de Seidlitz et Kurth, à le juger sur certaines pièces, le tenaient presque pour l'égal d'Utamaro, tandis que d'autres croyaient pouvoir le négliger, ou à peu près [1]. Nous nous sommes efforcés de réunir le plus de feuilles de lui qu'il était possible ; l'exposition comprenait plus de quarante compositions portant sa signature et nous en avions réservé d'autres qui eussent trop évidemment fait double emploi. Sur un tel ensemble, il est possible de prendre une idée d'un artiste et ceux qui ont vu les deux grands panneaux qu'il remplissait au Pavillon de Marsan se tiendront sans doute pour suffisamment édifiés.

En vérité, il en est de Choki un peu comme de Yeishi. Choki est l'auteur de quelques estampes admirables, uniques par le raffinement de leur dessin et de leur couleur et égales aux plus illustres pièces des grands artistes de l'école populaire ; mais il chercha longtemps sa voie, imitant tour à tour les meilleurs parmi ses contemporains, et si, quand il se fut trouvé, il mit à son œuvre une marque personnelle qui manque le plus souvent à Yeishi, il s'en faut que sa production courante vaille celle d'un Kiyonaga ou d'un Utamaro : une note précieuse et nouvelle s'y fait entendre, très agréable dans sa singularité, mais non point véritablement puissante et qui ne devait point trouver d'écho. Choki demeure un isolé et l'on |peut dire de lui qu'il fut seulement le plus curieux des petits maîtres.

Élève de Toriyama Sékiyen mort en 1788, il connut assurément dans l'atelier Utamaro dont on a répété ces derniers temps [2] qu'il était non seulement l'écolier chéri, mais le fils du vieil illustrateur : on ne saurait donc être surpris de reconnaître l'influence d'Utamaro dans la formation de Choki. C'est surtout dans les feuilles signées Shiko qu'elle se rencontre, mais, chose étrange, alors que, sur Yeishi par exemple, s'exerça l'action d'Utamaro à son époque de belle floraison, Shiko semble avoir pris modèle surtout sur les tristes estampes de la décadence du maître ; rien ne ressemble davantage aux mauvaises productions des dernières années d'Utamaro que certaines feuilles que nous reproduisons pour permettre la comparaison (n° 73, pl. XXIII, n° 76, pl. XXIV, etc.) : si elles n'étaient signées Shiko, on les croirait d'un Kikumaro, tant les types des visages sont analogues. Les morceaux qui portent cette signature sont heureusement assez rares et ils forment un groupe tout à fait à part dans l'œuvre de Choki. Si l'on n'avait l'affirmation des sources japonaises, si M. Kurth ne citait pas une estampe de sa collection signée Yeishosaï Shiko — Yeishosaï étant, on le sait, un des noms de Choki, — on n'imaginerait pas que les deux auteurs peuvent n'en faire qu'un ; l'idée ne viendrait même guère de les prendre pour camarades d'atelier et l'on renverrait Shiko à l'officine qui publiait les faux Utamaro.

Certains ressouvenirs de la bonne manière d'Utamaro se rencontrent pourtant chez Choki : on ne saurait voir son triptyque des *Bateaux* enchevêtrés sous le grand pont de Yedo (n° 91, pl. XXIX) sans penser à la composition analogue du maître, mais la confusion des femmes qui se pressent trahit encore quelque inexpérience. De même est-ce à la jeunesse de l'artiste que l'on attribuerait nécessairement ses

1. M. Lemoisne notamment est sévère dans son article de la *Gazette des Beaux-Arts*, 1913, t. I, p. 222.
2. Arthur Morrison, *Yeishi's portrait of K. Utamaro*, loc. cit.

imitations de Kiyonaga ; elles ne sont pas nombreuses, mais l'influence du grand Torii apparaîtra évidente dans les *Apprêts du combat de coqs* (n" 93, pl. XXX), dans son *Intérieur d'une maison de thé* aussi, dédiée, chose curieuse, à la Kwannon du temple d'Asakusa par Tsutaya Jusabro, l'éditeur (n" 89, pl. XXVII ; ces figures un peu trapues aux visages ronds, cette composition bien plantée ne peuvent dériver que de Kiyonaga [1]. Quant aux pièces qui rappellent Sharaku, son influence s'y trahit trop naïvement pour qu'on les puisse croire l'œuvre d'un homme mûr ; la géniale observation du maître ne s'y décèle pas et le jeune apprenti s'est borné à reproduire les modèles familiers qu'il admirait, ces extraordinaires caricatures d'acteurs, non d'ailleurs sans en affaiblir l'effet par des embellissements inopportuns ; tantôt il les encadre dans un paysage trop appuyé (n" 78, pl. XXV), tantôt il les groupe en une scène à nombreux personnages, tel un harakiri (n" 78, pl. XXV et 79, pl. XXVI) que Sharaku assurément eût su faire plus simple et à la fois plus tragique. Kiyonaga et Sharaku n'en étaient pas moins de bons maîtres pour former un artiste ; ce que leur mainmise aurait pu donner de trop tendu à un imitateur exclusif, la fréquentation d'Utamaro l'adoucit, peut-être aussi celle de Yeishi, car il semble présent parfois dans certaines pièces de Choki (n" 90, pl. XXVIII), et peu à peu, de la combinaison de toutes ces influences, même celle de Toyokuni qu'il faut ajouter, l'artiste tira un art personnel et la matière de quelques chefs-d'œuvre.

Il semble que ce soit à la constitution d'un type de visage qui lui fût propre qu'il réussit d'abord, et le succès d'un tel effort n'est pas médiocre, car on sait combien peu d'artistes travaillant pour la gravure ont su se créer un type individuel. Diverses feuilles se rencontrent en effet où la composition demeure tout à fait traditionnelle (n" 90, pl. XXIX; 91, pl. XXX), tandis qu'apparaissent déjà cette proéminence du bas du visage et ce cou mince et allongé si particuliers à Choki ; de même à un nagayé où l'artiste s'est plu à affirmer sa dépendance à l'égard de Sharaku en copiant sur l'écran d'une dame la tête de l'*Homme à la pipe* (n" 82, pl. XXVI), ces traits caractéristiques sont sensibles. Puis des attitudes nouvelles se font jour : Choki n'a jamais su, comme d'ailleurs Utamaro, équilibrer un triptyque et, à ceux qui nous sont parvenus de lui, les groupes s'éparpillent sur les feuilles sans se balancer ; mais de ces ensembles défectueux, des figures se détachent avec des trouvailles de mouvement, telle cette courtisane qui, dans une scène où abondent les souvenirs d'Utamaro (n" 92, pl. XXXI), debout devant la glace, de ses bras relevés rajuste si élégamment les longues épingles de sa chevelure. Il n'y a pourtant rien là encore de très aigu ; mais qu'on en vienne à cette figure de femme assise devant son brasero, en vêtement de nuit et quelque peu décoiffée déjà (n" 99, pl. XXXIII), l'originalité s'en découvrira et l'on commencera de comprendre ce que la grâce précieuse de Choki a apporté de nouveau à l'école populaire.

Toute une série d'estampes nous montrent le peintre trouvant hors des chemins battus des effets inédits : feuilles détachées d'un triptyque (n" 96, pl. XXXII) où les arabesques des menus bouquets attachés aux nattes de la muraille forment un fond étrange aux profils de dames curieusement accroupies ; courtisane à l'expression lassée qui contraste bizarrement avec la futilité de son intérêt pour un héronjoujou placé à côté d'elle (n" 106, pl. XXXVI). Mais nous avons hâte d'en venir aux pièces où Choki triomphe, à ces demi-figures sur fond d'argent qui l'ont placé si haut dans l'estime des amateurs. Utamaro, on s'en souvient, en avait dessiné déjà et nous tenions pour des chefs-d'œuvre ses bustes de courtisanes si naïves et si élégantes à la fois; avec Choki ce n'est plus de naïveté ni de noblesse qu'il s'agit ; il compose des scènes d'une préciosité souvent aiguë, mais dont le charme pénètre et auxquels on ne saurait demeurer indifférent. Tantôt le sujet est parfaitement simple, ce sont deux femmes fumant pipette sur un banc, au bord d'une rivière (n" 112, pl. XXXVII), sujet mille fois traité par la gravure, jamais pourtant avec l'exclusive tension vers la grâce qui se voit ici; que cette grâce voulue touche au maniérisme, il se peut, mais il se sent à peine et n'a rien que d'infiniment plaisant. Il y a au contraire comme une pointe de romantisme dans cette femme qui, avant de rentrer pour la nuit, contemple, de sa terrasse, le soleil rouge qui s'enfonce dans la mer (n" 111, pl. XXXVIII); la femme est fine et frêle en face de cet immense paysage et sans doute est-ce ce contraste qui a plu à l'ingériosité du peintre. Parfois, il se plaît à trans-

---

1. C'est lui aussi sans doute qui a inspiré les *Kintoki*: l'un d'eux est reproduit par Kurth, *op. cit.* pl. 45, mais la médiocrité de cette série de Kiyonaga se retrouve dans celles de Choki, qui eût mieux fait en cette circonstance de se tourner vers Utamaro.

former l'épisode le plus vulgaire en une scène de la plus pittoresque grandeur, comme lorsqu'il nous montre le serviteur courbé pour rattacher la chaussure d'une dame abritée sous son parapluie (n° 107, pl. XXXVII) ; ce sujet est bien connu, mais Choki le renouvelle : non seulement il s'amuse à le laisser deviner, car les personnages étant en buste, le pied ne se voit pas, mais grâce au jeu des lignes, grâce aux masses d'étoffes sombres sévèrement balancées, cette occupation banale prend un air de noblesse tout à fait piquant.

Et ce qui contribue à la beauté de ces pièces, c'est la tonalité où les imprimeurs, sous la direction du peintre sans doute, ont su les maintenir. Les tons ne sont pas éclatants, plutôt sourds même, mais la qualité des fonds leur donne une étrange profondeur. En effet, non content des fonds d'argent ou de mica familiers à ses contemporains, Choki s'est plu à combiner les deux procédés ; les argents sombres forment les nuages sur le mica clair du ciel à la scène joyeuse du bord de la rivière ; des flocons de neige se détachent sur l'argent noir derrière le groupe de la dame et de son serviteur, et quelle invention que cette bande obscure, mordue par le disque rouge du soleil qui borne le haut horizon de la vaste mer ! Mais peut-être la merveille est-elle encore la célèbre planche des *Lucioles* (n° 114, pl. XXXIX). Une femme et son enfant se promènent le soir dans la campagne, au bord d'un ruisseau semé d'iris : le visage blanc de la dame s'enlève sur les noirceurs de l'argent du fond et, tout à l'entour de sa tête, flottent dans la nuit d'éclatantes lucioles, étoiles brillantes d'où tombe une tranquille clarté. L'art de l'estampe japonaise n'a rien produit d'une plus délicate poésie et la préciosité de l'arrangement des figures y ajoute ce piquant si particulier à Choki.

Seulement il arrive parfois que cette préciosité, exagérée, tourne à la caricature et que se rompt l'équilibre instable de cet art exquis et un peu inquiétant. Choki a dessiné une série de feuilles où des courtisanes, groupées deux à deux et en buste, boivent et font de la musique ; nous en reproduisons une n° 105, pl. XXXVIII) et il suffit d'y jeter un coup d'œil pour saisir ce que les groupes ont de factice et de contourné ; de même à certaines grandes têtes (n° 108, pl. XXXVI), c'est une pure grimace, non la grimace de Sharaku, qui accentue le caractère d'un visage, mais une grimace minaudante, sans signification psychologique. Faut-il voir dans ces estampes des morceaux moins réussis ? Sont-ce des ouvrages de décadence, où le peintre force sa manière ? Nous ne savons et rien ne nous renseigne non plus sur la place qu'occupent dans son œuvre certaines pièces de dessin un peu veule, mais où l'éclat extraordinaire du coloris, comme laqué par places (n° 101, pl. XXXIV en couleurs), rachète la mollesse du type. En vérité, comme nous le disions au début, tout demeure obscur dans l'histoire de l'œuvre de Choki : mais, après tout, peu importe le détail de cette histoire et il suffit que l'œuvre même reste pour l'intime délectation de ceux qui savent en jouir. Elle est inégale sans doute, très longtemps le peintre chercha sa voie et peut-être connut-il la décadence ; toutefois les guides qu'il avait choisis, Kiyonaga, Sharaku et Utamaro, étaient bons ; à les étudier, il fortifia et affermit son originalité et, par la force de leur coloris comme par la préciosité de leur dessin, les quelques pièces vraiment personnelles et excellentes qu'il a laissées révèlent un talent tout à fait rare.

SHUNZAN ET SHUMMAN

Shunzan était un de ces élèves des Katsukawa qui renoncèrent dans les premières année du dix-neuvième siècle à suivre la tradition de leur atelier et qui, au lieu de continuer à dessiner des acteurs à la façon de Shunsho, se mirent franchement à l'école de Kiyonaga. Shuncho avait été le plus célèbre de ces transfuges ; peut-être eût-il été logique de ne pas séparer de lui Shunzan ; il n'est d'ailleurs pas déplacé parmi ceux de ses contemporains dont nous décrivons l'œuvre. Au reste, nous ignorons tout de sa vie et ses ouvrages ne nous sont guère mieux connus ; on les rencontre rarement dans les collections, nous n'en avions guère pu réunir que quelques-uns et on pouvait le regretter, car ils conservent un parfum archaïque assez curieux. Un vague souvenir s'y retrouve de Harunobu et surtout de Koriusaï ; il semble avoir répudié l'enseignement traditionnel de l'atelier moins complètement que Shuncho et s'il ne continua pas de dessiner des acteurs, comme le lui avait sans doute enseigné son maître Shunyei, certaines de ses compositions, telles les deux de format *chuban* que nous reproduisons (n°s 115 et 117, pl. XL), demeurent encore fidèles sur certains points aux modèles du chef de l'école quand il ne travaillait pas pour le théâtre. Ce n'est pourtant pas un retardataire et quelques accords nouveaux de couleurs dans les bleus et les jaunes (n° 117, pl. XL) pourraient être de son invention. Il n'en doit pas moins être tenu pour un peintre de troisième rang seulement et c'est lui rendre un suffisant honneur que de le mentionner avec éloge.

Kuboto Shumman est un personnage un peu plus important. Contrairement à ce qu'on pourrait croire, il n'appartenait pas à l'atelier des Katsukawa et même il prit soin de changer le premier caractère de son nom de pinceau pour n'être pas confondu avec les élèves de Shunsho. Il serait né à Yedo en 1757 et mort en 1820 ; le peintre Gyogen lui apprit son art, et de Shighémasa, il reçut les principes de l'école populaire ; mais c'était aussi un écrivain et l'on cite de lui des poèmes satiriques entre autres qui ne seraient pas sans valeur. Les recueils japonais d'anas rapportent qu'il peignait de la main gauche aussi aisément que de la droite, comme Léonard, remarque M. Kurth [1]. Shumman était donc le contemporain d'Utamaro, mais le peu d'œuvres qui nous restent de lui ne permettent guère de se rendre un compte exact de son rôle et, au milieu de la pléiade d'artistes de son temps, il demeure jusqu'ici assez effacé. Quelques morceaux laissent entrevoir pourtant un artiste de talent. Un triptyque de lui est bien connu, cette *Scène de nuit* dans la rue au sortir d'un concours poétique, où le feu d'une lanterne éclaire partiellement les promeneurs, et surtout le polyptyque des *Tamagawa* (n° 127, pl. XLI) ; un curieux mélange s'y retrouve d'influences diverses, depuis Koriusaï jusqu'à Utamaro, en passant par Kiyonaga et Shighémasa, mais le dosage est fait avec une adresse infinie et cette série des Tamagawa, avec le joli paysage qui les encadre, laisse malgré tout l'impression d'une œuvre personnelle. Elle l'est d'ailleurs par le coloris : les figures sont pour la plupart en camaïeu, mais des points de couleur jaunes, roses, verts, y éclatent qui dénotent une singulière finesse d'œil ; nous n'avions pas rencontré jusqu'ici ces harmonies et si c'est Shumman qui les a imaginées et non son imprimeur — on sait que la question de la part d'invention de ces derniers n'est pas résolue encore — il faut lui en savoir beaucoup de gré.

Shumman traita aussi des sujets caricaturaux, illustrant ses propres poésies satiriques, mais il est surtout l'auteur de charmants surimonos et l'on y reconnaît bien l'élève de Kitao Shighémasa. On ne saurait méconnaître en lui toutefois le contemporain de Hokusaï et c'est ce grand artiste encore plus que son propre maître que notre peintre suivit dans la confection de ces aimables cartes de jour de l'an. Qu'on sente encore quelque chose de la tradition des classiques dans le grand surimono de longueur, la *Cueillette des Fleurs des champs* (n° 125, pl. XL), il se peut, et en effet, la femme accroupie rappelle Utamaro ou Yeishi ; mais la stature courte des deux autres, le grain de comique qu'on y découvre et surtout la façon dont sont traitées les plantes décèlent le contemporain de Hokusaï. Et un autre surimono témoigne encore davantage de son influence ; cette femme debout qui regarde une fleur de cerisier (n° 121, pl. XLII) semble empruntée à une des séries du maître que nous ne tarderons pas à étudier et elle n'y serait pas déplacée, tant l'imitation est exacte. Quant à la belle pièce des *Corbeaux* gris et noirs se détachant sur le disque rouge du soleil (n° 124, pl. XLII), elle pourrait être signée Hokusaï et on lui en ferait gloire. Nous avions jusqu'ici rencontré peu de traces de l'influence immédiate de Hokusaï jeune sur ses contemporains ; après les avoir imités dans sa prime jeunesse, il s'en écarte, et eux aussi s'éloignent de lui d'abord ; voici le premier exemple de l'influence qu'il a pu exercer sur l'un d'eux et ce n'est pas l'un des moindres intérêts de l'œuvre de Shumman, cet éclectique, comme on l'a dit avec raison, que de voir en lui un artiste de transition qui, parti des classiques de 1780, tels Koriusaï et Shighémasa, rejoint Hokusaï dont il subit nettement l'influence.

HOKUSAÏ

Hokusaï a incarné pendant longtemps aux yeux de l'Europe toute la peinture japonaise. Passant dix siècles sous silence, on ne voulait connaître que ce maître en qui elle aboutissait. Même il avait conquis

<hr>

[1]. Les renseignements de cet auteur, *Der Japanische Holzschnitt* (p. 70), ceux de Strange, *Japanese Colour Prints* (p. 22) et ceux de Tajima, *Masterpieces* t. IV, p. 125, ne s'accordent pas parfaitement.

l'admiration des amateurs avant que son nom ne fût venu jusqu'à eux : les marins qui rapportaient ses œuvres en Hollande au début du dix-neuvième siècle, l'ignoraient assurément ; Siebold qui, vers 1829, en distribuait quelques volumes aux bibliothèques de Leyde, de Paris et de Berlin, ne devait guère être plus avancé, et de même Chassiron dans un livre de qui, en 1861, des reproductions de pages de l'artiste paraissent pour la première fois [1]. Il était assez glorieux pourtant dès 1883 pour que M. Gonse dans l'*Art Japonais* le célébrât, et depuis, le concert de louanges a continué, grâce à MM. Duret [2], Ary Renan [3], Dickins [4], L. Aubert [5] et tant d'autres, MM. Revon [6], de Goncourt [7] et Perzynski [8] y faisant la partie principale, sans oublier Bing, dont un livre inédit et malheureusement inachevé n'aurait pas apporté un moindre témoignage en l'honneur de l'artiste [9]. La plupart de ces écrivains avaient appris le long passé des arts du Japon, ils n'ignoraient rien de l'histoire de l'estampe et n'en revenaient pas moins à Hokusaï. C'est que Hokusaï, on l'a très bien dit, tout en demeurant foncièrement japonais, est, par certains côtés profondément réalistes de son génie, un artiste universel : au delà des formules académiques qui encombraient l'art de son temps, il a vu la vie elle-même et cette vision, qu'il a su exprimer fidèlement, l'a rendu accessible aux profanes sans lui ôter rien de l'admiration des japonisants.

Si l'on s'en tenait aux sources japonaises, bien peu de chose serait connu de sa vie, car il n'a pas trouvé grâce plus que les autres peintres de l'école populaire devant les amateurs au goût académique de son pays, et l'on ne voit même pas que les annalistes contemporains se soient souciés beaucoup de ces détails caractéristiques qu'il leur aurait été si facile de recueillir ; il a fallu que l'Europe s'en mêlât, que M. Revon, que les agents dirigés par Bing menassent leur enquête, pour que nous fussions renseignés. Nous ne saurions sans doute retracer ici par le menu l'existence de l'artiste et reproduire tous les renseignements qui ont été patiemment recueillis sur place pour nos compatriotes ou les données que fournissent les préfaces de ses albums ; cette modeste introduction n'y suffirait pas et la biographie de Goncourt, documenté par Hayashi, n'est pas à refaire. Notons seulement les faits principaux et les traits les plus remarquables.

Hokusaï, qu'on appelait encore enfant Tokitaro et plus tard Tetsuzo, naquit en 1760 à Yédo, au faubourg de Honjo, d'un père nommé Nakajima Isé, qui fournissait de miroirs la cour shogunale. C'étaient de petites gens de la famille Kawamura. Vers l'âge de quatorze ans, l'enfant fut mis en apprentissage chez un tailleur de blocs de bois pour l'impression des estampes, peut-être passa-t-il par la boutique d'un bouquiniste, occupations qui le préparaient à sa future carrière, enfin en 1777 il entrait dans l'atelier de Shunsho. Il y demeura quelques années, sans que son maître ni ses camarades soupçonnassent rien, semble-t-il, de la destinée qui l'attendait ; on raconte même que Shunko, qui travaillait avec lui et n'était pas sans talent, apercevant un jour une enseigne que le jeune homme venait de peindre pour un marchand, l'arracha de la devanture, tant il la trouvait déshonorante pour son atelier, et la déchira sous les yeux mêmes de l'auteur. Ayant quitté Shunsho, il chercha sa voie assez longtemps ; un artiste de l'école de Kano le prit avec lui, mais l'élève s'étant permis, dans un voyage en commun à Nikko, de critiquer une peinture que le maître avait exécutée en chemin, il fut chassé de la troupe ; entra-t-il ensuite dans l'atelier de Tawaraya Sori, il se peut, en tout cas il s'attacha à sa manière ; il étudia celle des Tosa sous Hiroyuki Sumiyoshi, connut certains ouvrages hollandais grâce à Shiba Kokan et se pénétra de même des traditions classiques de la Chine. Cette éducation si variée pouvait être excellente et il avait l'esprit assez alerte pour en profiter, quelques nouvelles qu'il publia le prouvent ; mais elle n'enrichissait pas l'artiste et, malgré un travail acharné dont témoignent de nombreux volumes, il végétait misérablement, obligé, pour vivre, de vendre des almanachs et jusqu'à de l'épicerie.

---

1. Ch. de Chassiron. Notes sur le Japon, la Chine et l'Inde. Paris, 1861, 8°.
2. *Critique d'avant garde*, Paris, 1885 (reproduction d'un article de la *Gazette des Beaux-Arts de 1882*).
3. *La Mangwa*, Japon artistique, n° 9.
4. *The Mangwa*, Proceedings of the Japan Society of London. Déc. 1903.
5. *Revue de Paris*, 1913, t. I., pl. 721.
6. *Etude sur Hokousaï*, Paris, 1896, n° 8.
7. *Hokousaï*, Paris, 1896, in-18.
8. *Hokusaï*, Bielefeld et Leipzig, 1904, in-8.
9. Les premiers chapitres en avaient paru dans la *Revue blanche* 1 et 15 fév. et 1er avril 1896. M. Henri Focillon, maître de conférences à l'Université de Lyon, prépare un livre sur Hokusaï.

Il n'était plus un jeune homme pourtant, puisqu'en 1800 il atteignait sa quarantième année ; il semble qu'à partir de ce moment d'ailleurs, et pendant assez longtemps, la vie ait été un peu moins dure pour lui. Sa réputation s'était établie, diverses anecdotes en font foi : il vendait un peu sa peinture, à des Européens notamment, et un jour même le Shogun, passant dans son quartier, voulut le voir travailler. Une sorte de concours fut établi par le ministre entre Tani Buncho et Hokusaï ; après que le peintre académique eut exécuté divers morceaux avec la perfection que l'on peut imaginer, Hokusaï se mit à l'œuvre et, étendant sur le sol une grande feuille de papier, il la barbouilla à grands coups de brosse d'encre de Chine très diluée ; l'assistance s'étonnait et elle y comprit encore moins, quand le peintre, prenant un coq qu'il avait apporté, lui trempa les pattes dans un bassin de couleur rouge et le lâcha sur le dessin ; on croyait à une mauvaise plaisanterie, mais l'artiste éleva soudain le papier sous les yeux du ministre et tous y reconnurent à leur surprise le paysage célèbre de la rivière Tatsuta à l'automne, quand les feuilles d'érable rouge sont emportées par le courant. Hokusaï, il faut le reconnaître, n'était pas l'ennemi de ces petits moyens qui forcent l'admiration. On raconte qu'en 1804, étant au temple de Gokuji, il fit assembler un grand nombre de feuilles, de façon à en former un papier immense ; il prit ensuite un gigantesque pot qu'il remplit d'encre de Chine et y trempa des balais, courant comme un fou sur la feuille en la maculant ; une foule nombreuse était venue assister à cet étrange spectacle, quand, un moment, Hokusaï attachant le papier à une poulie, la leva et une colossale tête de Dharma apparut, aux applaudissements des spectateurs. Le maître n'était pas moins le plus simple des hommes dans sa vie. Il habitait une maison fort petite et sale, qui n'était pas engageante pour les clients, et quand ceux-ci, tel un certain comédien célèbre qui était venu lui demander son portrait, faisaient les dégoûtés, il avait des façons à lui de les éconduire. Ceux pour lesquels il était décidé de ne pas travailler n'obtenaient rien, quel que fût leur rang ; c'est ainsi qu'un illustre daïmio eut beau lui adresser ses officiers pour l'amener à peindre une décoration dans son château, il les renvoya honteusement, quitte à se mettre une mauvaise affaire sur les bras.

De telles anecdotes témoignent d'une certaine vogue et quelques préfaces écrites par Hokusaï, sous forme de lettre à ses éditeurs, marquent un très évident sentiment de sa valeur ; elle perce de même dans ses relations avec le célèbre romancier Bakin, dont il se refusa à suivre la loi, déclarant que c'étaient ses illustrations plus que le texte qui faisaient le succès de leur collaboration. Il avait des élèves qui s'étaient répandus par le pays, l'un entre autres qui vivait à Osaka et que Hokusaï, grand voyageur comme tous les Japonais, alla visiter en 1812. C'est durant ce séjour qu'il se décida, sur le conseil d'amis, à publier en album les croquis qu'il prenait tout les jours, publication qu'il poursuivit jusqu'à sa mort et qui fut la *Mangwa*. Sa vie était toute de travail, d'un travail ininterrompu, qui seule explique l'œuvre immense qu'il laissa, en peintures, illustrations de livres, dessins et estampes. Et pourtant il n'était pas riche. Ce n'est pas qu'il ne sût tenir ses prix : il avait livré un ouvrage au capitaine d'un navire hollandais moyennant 150 ryos ; le médecin du bord en ayant commandé un semblable prétendit ne le payer que la moitié, en raison de son grade inférieur ; Hokusaï, malgré les supplications de sa femme, refusa le rabais obstinément, aimant mieux ne pas vendre que de faire une concession. Mais l'argent, quand il en avait, lui « coulait des mains » ; il ne savait pas thésauriser et d'ailleurs ses éditeurs, quelques relations d'amitié qu'ils eussent ensemble, le payaient peu : on a calculé qu'un dessin pouvait lui rapporter de six à huit francs, aussi assaillait-il les libraires de ses requêtes. Tant qu'il demeura jeune, la fécondité de son pinceau et sans doute aussi la fidélité de son public lui permit de vivre ; son extrême vieillesse, comme ces jeunes années, connut toutefois l'extrême misère. Vers 1836, il y eut au Japon de longues famines ; le petit peuple songeait à autre chose qu'à acheter des livres illustrés et Hokusaï était à bout ; il quitta Yédo quelque temps avec sa famille dans l'espoir sans doute de gagner sa vie plus aisément dans les provinces et quand il revint, — il avait près de quatre-vingts ans, — un nouveau malheur l'assaillit, l'incendie de sa maison qui contenait tous ses dessins, dont il ne put sauver un seul. Il vécut quelques années encore, travaillant toujours, jamais découragé, faisant des bons mots sur lui-même et sur les autres, entouré de sa femme et de ses enfants, dont l'une avait appris la peinture sous sa direction. Il mourut en 1849, âgé de quatre-vingt-neuf ans, en disant : « Je pars pour un beau voyage d'été, mon âme n'étant plus empêchée par un corps encombrant ». On grava sur sa tombe le dernier nom de pinceau qu'il avait adopté « Manji, vieillard fou de dessin ».

Durant cette longue existence, la production de l'artiste est extraordinaire et peu de peintres sans doute ont travaillé autant que lui. Et certes, il nous intéresserait de passer tout son œuvre en revue et d'essayer après tant d'autres d'en tracer le tableau : mais ce n'est pas le lieu à propos d'une exposition d'estampes, aussi, négligeant d'énumérer les peintures, qui sont venues en trop petit nombre en Europe, les dessins, sur l'authenticité desquels nous sommes mal fixés, et les livres même, bien que ce soit à leur illustration que Hokusaï doive peut-être le meilleur de sa gloire, nous nous attacherons seulement à l'étude de ses estampes. Et la tâche est assez ardue. Il nous faudra d'abord tenter de les classer chronologiquement, et pour cela sans doute les diverses signatures que l'artiste a adoptées nous seront le meilleur guide ; seulement ce sont des guides difficiles à suivre. Au cours de sa longue vie, Hokusaï a changé souvent de signatures. Dans sa jeunesse, quand il quittait un maître, plus tard quand il adoptait une nouvelle manière, il prenait un nom nouveau, abandonnant l'ancien ou le transmettant à un élève; mais il lui arrivait aussi de le modifier au moyen d'adjonctions parfois assez diverses et une confusion singulière naît de ces pratiques embrouillées. En vérité, les estampes portent les mêmes signatures que les livres publiés à la même époque, et beaucoup de livres sont datés; ils nous fournissent ainsi d'utiles jalons et nous aurons soin, à propos des estampes que nous examinerons, de citer les principaux volumes contemporains, dont beaucoup, tirés de la magnifique collection de M. Vever, étaient exposés au Pavillon de Marsan à titre de comparaison; mais la bibliographie de Hokusaï est bien flottante encore et d'innombrables incertitudes de détail entravent la classification. Il semble pourtant que, dans les grandes lignes, cette classification puisse être fixée et qu'on aperçoive le développement logique du génie de Hokusaï. Peut-être Goncourt, trop friand de savoureuses descriptions, ne s'y est-il pas suffisamment intéressé et la précision même de sa datation, pour les surimonos notamment, paraît étrangement suspecte; si Bing avait achevé son grand ouvrage, il eût certainement, avec sa longue et parfaite possession du sujet, suivi le progrès de l'artiste et montré son passage graduel de l'imitation un peu scolaire de ses maîtres à la plus exubérante originalité. Faute de ce connaisseur érudit et en nous appuyant sur un manuscrit et des notes que la bienveillance des siens a consenti à nous confier, nous tenterons de déterminer ce progrès. Avons-nous besoin de dire que cette fois encore nous avons trouvé beaucoup des éléments de notre Introduction dans le patient et ingénieux travail auquel M. Vignier s'est livré pour établir son catalogue ?

Le premier maître de Hokusaï avait été Katsukawa Shunsho, l'un des plus grands parmi les peintres d'acteurs, auteur aussi d'excellentes scènes de genre, et qui tint jusque vers 1790 un atelier d'où sortirent nombre de bons élèves. En l'honneur de son patron, Hokusaï se fit appeler Shunro (la signature Katsu Shunro est sans doute la plus ancienne) et on trouve ce nom sur des ouvrages qui s'échelonnent entre 1780 et 1795 : le dernier est celui auquel collabora Choki. Nous n'insisterons pas sur les livres de cette période, petits volumes de fantaisie, de sainteté ou d'histoire dont le célèbre poète Kioden, connu comme peintre sous le nom de Kitao Masanobu, écrivit souvent le texte; mais il semble que les estampes signées Shunro aient été jusqu'ici trop dédaignées. Certes peu de personnalité s'y marque encore; les portraits d'acteurs, qui sont fréquents dans la série, ne dissimulent pas leur origine, mais certains d'entre eux, celui notamment de Ishikawa Omezo en mégère (nᵒ 137, pl. XLIII), valent les meilleurs qui soient sortis de l'officine des Katsukawa; ses scènes de ce genre (nᵒ 140, pl. XLVI) sont fort honorables et l'on ne voit pas pourquoi des camarades qui n'étaient pas plus adroits traitaient Hokusaï en paria. De même quand il jette un coup d'œil vers d'autres ateliers : un paysage représentant une *Fête de nuit* sur la Sumida est évidemment inspiré par Toyoharu; le grouillement de la foule sur le pont et des bateaux sur le fleuve (nᵒ 138, pl. XLIV) ne forment pas toutefois un tableau banal et c'est un pittoresque et juste effet de nuit dont peu de peintres avant Hokusaï eussent été capables. Shunro aussi bien a à son actif une manière de chef-d'œuvre, le grand surimono où se voient des *Chrysanthèmes* surplombant une haie que nous reproduisons en couleurs (nᵒ 142, pl. XLV); des surimonos de ce format et de cette finesse avaient été exécutés auparavant; l'on en sait de remarquables de Kitao Shighémasa et par la suite Hokusaï devait exceller dans ce genre, mais celui-ci n'est inférieur par le précieux du style à aucun de ceux qu'il devait jamais dessiner et si c'était là son coup d'essai, c'était déjà l'œuvre d'un maître. Il est vrai que ce surimono fait exception et que Shunro d'ordinaire, pour bon élève qu'il soit, ne demeure encore qu'un élève.

Ayant quitté, dans les conditions que l'on sait, l'atelier de Shunro, Hokusaï se fit appeler pendant quelque temps Tokitaro Kako ou Kako plus simplement. On trouve cette signature sur ses livres de 1794 à 1805 et aussi sur quelques estampes. Les deux que nous exposions (nᵒˢ 143 et 144, pl. XLVI) ne manquaient pas d'agrément, mais elles aussi sentaient encore l'imitation; ce sont toujours Shunsho et Kitao Shighémasa qui se reconnaissent dans le visage carré de la femme assise sur un banc, son ami à côté d'elle, et Utamaro dans l'ovale allongé de la dame qui devise avec son amant sur les bords de la Sumida. Au contraire, les livres que l'artiste publie à ce moment commencent à révéler sa verve. Tantôt c'est avec Kioden encore qu'il travaille, tantôt il se fait lui-même son propre auteur et publie ces *Kibichi*, sortes d'historiettes plus ou moins moralisées qu'il illustre et où son esprit caustique se déploie à l'aise. Dans ces scènes familières, souvent caricaturales, mais d'une observation infiniment alerte, s'aperçoivent pour la première fois ces types de gens du peuple et de paysans qui envahiront bientôt l'œuvre de Hokusaï et sous l'aspect desquels, quoique nous en ayons, nous ne pouvons ne pas nous représenter aujourd'hui encore le petit monde grouillant du Japon. Chez Tokitaro Kako le progrès est sensible et la personnalité se forme.

Si Kako signa si peu d'estampes, c'est peut-être qu'il leur réservait la signature de Sori. Dans les dernières années du dix-huitième siècle vivait à Yedo un peintre nommé Tawaraya Sori, qui ne nous est guère connu, mais dont on sait qu'il pratiquait les traditions des grands artistes Sotatsu et Kôrin; il avait emprunté au premier son prénom. Hokusaï se prit d'admiration pour lui; lui aussi, il emprunta à l'artiste une partie de son nom, qui alterna un moment avec celui de Tokitaro Kako, et c'est même accolé au nom de Sori qu'on rencontre pour la première fois celui de Hokusaï. On ne connaît de Hokusaï Sori que deux volumes, l'un daté de 1797 et l'autre de 1798, fait en collaboration avec Yeishi et Utamaro, l'*Otoko Toka* ou *Danse masculine*; beaucoup de surimonos au contraire sont signés Sori, un entre autres daté de même de 1797 (nᵒ 159, pl. LII), et ils comptent véritablement parmi les chefs-d'œuvre du genre. Les surimonos, on le sait, étaient des estampes imprimées spécialement pour certaines fêtes ou cérémonies artistiques et mondaines et tirées avec un luxe et un raffinement dont n'approche pas l'impression des plus précieuses d'entre les estampes ordinaires. Tantôt ce sont de petites feuilles carrées, tantôt le format se double et l'on a alors le grand surimono en longueur; mais toujours les couleurs les plus délicates s'y fondent, juxtaposées ou superposées avec un art infini, des gaufrures font valoir les réserves de blanc et surtout des touches d'or ou d'argent en rehaussent l'éclat; ces surimonos sont, comme technique, les merveilles de la gravure japonaise. Hokusaï ne les a pas inventés, mais il en renouvela la manière.

Pour la première fois, Hokusaï y est bien lui-même et c'est un art nouveau qui paraît. Jusqu'ici le paysage, quand il formait le sujet de l'estampe, semblait plutôt timide : c'était un Japon suivant la convention traditionnelle qu'on y voyait, un Japon de formule, et les artistes de l'école populaire qui en avaient su donner une image vraie, tel Kitao Keisaï Masayoshi dans ses albums, ne l'avaient montré qu'en de rapides esquisses enlevées en quelques coups de pinceaux. Certains surimonos signés Sori représentent des paysages, et c'est le pays lui-même qui figure sous nos yeux. Voici une *Rizière* (nᵒ 146, pl. XLVII) qu'encadrent une levée et des arbres et où circulent des filets d'eau; nulle photographie ne donnerait une idée plus juste de ce coin aimable et pacifique, avec les champs humides où percent déjà quelques pousses nouvelles, et la douceur des couleurs rend en perfection celle de l'atmosphère. Il y a là une poésie intime et à la fois une justesse de vision tout à fait exquises et que Hokusaï le premier sut unir. Quant aux figures qui animent ces gracieux paysages, elles aussi sont nouvelles. Lorsque Kiyonaga et Utamaro peignaient des femmes du peuple ou des courtisanes, ils en faisaient des princesses et sans doute Hokusaï n'a pas toujours échappé à cette tentation; au surimono de 1797 (nᵒ 159, pl. LII), les dames qu'il charge d'annoncer un *Combats de coqs* sont fagotées à la dernière mode dans les robes les plus étonnamment somptueuses; mais qu'on regarde la *Collation au bord de la rivière de Kyoto* (nᵒ 145, pl. XLVII), c'est le menu peuple du Japon que nous avons sous les yeux, ces petites gens qu'on ne nous avait guère montrés jusqu'ici que sous l'espèce d'artisans ou de valets un peu trop délurés ou simplement vulgaires. De bons bourgeois soupent sur des terrasses improvisées en face d'un beau site, et Hokusaï, comme au double surimono du *Pont* (n° 161, pl. LX), a su en tracer des portraits de l'observation la plus juste et la plus fine. Ici, les femmes, simplement habillées, sont assises sur leurs talons et papotent en buvant, tandis que le mari, philosophe, fume pipette; là, des groupes passent, les uns devisant tranquillement, les autres, plus animés, semblant s'amuser au spectacle du fleuve, et tout cela finement saisi, sans vaine stylisation ni déplaisante caricature. Déjà les types familiers à Hokusaï se reconnaissent, mais dans cet heureux temps de ses débuts ils vivent tous d'une vie propre, naturels sans trivialité, joviaux, bons enfants, croqués sans artifice tels que la nature les présentait, et non encore coulés dans le moule qu'une longue accoutumance finira par leur imposer. Et il faut noter aussi le parfait accord entre la bonhomie de ces gentilles figures et le paysage modéré qui les entoure. L'art de Hokusaï apparaît à ce moment admirablement équilibré et tout de prime-sautière et aimable observation.

Ce caractère va durer chez lui plusieurs années et ce sera celui de la plupart des ouvrages signés Hokusaï, Katsushika Hokusaï et Gwakiojin Hokusaï qui s'échelonnent, autant qu'on peut le déterminer, entre 1800 environ et 1815 ou 1818. Il se retrouve dans les albums que l'artiste publie, dans ces *Vues d'Yédo* (1799-1804) où les plus charmants aspects de la ville qu'il aimait entre toutes et de sa campagne s'animent des groupes harmonieux d'une population à la fois affairée et souriante, dans ces stations aussi du *Tokaïdo*, où il suit les voyageurs de site en site sur la longue route côtière qui menait de Yédo à Kyoto. Tout est gracieux dans ces jolis recueils, la couleur si douce des paysages que des nuages roses encadrent, l'attitude des figures, agréables, mais sans fadeur parce que toujours scrupuleusement observées, et l'on peut s'étonner que précisément au temps où il les achevait, il commençât (1803), sur le texte de Bakin, l'illustration du *Suikoden*, cette terrible et grandiose histoire des héros chinois où son génie devait rencontrer de si héroïques inspirations. Dans les estampes contemporaines, l'héroïsme n'a point de part et seules nous y peuvent charmer, mais développées et agrandies, les qualités délicates que nous avions aimées chez Sori. Hokusaï signait parfois à ce moment : « le ci-devant Sori », comme pour montrer qu'en dépit du nom nouveau qu'il avait pris, il n'avait guère changé sa précédente manière.

Et en effet les surimonos demeurent exactement semblables. Qu'il s'agisse d'une compagnie en promenade le long de la rivière vers le temple de Shinobazu (n° 171, pl. LIII), de pèlerins allant visiter le sanctuaire d'Inari dont les torii s'allongent sous les bannières et les cryptomérias (n° 203, pl. LXIV), ou de dames confectionnant un drapeau dans une chambre ornée de vases de fleurs et de paravents (n° 209, pl. LXIV), c'est toujours le même accord harmonieux des paysages et des groupes, la même justesse dans le croquis du site et dans les types qui l'animent, la même élégance familière dans l'observation de la vie intime; à peine distinguerait-on un peu plus de grandeur dans l'exécution de certaines pièces, tel le *Concert* (n° 210, pl. LXV), où le flûtiste assis à gauche et qui souffle dans son instrument est assurément une des figures les plus caractéristiques de l'artiste à cette époque de sa carrière, vrai, gai et bon enfant et point du tout caricatural. Même grâce d'ailleurs dans les surimonos où courent des animaux, des tortues (n° 170, pl. LIII) ou une langouste (n° 201, pl. LXIII), et dans ceux, plus forts peut-être, que décore la branche fleurie d'un vieux prunier (n° 194, pl. LXV, daté 1805). Toutefois la nouveauté de cette période consiste dans la réapparition des estampes qu'on ne rencontrait plus guère chez Hokusaï depuis ses premiers essais signée Shunro, estampes qui sans doute ne diffèrent pas extrêmement des surimonos contemporains, mais combien originales !

Pour bien sentir cette originalité, il faut se souvenir que vers 1805, où on les peut placer, les élèves de Shunsho continuaient à dessiner des portraits d'acteurs suivant la formule du maître, que les succédanés de Kiyonaga besognaient doucement selon les règles du beau style qu'ils s'étaient approprié et qu'Utamaro toujours fécond (il ne devait mourir qu'en 1806) inondait le marché de la formidable et hâtive production qu'une mode insatiable exigeait de lui. Le public était accoutumé aux manières de ces divers ateliers et les goûtait ; or voici que Hokusaï imaginait de changer les traditions respectables de l'école populaire et qu'au lieu des acteurs déguisés en héros ou en grandes dames, des magnifiques courtisanes que la facilité de dessinateurs de plus en plus impersonnels transformait en mannequins pour gravures de mode, il laissait entrer dans ses estampes le gentil peuple de ses surimonos. Il y introduisait des ouvriers modelant l'un une tuile, l'autre un shishi, sous des arbres, au bord de sa chère Sumida (n° 182, pl. LVI), des petites femmes traversant en barque un ruisseau, l'une manœuvrant la perche, debout à l'avant, l'autre attrapant à l'arrière, emmitouflée dans ses robes, la branche d'un arbre fleuri (n° 184, pl. LVII), de gentilles mamans regardant un feu d'artifice sur la rivière, tandis que leurs enfants gambadent sur les madriers du bord (n° 180, pl. LVIII), ou de petites ouvrières tissant sur un métier dressé en plein air (n° 185, pl. LX). La technique demeurait un peu trop exactement peut-être celle du surimono, mais avec plus de largeur, comme il convenait à l'estampe, et c'était toujours le souci, constant chez l'artiste à ce moment, de faire, tant par les lignes du paysage que par des tons infiniment variés, une atmosphère propice aux petits personnages si naturels qu'il campait gentiment sur son grand papier. Quel accueil fut fait à ces pièces? Nous l'ignorons, mais on remarque que fort peu d'exemplaires nous sont parvenus de chacune, ce qui indiquerait qu'elles ne furent point recherchées. La nouveauté si gracieuse de cet art détendu avait sans doute dérouté et Hokusaï restait apparemment pour le grand public le dessinateur de surimonos par excellence et surtout le merveilleux illustrateur.

L'apparition de la *Mangwa*, dont les dix premiers volumes furent publiés entre 1813 et 1819, n'était pas pour dissiper cette impression. Nous n'avons pas à insister ici sur une telle œuvre, l'une des plus extraordinaires de l'art japonais et qui justifie singulièrement le surnom que Hokusaï s'était forgé : *Gwakiojin*, fou de dessin [1]. Il y a en effet dans chacune de ces pages comme une passion folle de la reproduction de la nature par le trait; tout lui est bon, depuis le site grandiose qu'il rencontre sur son chemin jusqu'au plus menu objet à portée de sa main, depuis le brin d'herbe ou l'insecte jusqu'au bateleur, au mendiant ou au samuraï. L'observation est toujours prodigieusement juste et fine. Il semble pourtant que dès lors comme une manière nouvelle se distingue chez Hokusaï, à laquelle correspond naturellement l'adoption d'une nouvelle signature, celle de Taïto (1814-1823), car en même temps qu'il donnait les premiers volumes de la *Mangwa*, tout à fait dans le style de ses précédents ouvrages et seulement plus variés incontestablement et plus riches, il éditait deux recueils, le *Shashin Gwafu* en 1814 et le *Sogwa* en 1820, où paraît une singulière transformation. C'est un agrandissement du style véritablement imprévu; on le distingue dans les quelques estampes de cette période exposées, dans un paysage romantique à la chinoise, si différent des sites modérés auxquels nous étions accoutumés (n° 221, pl. LXX), dans des animaux presque dramatiques et hauts en couleurs (n° 222, pl. LXIX et 223, pl. LXXI), dans les types même des personnages (n° 218, pl. LXX), plus rudes et d'où la grâce familière a disparu; mais cet agrandissement est surtout sensible aux albums que nous citions. Les grandes planches doubles du *Shashin Gwafu*, bêtes, plantes, paysages, hommes ou dieux — ces dieux dont Hokusaï s'était si rarement soucié jusqu'ici — marquent une force toute nouvelle; à la fine grâce de l'observation l'ampleur a succédé et de même, au *Sogwa*, le pittoresque le plus aigu et le plus dramatique parfois prend la place de ces aimables compositions où se reflétaient seules les joies calmes de la vie des petites gens. Une volonté se sent de s'agrandir et l'extraordinaire habileté du pinceau facilite l'effort de l'imagination. Ne peut-on même pas juger qu'à l'*Ippitsu gwafu*, le dernier des albums de Taïto (1823), cette habileté entraîne l'artiste à d'assez vains tours de force ? Rien de plus curieux assurément que ces croquis exécutés sans que le bout du pinceau quitte le papier : ce sont jeux de prince, mais l'exacte et précise observation de naguère tend à se subordonner à la virtuosité et, quel que soit l'attrait de cet admirable volume, parmi les plus justement célèbres de Hokusaï, la première trace s'y remarque,

---

1. La *Mangwa* est signée seulement Hokusaï.

bien vague encore d'ailleurs, d'un des principaux défauts de l'artiste vieillissant, la virtuosité tournant à la formule [1].

Il s'en faut d'ailleurs qu'à l'âge de soixante-trois ans qu'il atteignait, la vieillesse l'eût déjà touché et ce serait un paradoxe un peu fort que de parler de sénilité à propos des œuvres auxquelles surtout il doit sa gloire en Europe, le groupe de celles qu'entre 1823 et 1835 environ, il signa Iitsu. Chose étrange, alors que, comme Taïto, il n'avait presque pas produit d'estampes et que même, d'une façon générale, ce |soit dans ses livres que nous ayons rencontré jusqu'ici ses plus géniales productions, voici une période pendant laquelle les albums qu'il publie n'ont que peu d'importance en comparaison des séries d'estampes qui éclosent coup sur coup, les plus fameuses qu'il ait dessinées, *Trente-six vues du Fuji-Yama, Grandes Fleurs, Apparitions, Poésies chinoises*. Et certes, parmi ces pièces illustres, beaucoup sont des œuvres extraordinaires à qui l'admiration va tout droit; on se demande pourtant si parfois quelque rupture ne s'y sent pas d'un équilibre si parfait jusqu'ici.

Les *Trente-six vues du Fuji-Yama* (nᵒˢ 237 à 284, pl. LXXIII à LXXXIV) [2], qui sont en vérité quarante-six, parurent de 1823 à 1829 et le grand nombre des retirages tant anciens que modernes en attestent le succès. Succès justifié, car le soudain agrandissement du génie d'Hokusaï y paraît presque incompréhensible et, même en tenant compte du développement de sa manière dont témoignaient ses derniers ouvrages, on ne peut que s'étonner d'un tel bond. Jusqu'ici Hokusaï avait été un paysagiste charmant, peignant en de douces couleurs et du dessin le plus exact des sites aimables et tempérés; qu'on ouvre au contraire ce recueil, et le pittoresque des lieux vous saisira, avec l'éclat des tonalités vives et l'imagination la plus romantique et la plus variée. Quelle fantaisie se révèle dans la répétition du cône sacré, toujours le même et toujours divers! L'artiste assurément se rappelle parfois sa manière d'antan et nous le montre dominant doucement une rue d'Yédo ou un paysage printanier; mais où il se plaît surtout, c'est aux apparitions fantastiques de la montagne parmi les nuages et les éclairs, au milieu des rafales de vent et entre les formidables remous de la mer déchaînée: il lui faut, pour le peindre, la vigueur des couleurs crues juxtaposées, qu'il le dresse dans les brumes du matin ou dans la gloire du soleil couchant, et son métier se fait presque brutal, procédant par larges masses, par résumés violents, par audacieux raccourcis pour en rendre la puissance. Lui qui s'amusait jadis au détail, il ne connaît plus que la synthèse et atteint par elle à des effets étranges: son Japon devient un pays de rêve, voire de cauchemars, mais un pays grandiose, d'une prodigieuse diversité, d'une intensité de couleurs merveilleuse, transformé par l'œil le plus subtil en même temps que par l'imagination la plus effrénée.

Tout un peuple anime ces paysages fantastiques, car Hokusaï ne comprenait guère un site dont l'homme fût absent, mais c'est ici que l'équilibre chancelle. Ces compositions si singulièrement romantiques, ce sont nos ordinaires petits bonshommes qui les meublent, ces porteurs, ces tonneliers, ces pêcheurs, ces bateliers, ces chemineaux et ces charpentiers, tous gentils et amusants, mais trop souvent étrangement disproportionnés dans leur colossal entourage. Que nous importe, devant la masse immense du Fuji, ce paysan qui court comiquement après son chapeau et ses papiers emportés par le vent ? On pourrait imaginer, il est vrai, quelque idée philosophique en cette disproportion; nous voyons mal toutefois Hokusaï se plaisant à illustrer des thèmes tels que la petitesse de l'homme en face de la grande nature et il semble plutôt qu'ici son génie se soit trouvé à court. Il n'a pas su agrandir le style de ses figures comme il avait agrandi celui des paysages, et même, peut-on le dire? il l'aurait plutôt rétréci. Ce qui nous charmait naguère chez Sori, c'était l'individualité qu'il savait donner à chaque attitude, à chaque expression presque; pas une qui fût conventionnelle, toujours la vie était prise sur le fait. Et certes le vieil

1. La préface de l'*Ippitsu gwafu* ferait croire qu'il n'est pas tout entier de Taïto, mais peut-être s'agit-il d'un jeu d'esprit de l'auteur; en tout cas on possède une lettre où il se plaint que des faussaires aient fait usage de ce nom; tout ce qui est signé Taïto n'appartient donc pas à Hokusaï.
2. Nous en publions pour la première fois la série complète.

litsu, au premier abord, ne lui paraît pas intérieur; rien de plus animé que ses personnages, de plus expressif que leurs gestes; invinciblement pourtant cette impression se fait jour que la formule pénètre son art. Peut-on oublier ces bizarres recherches auxquelles Hokusaï se livrait dès longtemps pour décomposer toute silhouette en cercles et en lignes droites? Il avait publié les premières en 1812 (*Riakugwa haya shinan*), il les continuait en 1817 et 1819 (*Yehon haya bishi*, Répertoire rapide de dessin) et en 1848, à la veille de sa mort, il ne les avait pas abandonnées (*Yehon saishikitsu*, Traité du coloris). Sans doute portèrent-elles leurs fruits et peu à peu une sorte de formule s'interposa entre la nature et lui; il savait trop bien son métier, il savait trop bien comment on campe un personnage, comment on exprime par le trait tel ou tel sentiment; il s'abandonna à son habileté et le charme de l'observation prime-sautière disparut. Quelque chose d'étriqué nous gâte ces personnages trop souvent semblables entre eux; l'abus de la formule les diminue et cela précisément à l'instant où les paysages s'amplifient sous la poussée d'une imagination démesurément agrandie.

Plusieurs séries contemporaines et de même inspiration ne valent point, il faut l'avouer, les *Trente-six vues du Fuji-Yama*. Il semble que dans les *Iles Liu-Kiu*, l'artiste ait été entravé par on ne sait quel souci de l'exactitude géographique, assez remarquable dit-on; les *Trois amies du Poète* (la Fleur, la Lune et la Neige) (nᵒˢ 293-5) éveillent des impressions gracieuses assurément, mais qui ne sont pas inédites; il y a quelque monotonie dans les *Ponts* (nᵒˢ 285-288, pl. LXXXV) (1827-1830)[1]; et si certaines planches en vérité ne manquent pas de grâce, quand Hokusaï y prétend au tragique, il tombe dans le mélodramatique; et c'est la même grandiloquence, toujours évitée dans les *Trente-six vues*, qui gâte la série, d'ailleurs encore plus monotone, des *Cascades* (nᵒˢ 289-292, pl. XXVI) (1827). Les tours de force qui s'y multiplient ne nous émeuvent pas et on aurait pu croire le génie épuisé après une si longue production — en 1830 Hokusaï avait soixante-dix ans — ; quelques-uns de ses chefs-d'œuvre allaient pourtant paraître et notamment les *Poésies chinoises* (vers 1830) (nᵒˢ 321 à 330, pl. XCVIII à CIII)[2].

Ce sont de grandes feuilles en hauteur, d'un format que les premiers Torii avaient aimé et auxquelles Hokusaï, quoique bien différent, sut ne pas donner moins de style. Le caractère est assez semblable à celui des *Trente-six vues*; les deux séries dérivent de la même inspiration, mais il semble qu'elle soit plus haute encore aux *Poésies* et surtout l'artiste y a su trouver l'équilibre entre le paysage et les figures. Ne parlons pas des scènes familières où il a toujours excellé, de cette berge couverte de roseaux où, au soir, à la douce clarté de la lune, un vieux paysan traverse un pont, deux fagots passés au bout de son bâton (nᵒ 324, pl. XCVIII), de ce lac peuplé d'oies sauvages, au bord duquel une femme et son enfant battent du linge (nᵒ 329, pl. CI); ces aimables compositions nous présentent des tableaux connus. Que l'on considère au contraire (nᵒ 327, pl. CII) cette gigantesque montagne au pied de laquelle roule un torrent, l'immensité de cette mer où fuient des barques (nᵒ 325, pl. CI), ou cette cascade formidable qui s'engloutit dans un gouffre (nᵒ 322, pl. XCIX); jamais Hokusaï n'avait dessiné de paysages plus grandioses et ceux-là sont égaux aux plus magnifiques des *Trente-six vues* : l'énergie du dessin résumé, la splendeur des couleurs, l'harmonie d'une mise en page incomparable saisissent, et cette fois la noblesse du style des figures qui animent cette nature tragique en augmente l'émotion. Ce ne sont plus des petits paysans à demi comiques, dépaysés parmi tant de grandeur; il semble que quelque chose du souffle épique de la Chine ait traversé Hokusaï et il a imaginé, pour illustrer ses poésies chinoises, des types admirablement appropriés. Le grand seigneur, suivi de ses porte-sabres, qui franchit le torrent au pied de la haute montagne, participe par sa noble allure à celle du paysage; la vaste mer calme semblerait-elle aussi grandiose sans le poète assis, rêvant, sur les terrasses de la pagode? Et que serait surtout cette cascade sans le vieillard qui la contemple et, perdu dans

1. Nous n'en reproduisons que deux à titre d'exemple, comme des *Cascades*; il ne nous avait pas paru utile d'exposer ces séries complètes.
2. Nous en reproduisons la série complète.

sa méditation, ajoute à l'émouvante majesté du lieu? L'accord est parfait entre toutes les parties de la composition et Hokusaï a pleinement réalisé dans ces feuilles le rêve de grandeur qu'il n'avait antérieurement qu'ébauché.

L'âge stimule son génie au lieu de l'endormir. Au même moment, vers 1830 aussi, il donnait ses fameuses *Apparitions* (nᵒˢ 311-315, pl. XCII-XCIV), extraordinaire mélange de réalisme minutieux dans l'exécution et de fantastique, dont les imaginations macabres passent de loin celles de Shunyei dans son livre célèbre; et c'est l'époque aussi, contraste inattendu, de ses fleurs les plus belles, de ses plus puissantes études d'animaux. On se souvient des fleurs dont il avait, dans sa jeunesse, orné ses surimonos; il en faisait le portrait exact et s'appliquait à les jeter ingénieusement sur la feuille, les peignant de fraîches couleurs, comme il convenait à des pièces de choix et destinées aux collections des amateurs. Plus tard, il avait modifié sa manière dans une série de *Fleurs et oiseaux* qu'on date de 1828 (nᵒ 297-299, pl. LXXXVII), mais on dirait des essais, au prix de la maîtrise où il devait atteindre dans la série qu'on appelle les *Grandes Fleurs* (nᵒˢ 303-310, pl. LXXXVII-XCI). Ce n'est plus la fleur un peu minutieuse d'autrefois : la connaissant mieux, semble-t-il, il a su éli- miner les détails et seul le caractère demeure, mais en même temps il en a saisi la noble arabesque décorative et jamais sans doute peintre n'a dessiné de fleurs plus vraies que ces iris, ces pavots ou ces lys, jamais on n'en a tracé des tableaux plus libres et plus souverainement élégants. Et l'esprit des grandes *Études d'animaux* est pareil (nᵒˢ 316-320, pl. XCV-XCVII); quelle distance entre le *Faucon parmi les fleurs*, les *Grues dans la neige*, si puissants et dramatiques, et les jolies bêtes tracées d'un pinceau léger sur les surimonos d'autrefois! Ces surimonos rivalisaient parfois avec les fameux albums d'Utamaro pour la finesse et le spirituel du rendu; avec quoi comparer de telles pièces, ou le prodigieux écran des *Coqs et Poules* daté de 1835 (nᵒ 334, pl. CIV)? Pour leur trouver des équivalents, c'est jusqu'à l'art des premiers Torii, sinon des peintres classiques du Japon qu'il faudrait remonter, et ce paradoxe n'est pas un simple jeu d'esprit qui représentait Hokusaï comme le plus traditionnel des artistes de l'école populaire[1]. Il y avait beaucoup de Tosa dans ses scènes populaires : est-ce de même à un regain de l'influence des vieux maîtres qu'il faut attribuer ce grandiose renouvellement ?

Les dernières années de la vie de Hokusaï furent attristées de divers malheurs; il ne continua pas moins à travailler, sous le nom de Manji ou de Gwakio Rojin, le « vieillard fou de dessin », qu'il adopta vers 1835, et, comme toujours, le changement de nom fut l'indice d'un changement de manière. Un changement de manière à soixante-quinze ans! En vérité, et bien singulier. Après les hardiesses des *Trente-six vues* et des *Poésies chinoises*, on dirait comme un retour vers les régions tempérées. Une série de petits paysages signée Iitsu (nᵒˢ 337-341, pl. CVI) semblait l'an- noncer, où l'artiste prend plaisir à se modérer et à enfermer dans le format et la technique raffinée des surimonos des compositions hautes en couleurs et qui attendaient apparemment une autre tra- duction. Mais surtout les trois volumes des *Cent vues de Fuji-yama* (1834-35) témoignent de cette évolution. Et qu'on ne prenne pas une telle modération pour la marque de la vieillesse; jamais plus que dans ce beau livre l'imagination du peintre ne s'est trouvée alerte, jamais pourtant il ne s'est montré plus soucieux de simplicité dans l'exécution, plus éloigné des grands effets que peu auparavant il affectionnait surtout; dans ces grisailles légères, d'un tirage d'ailleurs incomparable, c'est la bonne grâce des jeunes années qui reparaît, mais mûrie et agrandie par l'expérience de toute une vie.

Aussi bien, ce moment de détente ne devait pas durer. La préface des *Cent vues* est caracté- ristique; elle marque une fièvre de production et de recherche qui n'est pas d'un homme apaisé : « Tout ce que j'ai produit avant l'âge de soixante-dix ans ne vaut pas la peine d'être compté, écrit-il; c'est à l'âge de soixante-treize ans que j'ai compris à peu près la structure de la nature vraie; à quatre-vingts ans, j'aurai fait encore plus de progrès; à quatre-vingt-dix ans, je pénétrerai

1. L. Aubert, *Revue de Paris*, 1913, t. I, p. 791.

le mystère des choses ; à cent ans, je serai décidément parvenu à un degré de merveille, et quand j'aurai cent dix ans, chez moi, soit un point, soit une ligne, tout sera vivant. » Et il se lance dans les illustrations les plus variées. Les vieux romans l'attirent, où se donnent de grands coups d'épée et il reprend le *Suikoden* longtemps interrompu ; il dessine d'autres aventures fabuleuses, voire une vie de Cakyamuni (1839), où, pour la première fois peut-être, le sentiment religieux pénètre son œuvre, et en même temps (1836) il donne des *Modèles pour divers métiers* dans le *Shin-hinagata*. Une série d'estampes aussi était projetée sur d'autres *Poésies* (1839) ; il devait y en avoir cent ; vingt-sept seulement furent gravées, les esquisses des autres étant terminées, car toutes passèrent entre les mains de Bing (n⁰ˢ 344-354, pl. CVII-CX). Et certes, avec ces dernières pièces, nous sommes loin des vœux de sagesse que semblaient annoncer les *Cent vues* ; on dirait que, comme testament, Hokusaï veut donner au monde une preuve suprême de sa maîtrise et il lâche la bride à son imagination. Les feuilles les plus fougueuses des *Trente-six Vues* sont jeux d'enfants au prix des *Cent Poésies* ; tout lui est bon pour obtenir son effet, étrangetés de mise en page, étrangetés de perspective, étrangetés de coloris ; il frappe si fort que l'on résiste et que parfois on refuse de le suivre. Mais il est le maître, il vous entraîne quoi qu'on en ait, ne laisse pas le temps aux objections et force enfin l'admiration de ployer devant l'intensité brutale de sa volonté. Les chefs-d'œuvre de la série peuvent paraître bizarres et rébarbatifs, ce n'en sont pas moins des chefs-d'œuvre.

C'est sur ce prodigieux feu d'artifice que se termine la carrière de Hokusaï. Il mourut en 1849. Nous possédons une estampe de lui datée de mars 1848, la grande planche des *Arpenteurs* (n⁰ 356, pl. CXI) ; sa verve y paraît quelque peu refroidie ; il avait quatre-vingt-huit ans et ne devait plus vivre que quelques mois.

LES ÉLÈVES DE HOKUSAÏ

Durant sa longue carrière, Hokusaï forma beaucoup d'élèves et, de même qu'à la fin du dix-huitième siècle, un grand nombre de peintres travaillant pour la gravure s'étaient attachés à la manière de Kiyonaga et d'Utamaro, de même, au commencement du dix-neuvième, d'innombrables succédanés travaillèrent suivant la formule de Hokusaï. Goncourt, Strange et Tajima en ont donné des listes ; il est inutile de les reproduire et l'intérêt eût été mince de chercher à représenter au Pavillon de Marsan tous ces ouvriers secondaires. En effet, si la plupart ont acquis, à l'école du maître, une habileté de main remarquable, bien peu manifestent aucune originalité et, pour|quelques livres curieux, combien de surimonos fastidieux ! Car ce sont surtout des surimonos qu'ils produisirent, abandonnant presque complètement l'estampe, quand ils ne confectionnaient pas de ces scènes de théâtre qui ne rehaussent guère l'idée que nous pouvons nous faire de leur talent.

L'un des meilleurs parmi les imitateurs quasi serviles de Hokusaï est Hokkei. Né en 1780, d'une famille de marchands de poissons — d'où son surnom de Totoya, — il mourut en 1850, après une vie de travail dans la manière du maître, bien qu'il ait étudié aussi, dit-on, sous un Kano, Yosenin Manasobu. Comme Hokusaï, il publia une *Mangwa*, comme lui, il dessina des surimonos et ce sont parfois des chefs-d'œuvre en leur genre, plus précieusement imprimés même que ceux de Hokusaï et avec une abondance de fonds métalliques, or ou argent, qui en augmentent la somptuosité (n⁰ˢ 389 et 395 pl. CXVII) ; sa seule originalité entre la plupart de ses confrères est d'avoir composé diverses séries d'estampes, toujours d'après la formule de l'école, mais qui ne sont pas sans valeur. Ses *Illustrations des Poèmes de la dynastie Tang*, en vert et bleu, ont de la puissance (n⁰ 397, pl. CXVIII), et même il chercha à concilier d'assez curieuse façon le surimono et l'estampe, comme en témoigne une jolie pièce (n⁰ 385, pl. CXVII) dont, à la reproduction, on ne soupçonne pas les fines gaufrures et les ingénieux rehauts d'argent ; c'est une de ces compositions, humoristiques par le dessin des personnages et poétiques par la qualité du paysage, tout à fait dans la tradition du maître vers le milieu de sa carrière ; notons au reste que c'est plutôt des œuvres de cette période que de celles du début de Hokusaï qu'on peut rapprocher d'ordinaire la manière de Hokkeï. La plupart de ses congénères au contraire se rattachent plus étroitement au style des années de jeunesse ; certains surimonos que nous exposions de Shinsaï, dont on sait seulement qu'il travaillait déjà en 1803, semblent des pastiches de ceux de son maître, celui des *Coupeuses d'étoffes* notamment (n° 359, pl. CXII), bien que son *Canard* (n° 357, pl. CXII), par l'incroyable finesse de l'exécution, rappelle plutôt une page du livre fameux d'Utamaro ; tel est le cas de Hokuba (1770-1844), quoique élève aussi de Tani Buncho, qui l'employait volontiers ; de Hokuga, très habile, paraît-il, à mélanger les couleurs et dont nous exposions un joli surimono *Deux carpes* (n° 361, pl. CXII) ; de Hokuteï, qui figurait dans nos salles avec un *Faisan* qu'on aurait pu croire tiré du *Shashin gwafu* (n° 360, pl. CXIII) ; de Shigenobu enfin, — pour ne nommer que ceux-là entre tant d'autres, — dont on sait qu'il fit un moment le commerce des faux Hokusaï, à la grande colère du maître ; il en était le gendre, mais leurs liens de famille ne durèrent pas, car un divorce ne tarda pas à intervenir, après maintes brouilles avec son beau-père, ce qui ne l'empêcha sans doute pas de continuer à l'imiter.

Deux artistes seulement, semble-t-il, firent effort et, partant des enseignements d'Hokusaï, les développèrent et y ajoutèrent quelque chose d'eux-mêmes. Gakuteï, il est vrai, paraît célèbre au-delà de son mérite ; Goncourt le traite d'« admirable artiste » et il se proposait de lui consacrer un volume entier, comme il avait fait pour Utamaro et pour Hokusaï ; c'eût été beaucoup et la littérature de l'auteur eût dû singulièrement enrichir la matière. Certes, il serait injuste de ne pas admirer la facilité de Gakutei dans ses innombrables surimonos ; on y rencontre des natures mortes agréablement disposées (n° 377, pl. CXV), des animaux observés curieusement (n° 380 et 383, pl. CXVI), non sans une pointe de préciosité parfois, comme lorsqu'il nous montre (n° 379, pl. CXV) un chat blanc faisant le gros dos devant le miroir en laque noir d'une coiffeuse où se reflète son image, des bonshommes aussi, bien campés, et toujours l'art de l'imprimeur traduit le dessin à merveille, le rehaussant d'or et de métaux précieux ; probablement est-ce cette richesse qui abuse Goncourt, quand il nous parle des « femmes de l'aristocratie, des femmes à l'aspect sacerdotal » qui peuplent ces surimonos, car ce ne sont guère que des courtisanes en beaux habits, assez lourdes d'ordinaire et au type de visage fortement influencé par les vulgaires figures d'acteurs de l'école de Toyokuni. Tout cela est agréable, mais ne marque guère d'originalité. Gakutei toutefois avait passé par des ateliers divers avant d'entrer chez Hokusaï et c'était un homme instruit, capable de réflexion ; aussi ne doit-on pas trop s'étonner de trouver dans son œuvre, à côté de ses aimables surimonos, des estampes représentant des paysages, d'un art à la fois éclectique et véritablement puissant. Des deux que nous reproduisons, l'une (n° 372, pl. CXIV) représente une flottille de barques sur la mer intérieure, l'autre un ouragan furieux contre lequel lutte un bateau (n° 373, pl. CXIV) ; à la première, l'influence d'Hiroshighé se reconnaît et sa composition à la fois vraie et pittoresque, à la seconde, celle de certains imagiers contemporains en quête d'effets terribles, mais l'Europe aussi a passé par là et ces nuages de tempête qui roulent dans le ciel lui sont empruntés, comme ce soleil couchant dont de claires nuées découpées filtrent les longs rayons roses ; il fallait un artiste subtil pour combiner ces dosages, mais ces pièces sont en même temps l'œuvre d'un dessinateur et d'un coloriste énergique et ce sont là des qualités que la mièvrerie des surimonos ne laissait pas prévoir.

C'est à l'Europe de même que Hokuju doit une part de son talent. On ne sait rien de sa vie, sinon qu'il passa par l'atelier de Hokusaï, mais comme Gakutei, et plus encore que Gakutei, il sut conserver son originalité, car on ne connaît pas de lui d'imitations directes du style du maître, et son œuvre se compose uniquement, semble-t-il, de feuilles de paysages — l'une est datée de 1821 (n° 367), — reconnaissables entre toutes les productions de son temps. De son maître il garda la mise en page et certains procédés techniques traditionnels ; il emprunta toutefois à l'Europe, outre sa façon de rendre les nuages que nous venons de trouver chez son condisciple, son système d'ombres portées qu'il mania non sans vigueur. Quelques artistes Japonais s'en étaient avisés déjà et l'on se souvient d'une feuille de Harunobu, attribuable peut-être, il est vrai, au fameux Shiba Kokan, en rapports constants, on le sait, avec les Hollandais, où une femme à la promenade projetait derrière elle son ombre sur le sol; quelques rares feuilles de Kuniyoshi nous montrent aussi cette formule. Hokuju fait mieux; il l'applique aux paysages, les ombres s'étendent sur les montagnes, les modelant et en indiquant vivement les plans (n° 369, pl. CXIII), et en même temps on sent un effort pour s'approprier notre perspective. Effort assez gauche sans doute, car l'effet est bizarre de ce mélange mal digéré de Japon et d'Europe, mais cette bizarrerie n'exclut pas une certaine grandeur et l'œil serait bien dénué de sensibilité qui ne préférerait pas ces essais maladroits aux vaines habiletés des pasticheurs.

L'avenir appartient-il à cette alliance des traditions japonaises et des formules venues d'Europe, ainsi que beaucoup le prétendent, et Hokuju demeurera-t-il comme une manière de précurseur? Nous n'en saurions décider; son initiative pourtant et, dans une moindre mesure, celle de Gakutei, lavent Hokusaï de ce reproche qu'on lui a souvent adressé d'avoir créé une manière qui s'imposa à ses élèves, mais qui n'était susceptible d'aucun développement, de sorte qu'après avoir fourni avec son inventeur une magnifique carrière, elle devait rester stérile et mener, par la suppression de toute initiative et l'abus des formules, à la ruine de l'école populaire. En vérité Hokuju n'était qu'un mince artiste et l'on ne pouvait attendre de lui un renouvellement; il eût fallu d'autres dons que les siens pour tirer de l'enseignement de Hokusai des leçons inédites, toutefois l'indication qu'il donna pouvait être féconde, et si l'artiste capable d'une telle entreprise ne se rencontra pas, Hokusaï et sa manière n'en peuvent mais. Au reste, rien de plus inexact que de dire que Hokusaï a enseveli l'école populaire dans sa gloire; en même temps que lui, d'autres artistes dessinaient pour les graveurs d'estampes, Hiroshighé, maître du paysage, et Toyokuni, qui renouvela l'art des portraits d'acteurs; ils n'étaient pas moins glorieux et réunissaient autour d'eux des disciples qui continuèrent leur œuvre. S'il est donc un coupable de la mort de l'estampe, ces maîtres devraient être accusés aussi bien que Hokusai. Mais sans doute ni les uns ni les autres ne sauraient être tenus pour responsables, et c'est dans la transformation des mœurs, dans la décadence du goût et dans l'introduction aussi des couleurs européennes qu'il faut chercher la cause de l'abaissement progressif, durant la seconde moitié du dix-neuvième siècle, d'un art naguère charmant et qui semblait si vivace.

Nous aurons l'occasion de revenir sur ce point dans notre prochain Catalogue, l'exposition de 1914 étant consacrée à Toyokuni et à Hiroshighé, aux derniers peintres d'acteurs et aux derniers paysagistes. Avec eux le cycle sera clos et toute l'histoire de l'estampe japonaise nous aura passé sous les yeux.

RAYMOND KŒCHLIN.

INDEX

CATALOGUE

NOMS DE PEINTRES

CHOKI, nos 71 à 114.
  SHIKO, nos 71 à 76.

GANGAKUSAI, nº 402.
GAKUTEI, nos 372 à 383.
HOKKEI, nos 384 à 400.
HOKUBA, nos 363 à 366.
HOKUGA, nº 361, 362.
HOKUJU, nos 367 à 371.
HOKUSAI, nos 129 à 356.
  SHUNRO, nos 129 à 142.
  KAKO, nos 143, 144.
  SORI, nos 145 à 158.
  HOKUSAI SORI, nos 159 à 164.
  HOKUSAI, nos 165 à 193.
  KATSUSHIKA HOKUSAI, nos 194 à 197
  GWAKIOJIN HOKUSAI, nos 198 à 217.
  TAITO, nos 218 à 225.
  I-ITSU, nos 226 à 341.
  MANJI, 342 à 356.

HOKUTEI, nº 360.
KEIRI, nº 401.
REKISENTEI (Yeiri III), nos 63 à 70.
RYUSAI, nº 404.
SHIGHÉNOBU, nº 403.
SHINSAI, nos 357 à 359.
SHUMMAN, nos 120 à 128.
SHUNZAN, nos 115 à 119.
TAIGAKU, nº 405.
YEICHO, nº 63.
YEIRI I, nos 52 à 59.
YEIRI II, nº 64.
YEIRI III, voir Rekisentei.
YEISHI, nos 1 à 29.
YEISHIN, nº 62.
YEISHO, nos 30 à 51.
YEISUI, nos 60, 61.

ÉDITEURS

ECHICHO, nº 221.
IWATOYA, nos 13, 14, 19, 23, 25, 26, 27, 29.
KATSU (?), nº 384.
MANKICHI, nº 138 et SHIBA MANKICHI, n 394.
MARUBUN, nos 60, 67, 68 ,69.
MORIYA (YAMAMORI), nos 227, 229, 299, 301, 302, 320 à 321, 331, 342.
MURATAYA, nos 36, 74, 82, 83, 88.
SENICHI, nos 11, 37.
SHAMMA (?) nº 391.
TSUJI, nos 334, 335.
TSUMURA ISAKICHI, de Akashi près Kobé, 385.
TSURUKI (TSURUYA KIHEI), nos 311, 312, 313, 314, 315.
TSURUYA, nos 77, 78, 79, 80, 86, 93, 94, 96, 98, 99, 102, 104, 105, 108, 216.

TSUTAYA, nos 84, 85, 87, 89, 90, 91, 92, 93, 101, 102, 103, 105, 109, 110, 111, 112, 113, 114, 135, 136, 137, 140.
YAMADAN, nº 40.
YAMAGUCHI TOBEI, nos 31, 38, 39, 41, 43, 44, 45, 46, 49, 51, 54, 55, 56, 57, 189.
YAMAGUCHI CHUSUKE, nº 34.
YAMAHAN, nos 34, 52, 53.
YAMAKICHI, nº 132.
YAMAKYU, nº 368.
YAMASA, nos 61.
YAMATA, nos 332, 333.
YEIJUDO, nos 2, 4, 5, 7, 10, 12, 15, 16, 17, 18, 20, 21, 22, 30, 32, 33, 115, 116, 118, 119, 126, 130, 237, 241, 251, 253, 261, 273, 276, 282, 285, 286, 288, 289, 291, 292, 303 à 310, 344, 346, 347, 348, 350, 351, 352, 353, 354.
YEIJUDO NISHIMURAYA, nº 130.

PLANCHES

NOMS DE PEINTRES

CHOKI, nᵒˢ 23 à 39.
  SHIKO, nᵒˢ 23, 24.

GAKUTEI, nᵒˢ 114 à 116.
HOKKEI, nᵒˢ 116 à 118.
HOKUGA, nᵒ 112.
HOKUJU, nᵒ 113.
HOKUSAI, nᵒˢ 42 à 111.
  SHUNRO, nᵒ 42 à 46.
  KAKO, nᵒ 46.
  SORI, nᵒ 47 à 49.
  HOKUSAI SORI, nᵒ 50 à 52.
  HOKUSAI, nᵒ 53 à 61.
  KATSUSHIKA HOKUSAI, nᵒˢ 61 à 63.
  GWAKIOJIN HOKUSAI, nᵒˢ 63 à 68.
  TAITO, nᵒ 67, 69 à 71.
  I-ITSU, nᵒˢ 71 à 106.
  MANJI, nᵒˢ 103, 107 à 111.

HOKUTEI, nᵒ 113.
REKISENTEI (Yeiri III), nᵒˢ 21 à 23.
RYUSAI, nᵒ 118.
SHIGHÉNOBU, nᵒ 118.
SHINSAI, nᵒ 112.
SHUMMAN, nᵒˢ 40 à 42.
SHUNZAN, nᵒ 40.
YEIRI I, nᵒˢ 16 à 19.
YEIRI II, nᵒ 6.
YEIRI III, voir Rékisentei.
YEISHI, nᵒˢ 1 à 9.
YEISHIN, nᵒ 20.
YEISHO, nᵒˢ 10 à 15.
YEISUI, nᵒ 20.

GLOSSAIRE

FORMATS

Kakémonoyé. — Très grand format en hauteur. Environ . 0ᵐ550 sur 0ᵐ280.
Hashirakaké. — Grand format en hauteur, très étroit. Environ 0ᵐ650 sur 0ᵐ150.
Hosoyé. — Petit format étroit. Environ 0ᵐ300 sur 0ᵐ150.
Oban Yokoyé. — Format usuel en largeur. Environ 0ᵐ300 sur 0ᵐ250.
Oban Tatéyé. — Format usuel en hauteur. Environ 0ᵐ300 sur 0ᵐ250.

Chuban. — Petit format en hauteur. Environ 0ᵐ300 sur 0ᵐ220.
Koban. — Très petit format en hauteur. Environ 0ᵐ250 sur 0ᵐ160.
Koban Yokoyé. — Très petit format en largeur. Environ 0ᵐ250 sur 0ᵐ160.
Shikishi. — Format carré.
Tanzakuyé. — Bande étroite où l'on écrit généralement un poème.
Uchiwayé. — Estampe en forme d'éventail.

SIGNATURES

YÉGAKU. — Dessiné par.
FUDÉ. — Pinceau.
KIGWA. — Dessiné par jeu.

ZU. — Dessin.
ZUHITSU. — *Zu*, dessin; *hitsu*, pinceau.
UTSUSU. — Copie, interprétation.

CATALOGUE

YEISHI

1. Chuban à fond jaune.

   Une jeune fille, vêtue d'un costume de cour violet, vert et noir,
   est assise et lit un poème écrit sur un tanzaku.

   De la série *Juni-hitoyé*, costumes de cour.

   Signée : Yeishi, zu.

   Pl. 1. — H. 0^m240. — L. 0^m175.   M. MARONI.

2. Chuban.

   Quatre geisha, habillées en paysannes et portant des fleurs
   et des instruments aratoires, vases, baquets, etc., exécutent la
   danse rustique appelée *Inaka-odori*.

   De la série *Seïro Manzai Niwaka*, danseurs de Niwaka du
   Yoshiwara.

   Signée : Yeishi, yégaku.

   Editeur Yeijudo.

   H. 0^m250. — L. 0^m185.   M. MADWIG.

3. Chuban.

   Deux geisha et une servante se promenant dans les jardins
   d'un restaurant : la servante porte une lanterne sur laquelle le nom
   de la maison « Musashiya » est écrit.

   Signée : Yeishi, zu.

   H. 0^m225. — L. 0^m148.   M. CHIALIVA.

4. Chuban.

   Deux jeunes femmes se reposant dans une maison de thé à
   Susaki (Yédo). L'une est assise sur un banc. Debout auprès
   d'elle, l'autre tient à la main une longue-vue.

   Signée : Yeishi, zu.

   Editeur Yeijudo.

   Pl. 1. — H. 0^m215. — L. 0^m115.   M. CHIALIVA.

5. Hashirakaké.

   Une jeune femme, s'est endormie, en lisant un livre qu'elle
   tient encore à la main ; elle est appuyée sur la bibliothèque et rêve
   que Daïkoku lui accorde une grâce.

   Signée : Yeishi, yegaku.

   Editeur Yeijudo.

   Pl. 1. — H. 0^m675. — L. 0^m115   M. BULLIER.

6. Hashirakaké.

   Une jeune femme endormie rêve de Jurojin jouant avec des
   enfants.

   Signée : Yeishi, yegaku.

   H. 0^m360. — L. 0^m108   M. VIGNIER.

7. Oban tatéyé.

   Une jeune dame vêtue d'un *furesodé* noir sur transparent
   rose (le furesodé est un vêtement à longues manches pendantes),
   se promène, accompagnée d'une servante, sur le quai de la Sumida.

   Signée : Yeishi, yegaku.

   Editeur Yeijudo.

   H. 0^m380. — L. 0^m250.   M. VEVER.

8. Oban tatéyé à fond jaune.

   Une jeune dame s'apprête à jouer un air de koto : sa servante
   soulève un rideau fait de bambous.

   De la série *Ukiyo Genji Hakkei*, huit scènes du Genji, dans le
   style populaire.

   Signée : Yeishi, zu.

   Editeur Yeijudo.

   H. 0^m380. — L. 0^m245   M. CHIALIVA.

9. Triptyque.

   Une jeune femme, accompagnée de nombreuses servantes,
   se rend à un pique-nique à Goten Yama Shinagawa. Elle s'apprête
   à sortir de son palanquin, sous un arbre fleuri, et donne à un jeune
   homme, afin qu'il l'accroche à une branche d'arbre , un tanzaku
   sur lequel elle a écrit un poème.

   Au fond, une baie avec quelques bateaux au loin.

   Signée : Yeishi, yégaku.

   H. 0^m370. — L. 0^m750.   Mme LANGWEIL.

10. Triptyque.

    Six musiciennes accompagnées d'un serviteur qui tient un
    parasol, jouant à bord d'un bateau impérial, dont la proue est en
    forme de paon. C'est le bateau de la musique, à la réception donnée
    par l'Empereur, sur le lac de Shisenyen à Kyoto.

    Signée : Yeishi, zu.

    Editeur Yeijudo.

    H. 0^m375. — L. 0^m735.   M. R. COLLIN.

11. Deux estampes d'un triptyque.

    Sur la terrasse d'un restaurant au bord de la Sumida, quatre
    geisha et un jeune homme. Il est assis, et tout en fumant, cause
    avec deux de ses compagnes. Une autre est appuyée contre le

chambranle de la porte du jardin, qui ouvre sur un escalier descendant dans l'eau; accroupie en haut de cet escalier, la dernière geisha pêche à la ligne.

Signée : Yeishi, yégaku.

Editeur Senichi.

H. 0^m375. — L. 0^m495.   M. Vever.

12. Triptyque.

Un pique-nique à Atsukayama, au moment de la floraison des cerisiers. Huit jeunes femmes avec deux kamuro, un jeune homme et un petit garçon se promènent sous les arbres fleuris. Le petit garçon attache à un arbre, en guise de tanzaku, un éventail sur lequel une poésie est écrite.

Signée : Chobun (Yeishi .

Editeur Yeijudo.

H. 0^m370. — L. 0^m760   M. Chialiva.

13. Triptyque.

Un groupe de cinq femmes avec un petit domestique se reposant dans la chaya Hana-Yashiki, à Asakusa (Yédo . Elles contemplent le jardin où se trouve un étang alimenté par une fontaine en forme de dragon. Sur l'autre rive, un tigre de bronze. A gauche est une Jochu (servante), qui tient à la main une soucoupe.

Signée : Yeishi, zu.

Editeur Iwatoya.

Pl. 2. — H. 0^m382. — L. 0^m735.   M. R. Collin.

14. Triptyque à fond jaune.

Un jeune homme, dans une chaya, servi par plusieurs geisha.

Signée : Yeishi, zu.

Editeur Iwatoya.

Pl. 3. — H. 0^m375. — L. 0^m750.   Mme Léry.

15. Oban tatéyé à fond jaune.

La courtisane Tokiwagi de la Kanaya, assise, écrivant une lettre. Elle est vêtue d'un kimono blanc, à décor losangé ton sur ton, aux revers roses à décor géométrique. Son obi est vert uni. Sur le portemanteau, un kimono violet orné de bambous en blanc.

De la série *Wakana no hatsuisho*, nouvelles robes de printemps.

Signée : Yeishi, zu.

Editeur Yeijudo.

H. 0^m365. — L. 0^m245.   Vte de Sartiges.

16. Oban tatéyé à fond jaune.

La courtisane Soménosuké de la Matsubaya, regarde une fleur dans un pot. Elle est vêtue d'une robe blanche, à décor d'oiseaux de paradis au corps vert et de petits oiseaux multicolores. Son obi est violet. Deux robes sont jetées sur le portemanteau, l'une noire semée de *mon* jaunes et l'autre mauve ornée de chrysanthèmes blancs stylisés et d'un grand oiseau de proie.

Même série que ci-dessus.

Signée : Yeishi, zu.

Editeur Yeijudo.

H. 0^m365. — L. 0^m245.   Vte de Sartiges.

17. Oban tatéyé à fond jaune.

La courtisane Hinazuru de la Chojiya. Vêtue d'une légère robe d'été, elle tient un éventail dans la main droite. Auprès d'elle des livres et un pupitre.

De la série *Setro Bijin Rokkasen*, six poètes représentés par des courtisanes.

Signée : Yeishi, zu.

Editeur Yeijudo.

H. 0^m365. — L. 0^m255.   Mme Langweil.

18. Oban tatéyé.

La courtisane Morokoshi, vêtue d'un kimono noir sur transparent rouge, rêve, pinceau en main, au poème qu'elle va écrire.

Même série que ci-dessus.

Signée : Yeishi, zu.

Editeur Yeijudo.

Pl. 4. — H. 0^m370. — L. 0^m250.   M. Marteau.

19. Oban tatéyé.

La courtisane Wakoku de l'Echizenya, lisant une lettre; à côté d'elle est assise la courtisane Kusugemo de la Kado-tamaya, qui tient à la main une coiffure de noble.

De la série *Yukun Rokkasen*, six poètes représentés par des courtisanes.

Signée : Yeishi, zu.

Editeur Iwatoya.

Pl. 5. — H. 0^m355. — L. 0^m235.   M. Bullier.

20. Oban tatéyé à fond jaune.

Une courtisane debout, rectifiant sa coiffure dans un miroir où l'on aperçoit le reflet de son visage. Une servante est agenouillée auprès d'elle. Allusion à un poème de Otomono Kuronushi, dont le portrait orne le cartouche rond, en haut de l'estampe à gauche.

De la série *Shun Rokkasen*, six nouveaux poètes.

Signée : Yeishi, zu.

Editeur Yeijudo.

Pl. 5. — H. 0^m325. — L. 0^m225.   M. Maroni.

21. Oban tatéyé.

Une courtisane, les cheveux dans le dos, et auréolée d'épingles, admire une branche de prunier fleuri. Elle est vêtue d'un kimono rouge décoré de carrés blancs. Allusion à un poème de la poétesse Ono-no-Komachi.

De la série *Ryaku Rokkasen*, six poètes en abrégé.

Signée : Yeishi, zu.

Editeur Yeijudo.

H. 0^m350. — L. 0^m240.   M. Rouart.

22. Oban tatéyé.

La princesse Sotori, dans son jardin s'amusant avec une araignée, qui descend au bout de son fil, d'une branche de pin.

De la série *Ryaku Sambuku tsui*, série de trois, abrégée.

Non signée.

Editeur Yeijudo.

H. 0^m365. — L. 0^m245.   M. Cosson.

23. Oban yokoyé.

Deux servantes de maison de thé jouent au jeu de ken, cependant que deux courtisanes et une kamuro les regardent.

Signée : Yeishi, yégaku.

Éditeur Iwatoya.

Pl. 6. — H. 0^m240. — L. 0^m370.   M. Le Veel.

24. Oban yokoyé (très grand format).

Les courtisanes Hanaogi et Kasugano de la maison Gomeiro et Kumégawa de la Furishin occupent futilement leurs loisirs dans la chambre de l'une d'elles. Dans le fond un paravent sur lequel un paysage est peint en noir sur gris.

De la série *Seiro Shiki no Tawamuré*, amusements des quatre saisons dans les maisons du Yoshiwara.

Signée : Yeishi, zu.

Éditeur Yamaguchiya Chusuké, Bakurocho Sanchomé, Yédo.

Pl. 7. — H. 0^m365. — L. 0^m490.   M. Vever.

25. Oban tatéyé.

La geisha Itsutomi, vêtue d'un long kimono vert uni, avec un obi rose à décor de plumes blanches. Elle tient à la main le plectre du shamisen, qui est à ses pieds.

De la série *Seiro Geisha sen*, geisha choisies du Yoshiwara.

Signée : Yeishi, zu.

Éditeur Iwatoya.

Pl. 4. — H. 0^m370. — L. 0^m240.   M. Vever.

26. Oban tatéyé à fond d'argent.

La courtisane Takigawa de la maison Ogiya, debout, en costume d'apparat. Elle va se présenter à un nouveau client. Son kimono qui se colore du blanc au violet, est orné d'un motif floral. Son obi est jaune pâle rayé de noir, avec un décor noir et vert.

De la série *Seiro Bisen Awasé*, beautés choisies du Yoshiwara.

Signée : Yeishi, kigwa.

Éditeur Iwatoya.

Pl. 8 en couleurs. — H. 0^m365. — L. 0^m240. Mme Chausson.

27. Oban tatéyé à fond d'argent.

La courtisane Misayama de la Chojiya, debout, vêtue de son costume de nuit, qui se compose d'une robe blanche à décor grillagé rose, sur laquelle est jeté un court manteau brun à décor géométrique. Obi vert.

Même série que ci-dessus.

Signée : Yeishi, kigwa.

Éditeur Iwatoya.

Pl. 9. — H. 0^m355. — L. 0^m235.   M. Smet.

28. Oban tatéyé à fond micacé.

Même estampe que ci-dessus, avec cette différence que le fond est micacé au lieu d'être d'argent oxydé.

H. 0^m375. — L. 0^m245.   M. Bullier.

29. Oban tatéyé à fond d'argent oxydé.

La courtisane Hanamurasaki, en costume de parade. Elle est vêtue d'un kimono, dont le haut est ocre jaune et le bas blanc décoré de raisins rouges et de feuilles vertes. L'obi est vert foncé

à décor de feuillages ton sur ton et de chrysanthèmes rouges dans des médaillons blancs.

Signée : Yeishi, kigwa.

Éditeur Iwatoya.

Pl. 9. — H. 0^m360. — L. 0^m235.   Mme Seure.

YEISHO

30. Chuban.

Deux jeunes femmes se promenant dans un jardin. C'est une transposition d'une des huit vues classiques de la Sumida : la lune d'automne à Matsuchiyama.

Signée : Yeisho, zu.

Éditeur Yeijudo.

H. 0^m250. — L. 0^m185.   M. Bullier.

31. Chuban.

Deux geisha jouissent d'une belle soirée d'été : l'une, vêtue d'un kimono très ouvert, est couchée, une jambe repliée sous elle et la tête appuyée sur sa main ; l'autre, debout, tient à la main un écran et une pipe.

Signée : Yeisho, yegaku.

Éditeur Yamaguchi Tobei.

H. 0^m230. — L. 0^m175.   M. Bing.

32. Hashirakaké.

Deux servantes de chaya ; l'une est assise sur un banc, tenant une soucoupe, l'autre est debout, un écran à la main.

Signée : Yeisho, yégaku.

Éditeur Yeijudo.

Pl. 14. — H. 0^m645. — L. 0^m110.   M. Javal.

33. Hashirakaké.

Une jeune fille tenant une bouteille de verre, dans laquelle nage un poisson rouge.

Signée : Yeisho, yégaku.

Éditeur Yeijudo.

H. 0^m620. — L. 0^m115.   M. Javal.

34. Hashirakaké.

Deux geisha, admirant le paysage, à bord d'un bateau sur la Sumida.

Signée : Yeisho, yégaku.

Éditeur Yamahan.

Pl. 14. — H. 0^m610. — L. 0^m115.   M. Javal.

35. Hashirakaké.

Un jeune homme assis, sa pipe à la main, se penche pour parler à une courtisane qui se tient à côté de lui. Sur une table, une blague à tabac. Fond de paravent, décoré d'un prunier fleuri.

Signée : Yeisho, yegaku.

H. 0^m610. — L. 0^m110.   M. R. Collin.

36. Triptyque sur fond jaune.

Une réunion de sept jeunes femmes et jeunes filles fêtant le jour de l'an ; les unes jouent à la balle et les autres au volant.

Signée : Yeisho, yégaku.

Éditeur Murataya.

H. 0^m325. — L. 0^m620.   M. Vever.

37. Triptyque sur fond gris.

Neuf geisha et servantes dansant une danse qui ressemble au jeu de colin-maillard. Dans le haut des lanternes rouges portent le nom du restaurant.

Signée : Yeisho, zu.

Éditeur Senichi.

Pl. 10. — H. 0m375. — L. 0m745.   M. Vever.

38. Triptyque.

Les courtisanes Hashidaté, Ayakoshi et Hanahito, de la maison Ogiya. Elles sont assises dans la chambre appelée Kujaku-no-ma (chambre du paon, dont les shoji sont décorés d'un grand paon volant, la queue éployée.

Signée : Yeisho, yégaku.

Éditeur Yamaguchi Tobei.

H. 0m380. — L. 0m715.   Musée des Arts Décoratifs.

39. Triptyque.

Les courtisanes Toyosumi, Mitsumaya et Senzan de la maison Chojiya. Elles sont assises dans la chambre appelée Hô-ô-no-ma (chambre de l'oiseau de Hô), dont les shoji sont décorés d'un oiseau de Hô gigantesque, aux plumes rouge sombre.

Signée : Yeisho, yégaku.

Éditeur Yamaguchi Tobei.

Pl. 11. — H. 0m375. — L. 0m735.   M. Mutiaux.

40. Oban tatéyé.

Une jeune femme, par un chaud jour d'été, offre une coupe d'eau fraîche à un jeune homme qui s'éponge la poitrine avec un linge. A droite un éventaire avec l'annonce « Eau de cascade » et des coupes pour boire.

Signée : Yeisho, yégaku.

Éditeur Yamaden.

Pl. 12. — H. 0m375. — L. 0m248.   M. Le Veel.

41. Oban tatéyé à fond jaune.

La courtisane Koïmurasaki de la maison Tamaya. Elle est vêtue d'un kimono brun uni, avec une ceinture blanche. Les cheveux dans le dos, elle fume sa pipe. Un vol de grues sur le fond.

Signée : Yeisho, yégaku.

Éditeur Yamaguchi Tobei.

H. 0m365. — L. 0m235.   M. Mutiaux

42. Oban tatéyé sur fond jaune.

Une jeune femme, en peignoir, au sortir du bain. Accroupie auprès d'une barrière verte à laquelle est accrochée une lanterne, elle se coupe les ongles.

Signée : Yeisho, yégaku.

H. 0m375. — L. 0m245.   M. Bing.

43. Oban tatéyé sur fond jaune.

Une jeune femme, assise sur ses talons, remet en ordre sa coiffure en se regardant dans un petit miroir de poche. Allusion à l'un des trois Jichô (serviteurs impériaux), représentés dans le cartouche circulaire en haut de l'estampe.

De la série *Yékyodaï Bijin Awasé*, sujets divers représentés par des bijin dans leurs occupations habituelles.

Signée : Yeisho, yégaku.

Éditeur Yamaguchi Tobei.

Pl. 12. — H. 0m365. — L. 0m245.   M. Vever.

44. Oban tatéyé.

Buste de jeune fille en capuchon noir transparent, sous lequel on devine la coiffure et la robe beige à carreaux.

Sans nom de série, mais portant un cartouche de fleurs.

Signée : Yeisho, zu.

Éditeur Yamaguchi Tobei.

Pl. 13. — H. 0m380. — L. 0m250.   M. Vever.

45. Oban tatéyé.

Buste de jeune fille, en capuchon gris transparent, sous lequel on voit la coiffure et la robe à pois blancs.

Portant le même cartouche de fleurs que l'estampe précédente

Signée : Yeisho, zu.

Éditeur Yamaguchi Tobei.

Pl. 13. — H. 0m375. — L. 0m250.   M. Vever.

46. Oban tatéyé.

Le portrait de la jeune Otatsu, sur un fond de store en bambous. Elle a la tête couverte d'un voile à décor d'astéries.

De la série *Tosei Bijin Awasé*, beautés choisies du jour.

Signée : Yeisho, kigwa.

Éditeur Yamaguchi Tobei.

Pl. 15. — H. 0m375. — L. 0m250.   M. Bing.

47. Oban tatéyé.

Portrait de la jeune Kokin.

Même estampe que ci-dessus, avec des différences dans le fond et le décor des vêtements; le nom de la femme est également change. Cette estampe semble être d'un tirage antérieur à la précédente.

H. 0m390. — L. 0m255.   M. Vever.

48. Oban tatéyé sur fond d'argent oxydé.

La courtisane Shinatéru de la maison Okamotoya, vêtue d'un kimono beige à pois blancs et à revers roses. Elle tient à la main un rouleau de papier à écrire et dans sa bouche, un pinceau.

De la série *Kwakuchu Bijin Kurabé*, concours de beautés du Yoshiwara.

Signée : Yeisho, yégaku.

Pl. 15. — H. 0m375. — L. 0m240.   Mme Langweil.

49. Oban tatéyé sur fond d'argent oxydé.

La courtisane Hana-ogi de la maison Ogiya. Elle est vêtue d'un kimono dont on n'aperçoit que le revers rose.

Même série que ci-dessus.

Signée : Yeisho, yégaku.

Éditeur Yamaguchi Tobei.

H. 0m390. — L. 0m260.   M. Rouart.

50. Oban tatéyé.

La courtisane Kasugano, de la Sasaya. Elle est vue à mi-corps, s'essuyant le cou, au sortir du bain. Son peignoir est à décor d'astéries.

Même série que ci-dessus.

Signée : Yeisho, yégaku.

Éditeur Yamaguchi Tobei.

Pl. 14. — H. 0m385. — L. 0m250.   Mme Seurre.

51. Oban tatéyé sur fond d'argent.

Portrait, en kimono rose, de la courtisane Shinowara de la
Tsuruya; elle tient une lettre dans la main droite, et de l'autre
main, fixe une épingle dans ses cheveux.

Même série que ci-dessus.

Signée : Yeisho, yégaku.

H. 0^m370. — L. 0^m255.   M. Vignier.

YEIRI

52. Hashirakaké.

Jeune femme debout, causant avec une de ses compagnes
couchée sous une moustiquaire.

Signée : Yeiri, kigwa.

Éditeur Yamahan.

Pl. 17. — H. 0^m585. — L. 0^m110.   M. Vever.

53. Hashirakaké.

Deux jeunes femmes dans une barque écoutent le chant du
coucou en regardant le reflet de la lune dans l'eau : deux présages
heureux.

Signée : Yeiri, kigwa.

Éditeur Yamahan.

Pl. 17. — H. 0^m630. — L. 0^m115.   M. Maroni.

54. Oban tatéyé.

Une jeune femme debout, vêtue d'une légère robe d'été, noire
et transparente qui lui découvre la jambe. Sans doute le portrait
d'Oman de Sunaba (Kyoto).

De la série *Sanga no tsu Soka Bijin awasé*, réunion des soka
des trois villes. (Les trois villes sont Yédo, Kyoto et Osaka et les
soka, des prostituées de la plus basse catégorie).

Signée : Yeiri, kigwa.

Éditeur Yamaguchi Tobei.

Pl. 16. — H. 0^m380. — L. 0^m225.   M. Vever.

55. Oban tatéyé.

Jeune femme, vêtue d'un kimono noir à décor de fleurs de
cerisiers, qui s'ouvre sur une chemise rouge. L'obi est orangé. Sans
doute le portrait de Otatsu, du quartier Ryogoku à Yedo.

Même série que ci-dessus.

Signée : Yeiri, kigwa.

Éditeur Yamaguchi Tobei.

Pl. 16. — H. 0^m375. — L. 0^m250   M. Vever.

56. Oban tatéyé sur fond micacé gris.

Portrait de la courtisane Morokoshi de l'Échizenya.

De la série *Kwakuchu Bijin Kurabé*, concours de beautés du
Yoshiwara.

Nous avons déjà vu (n°s 48 à 51) le même titre de série dans Yeisho.

Signée : Yeiri, yéyaku.

Éditeur Yamaguchi Tobei.

Pl. 18. — H. 0^m365. — L. 0^m248.   M. Vignier.

57. Oban tatéyé.

La courtisane Kashiku de Tsuruya, au sortir du bain. Elle
est drapée dans un peignoir à décor de grandes astéries, dont
elle tient un bout dans la bouche.

Même série que ci-dessus.

Signée : Yeiri, kigwa.

Éditeur Yamaguchi Tobei.

Pl. 18. — H. 0^m385. — L. 0^m255.   Mme Chausson.

58. Oban tatéyé sur fond micacé.

Portrait d'une courtisane, qui tient à la main un écran sur
lequel est imprimé un portrait d'acteur.

De la série *Seiro Bijin Saïfu*, porte-monnaie des bijin du
Yoshiwara.

Signée : Yeiri, yégaku.

Pl. 17. — H. 0^m375. — L. 0^m250   M. Doucet.

59. Oban tatéyé sur fond micacé.

Un chanteur de l'école Tokiwazu, vêtu d'un kamishimo
(vêtement de cérémonie). Sa musique est placée devant lui sur un
kendai (pupitre incliné).

De la série *Yédo no hana. Yanagibashi no Natori*, l'orgueil
de Yédo. Les chanteurs célèbres du district de Yanagibashi.

Signée : Yeiri, yégaku.

Pl. 19. en couleurs. — H. 0^m385. — L. 0^m255.   M. Ducoté.

YEISUI, YEISHIN, YEICHO, YEIRI IIe

60. Oban tatéyé.

La courtisane Senzan, de la Chojiya, humectant avec sa
bouche, une feuille de papier à lettre pliée en deux afin de la couper
plus aisément.

Signée : Ichirakutei Yeisui.

Éditeur Marubun.

H. 0^m370. — L. 0^m240   M. Portier.

61. Oban tatéyé.

La courtisane Yoso-oi, de la maison Tabaya, occupée à
arranger avec des ciseaux une fleur de camélia.

Signée : Yeisui, yégaku.

Éditeur Yamasa.

Pl. 20. — H. 0^m375. — L. 0^m245.   M. Odin.

62. Oban tatéyé.

Portrait d'un jeune chasseur tenant son faucon sur le poing.
Il est vêtu d'un kimono violet, décoré d'aubergines noires, et qui
porte comme nom le Fuji, en blanc, de sorte que les trois rêves
heureux japonais Fuji, taka, nasubi (Fuji faucon, aubergine)
sont réunis dans cette estampe.

Signée : Choyensaï Yeishin, fudé.

Pl. 20. — H. 0^m385. — L. 0^m260.   M. Chialiva.

63. Oban tatéyé.

La courtisane Fumikoshi, en kimono vert à décor d'œillets
blancs stylisés, admirant avec une expression ravie, une feuille de
chrysanthème sur un écran.

Fond micacé qui semble avoir été appliqué après coup.

De la série *Seiro Bijin awasé*, beautés du Yoshiwara.

Signée : Yeicho, yégaku.

H. 0^m380. — L. 0^m255.   M. Rosenberg.

64. Chuban petit format.

Deux jeunes femmes, par une chaude nuit d'été. L'une d'elles s'apprête à entrer sous sa moustiquaire; l'autre, assise, s'évente et a laissé glisser son kimono, découvrant ainsi ses épaules.

Estampe presque monochrome.

De la série *Furyu Ukiyo Niju shiko*, vingt-quatre exemples de piété filiale en style Ukiyo raffiné.

Signée : Yeiri, yégaku.

Pl. 6. — H. 0ᵐ240. — L. 0ᵐ180.   M. Portier.

REKISENTEI (YEIRI III)

65. Petit surimono.

Une jeune femme se promenant, un jour de pluie, sur le quai de la Sumida, avec un parapluie par la déchirure duquel on aperçoit son visage.

Signée : Rekisentei, zuhitsu.

Pl. 23. — H. 0ᵐ168. — L. 0ᵐ150.   M. Vever.

66. Chuban petit format à fond jaune.

Deux jeunes femmes passant la porte d'une maison de campagne.

Signée : Rekisentei, zuhitsu.

H. 0ᵐ240. — L. 0ᵐ180.   M. Odin.

67. Oban tatéyé.

Une paysanne et un jeune garçon apportant à la maison les feuilles mortes et les branchages qu'ils ont ramassés dans la montagne. Interprétation d'un poème de Bun-Ya-Yasuhido.

De la série *Hyakunin Isshu Mitaté Hakkei*, huit poèmes choisis dans les cent poèmes.

Signée : Rekisentei, yégaku.

Editeur Marubun.

Pl. 21. — H. 0ᵐ315. — L. 0ᵐ215.   M. Jean Lebel.

68. Oban tatéyé.

Une jeune femme jalouse, querellant son ami, et tâchant de lui prendre la lettre qu'il est en train de lire.

De la série *Furyu Onna Imagawa*, éducation des femmes.

Signée : Rekisentei Yeiri, yégaku.

Editeur Marubun.

Pl. 21. — H. 0ᵐ360. — L. 0ᵐ235   M. Vever.

69. Oban tatéyé.

La courtisane Tagasodé, assise sur un banc qu'abrite un cerisier, avec sa grande lanterne posée à côté d'elle. Elle coupe d'un moment de repos sa promenade de parade dans la grande rue du Yoshiwara.

Signée : Rekisentei Yeiri, yégaku.

Editeur Marubun.

Pl. 22. — H. 0ᵐ380. — L. 0ᵐ235.   M. Vever.

70. Oban tatéyé.

La courtisane Tsukasa, de la maison Ogiya, vue à mi-corps, en kimono rose à fleurs blanches, et tenant un écran sur lequel est peinte la tête du célèbre acteur Danjuro.

Signée : Rekisentei, zuhitsu.

Pl. 22. — H. 0ᵐ375. — L. 0ᵐ260.   M. Javal.

SHIKO

71. Petit surimono en largeur.

Deux jeunes amants sur les bords de la rivière Yodo.

De la série *Joruri Mitaté Hakkei*, huit interprétations des drames Joruri.

Signée : Shiko, yégaku.

H. 0ᵐ150. — L. 0ᵐ375   M. Fricotelle.

72. Petit surimono en largeur.

Deux amoureux se rencontrant sous un saule.

Même série que ci-dessus.

Signée : Shiko, yégaku.

H. 0ᵐ150. — L. 0ᵐ375.   M. Fricotelle.

72 *bis*. Petit surimono en largeur.

Deux amoureux se cachent derrière un pin, par la pluie.

Même série que ci-dessus.

Signée : Shiko, yégaku.

Pl. 23. — H. 0ᵐ150. — L. 0ᵐ375.   M. Fricotelle.

73. Hashirakake.

Une geisha se rend à une soirée, accompagnée de sa servante.

Signée : Shiko, fudé.

Pl. 23. — H. 0ᵐ595. — L. 0ᵐ115.   M. Vignier.

74. Hashirakake.

La geisha Okaru et Yuranosuké, acte vii du Chushingura.

Signée : Shiko, yégaku.

Editeur Murataya.

Pl. 23. — H. 0ᵐ625. — L. 0ᵐ133.   M. Vever.

75. Hashirakake.

Les deux amants, la belle Kiyoharu et Sakurahimé, lequel tient à la main un tanzaku.

Signée : Shiko, fudé.

Pl. 24. — H. 0ᵐ600. — L. 0ᵐ110.   M. Vignier.

76. Oban tatéyé.

Deux jeunes femmes, l'une debout, tenant à la main un écran avec un portrait d'acteur, l'autre assise, et qui rajuste les épingles de sa coiffure. Selon le poème écrit sur l'estampe elles admirent la lune qui se lève à l'est, par une nuit d'été.

Signée : Shiko, yégaku.

Pl. 24. — H. 0ᵐ370. — L. 0ᵐ240.   M. Le Veel.

CHOKI[1]

Estampes de type bouddhique et dans le style de Sharaku

77. Oban tatéyé.

L'image de Benzaïten, ou Benten, l'une des sept Divinités du Bonheur dans le Panthéon bouddhique.

Estampe en rose et vert.

Signée : Choki, yégaku.

Editeur Tsuruya.

H. 0ᵐ365. — L. 0ᵐ240.   M. Vignier.

---

1. Une mode récente, d'origine germanique, tend à changer en Nagayoshi le nom de Choki. Les deux prononciations sont en effet possibles, mais non facultatives. La tradition orale et écrite indique Choki. Nagayoshi n'est qu'un pédantisme.

78. Oban tatéyé.

Yen ya Hangwan (le seigneur d'Ako) s'apprêtant à com-
mettre le *Seppuku* (qu'on appelle communément harakiri) et
faisant part de sa décision à Rikiya le fils de Yuranosuké. Il est
tout en blanc, comme le veut le cérémonial, et tient à la main le
poignard avec lequel il va s'ouvrir le ventre. Derrière lui, debouts,
deux samurai en grand costume s'apprêtent à l'assister.

Scène de théâtre, représentée par les acteurs Arashi Ryuzo,
Otani Oniji, Ichikawa Yaozo et un jeune acteur de l'école de
Danjuro.

De la série *Chushingura* (acte iv)

Signée : Choki, yégaku.

Éditeur Tsuruya.

Pl. 25. — H. 0^m320. — L. 0^m220.   M. Vignier.

79. Chuban.

Une scène de l'acte vi du drame Chushingura représentée par
les acteurs Ichikawa Monnosuké, Otani Oniji, et Bando Mitsu-
goro.

Même série que ci-dessus.

Signée : Choki, yégaku.

Éditeur Tsuruya.

Pl. 26. — H. 0^m235. — L. 0^m180.   M. Vignier.

80. Oban tatéyé.

L'acteur Ségawa Kikunojo dans le rôle de Tonasé et l'acteur
Iwai Hanshiro dans le rôle de Konami, au viiie acte du Chushingura.

Même série que ci dessus.

Signée : Choki, yégaku.

Éditeur Tsuraya.

Pl. 25. — H. 0^m320. — L. 0^m225.   M. Vignier.

Estampes influencées par Kyonaga, Utamaro, Toyokuni, etc.

81. Hashirakaké.

Un jeune homme voudrait et ne voudrait pas quitter sa maîtresse, qui essaye de le retenir par un pan de sa ceinture. Son hési-
tation est représentée par trois petits lutins, dont les visages sont
des idéogrammes signifiant le mal, pour les deux du bas qui
l'attirent, et le bien pour celui d'en haut, qui accroché à la fenêtre
le pousse.

Signée : Choki, yégaku.

Pl. 26. — H. 0^m575. — L. 0^m012.   M. Odin.

82. Hashirakake.

Une jeune servante de maison de thé se tient debout auprès du
comptoir, avec à la main un écran sur lequel est peint le portrait
de l'acteur Matsumoto Koshiro. Elle porte un kimono bleu pâle
et un tablier vert empire, à fleurs blanches. Son obi est noir et
gris.

Signée : Choki, yégaku.

Éditeur Murataya.

Pl. 26. — H. 0^m600. L. 0^m110.   M. Bullier

83. Hashirakaké.

La courtisane Hanaogi de la maison Ogiya, en promenade
de parade. Elle est vêtue d'une robe à décor de grillage rose semé
de fleurs de cerisier, et sur laquelle elle a jeté un manteau
mauve.

Signée : Choki, yégaku.

Éditeur Murataya.

H. 0^m610. — L. 0^m120.   M· Odin.

84. Hosoyé.

Une jeune femme et sa servante rentrant à la maison après
avoir été cueillir des simples au premier printemps.

Signée : Choki, yégaku.

Éditeur Tsutaya.

Pl. 30. — H. 0^m320. — L. 0^m145.   M. Bullier.

85. Hosoyé.

L'acteur Takinaka, dans un rôle de danseuse, exécutant une
danse avec deux chapeaux fleuris.

A noter la polychromie très particulière de la robe à bandes
alternativement roses et bleues, avec la robe de dessous bleue
décorée de feuilles vertes.

Signée : Choki, yégaku.

Éditeur Tsutaya.

Pl. 30. — H. 0^m305. — L. 0^m145.   M. Vever.

86. Chuban.

Un jeune homme, en kimono gris violet, pêchant dans un
réservoir avec un petit filet à main. Deux jeunes filles le regardent, l'une debout en kimono violet à décor rose, l'autre accroupie, en kimono vert et obi rose.

De la série *Furyu Azuma no Asobi*, amusements élégants de
l'Est.

Signée : Choki, yégaku.

Éditeur Tsuruya.

H. 0^m250. — L. 0^m185.   M. Vignier.

87. Chuban.

Deux jeunes femmes, une jeune fille et un jeune garçon, se
promenant en bateau sur la Sumida ; le jeune garçon se penche
sur l'eau et une des femmes le retient par sa ceinture.

Signée : Choki, yégaku.

Éditeur Tsutaya.

H. 0^m230. — L. 0^m160.   M. Chialiva.

88. Chuban.

La courtisane Shinowara de la maison Tsuruya, ayant auprès
d'elle deux kamuro et une shinzo, se tient debout sur le balcon
de sa chambre, et regarde en bas dans la rue.

Estampe dans les tons tout à fait neutres, gris cendre, brun et
noir, et qui donne un effet de nuit.

Signée : Choki, yégaku.

Éditeur Murataya.

Pl. 26. — Pl. 0^m240. — L. 0^m180.   M. Vignier.

89. Diptyque.

Trois femmes et une petite fille se reposant dans une maison
de thé, située dans la cour du temple d'Asakusa. Une servante
s'apprête à leur servir le thé. Sur le pilier de la lanterne au centre,

se lit l'inscription : offert à la Kwannon d'Asakusa, par Tsutaya Juzaburo. (C'est le nom de l'éditeur de l'estampe.)

Signée : Choki, yégaku.

Éditeur Tsutaya.

Pl. 27. — H. 0^m320. — L. 0^m445.　　　M. MARONI.

90. Quatre feuilles d'un pentaptyque.

A bord d'un bateau sur la Sumida, jeunes femmes et geisha, danseuses et musiciens. Dans la feuille de droite, on assiste à la préparation d'une collation. Au fond la Sumida sillonnée de bateaux et bordée par la levée sur le faîte de laquelle se profilent des passants.

La feuille manquante est la deuxième en partant de la gauche.

Signée : Choki, yégaku.

Éditeur Tsutaya.

Pl. 28. — H. 0^m380. L. 1^m000.　　　M. ROUART.

91. Triptyque.

Un enchevêtrement de bateaux de plaisance, montés par de jolies femmes, sous les piles du pont de Ryogoku.

Signée : Choki, yégaku.

Éditeur : Tsutaya.

Pl. 29. — H. 0^m365. L. 0^m705.　　　M. VIGNIER.

92. Triptyque.

Le matin, dans une maison du Yoshiwara, après le départ des clients. Deux femmes dorment, d'autres se lavent les dents, se recoiffent, se peignent les lèvres. Par la fenêtre on aperçoit un paysage d'aube pluvieuse dans lequel s'en vont les amoureux de la nuit passée.

Titre de l'estampe : *Seiro Kinuginu-no-amé*, pluie du matin au Yoshiwara.

Signée : Choki, yégaku.

Éditeur Tsutaya.

Pl. 31. — H. 0^m370. — L. 0^m700.　　　M. JACQUIN.

93. Oban tatéyé.

Deux servantes, chacune portant un coq de combat dans les bras, entrent dans un Dohyo (arène de lutteurs). Une courtisane se prépare à remplir le rôle d'arbitre.

Signée : Choki, yégaku.

Éditeur Tsuruya.

Pl. 30. — H. 0^m350. — L. 0^m240.　　　M. VIGNIER.

94. Oban petit format, tatéyé.

Kintoki joue à arbitrer la lutte d'un coq et d'un jeune tengu.

Signée : Choki, yégaku.

Éditeur Tsuruya.

H. 0^m315. — L. 0^m215.　　　M. JACQUIN.

95. Oban, tatéyé.

Trois jeunes femmes exécutant une danse de Niwaka. L'une d'elles s'appuie sur un grand livre de compte qui porte pour titre : « Le livre pour gagner beaucoup d'argent ». L'autre tient à la main un plateau sur lequel se trouve une tasse et la troi-

sième, debout, d'une main tient un écran et de l'autre une lanterne éteinte.

De la série *Mitaté Chaban*, qui est sans doute le nom d'une danse de Niwaka.

Signée : Choki.

Éditeur Tsutaya.

Pl. 24. — H. 0^m365. — L. 0^m250.　　　M. VEVER.

96 et 96 *bis*. Deux feuilles d'un triptyque.

Jeunes dames réunies pour un concours d'arrangement de fleurs.

Signées : Choki, yégaku.

Éditeur Tsuruya.

Pl. 32. — 96. H. 0^m315. — L. 0^m210　　　M. SMET.

96 *bis*. H. 0^m315. — L. 0^m215.　　　M. KŒCHLIN.

97. Oban tatéyé sur fond jaune.

Une courtisane, en kimono saumon et vert, se préparant à fumer une pipe ; c'est, sans doute, d'après le titre, la courtisane Takao.

De la série *Takao Sangé-cho*, confessions de Takao.

H. 0^m365. — L. 0^m235.　　　M. MUTIAUX.

98. Oban tatéyé sur fond jaune.

Une courtisane, vêtue d'un kimono brun à petits carreaux, avec un obi noir, se regarde dans une petite glace de poche et arrange ses cheveux avant de se mettre au lit.

Signée : Choki, yégaku.

Éditeur Tsuruya.

H. 0^m380. — L. 0^m250.　　　M. SMET.

99. Oban tatéyé à fond jaune.

Une courtisane, vêtue de son kimono de nuit violet, à décor de chrysanthèmes gris dans le bas, prépare, pour son amant, un léger souper sur le hibachi.

Signée : Choki, yégaku.

Éditeur Tsuruya.

Pl. 33. — H. 0^m370. — L. 0^m255.　　　M. ODIN.

100. Oban tatéyé.

Une geisha assise à terre et sortant un shamisen de sa boîte.

Estampe en trois tons, le beige et le vert du kimono, le noir de l'obi.

Signée : Choki, yégaku.

Éditeur Tsuruya.

Pl. 33. — H. 0^m365. — L. 0^m235.　　　M. MUTIAUX.

101. Oban tatéyé sur fond jaune.

La courtisane Hanaogi de la maison Ogiya accompagnée d'une de ses kamuro. La belle est vêtue d'un kimono bleu gris décoré de fleurs roses et blanches. Son obi de couleurs très vives est laqué. La kamuro tient à la main un volant et une raquette.

De la série *Seiro Bijin Awasé*, beautés du Yoshiwara.

Signée : Choki, fudé.

Éditeur Tsutaya.

Pl. 34 en couleurs. — H. 0^m365. — L. 0^m250.　　　M. VEVER.

102. Oban tatéyé.

La geisha Fuséya de la maison Ogiya et la servante Kan de l'Izutsu, toutes deux en kimono unis et de tons passés.

Signée : Choki, yégaku.

Editeur Tsutaya.

H. o^m380. — L. o^m265.   M. Gillot.

103. Oban tatéyé.

La geisha Osasa de la maison Oriya et la servante Haru, de la maison Harimaya.

Signée : Choki, yégaku.

Editeur Tsutaya.

H. o^m380. — L. o^m255.   Mme Gillot.

104. Deux feuilles d'un triptyque.

Des femmes qui avaient étendu des étoffes pour les faire sécher, surprises par un orage, les décrochent en hâte.

Signée : Choki, yégaku.

Editeur Tsuruya.

Pl. 35. — H. o^m320. — L. o^m425.   M. Vever.

105. Oban tatéyé.

La geisha Sakasé Shikano et la servante Hatsu de la maison Takashimaya, vues à mi-corps. La geisha tient une coupe de saké à la main, et l'on aperçoit le manche de son shamisen dans son bras replié.

Signée : Choki, yégaku.

Editeur Tsutaya.

Pl. 38. — H. o^m365. — L. o^m240.   M. Rouart.

106. Oban tatéyé.

Une courtisane, vêtue de sa robe de nuit, à décor d'astéries, rose sur gris, tient un hi-iré (petit pot dans lequel sont les braises pour allumer les pipes) et regarde un petit héron joujou, placé dans un pot de fleurs, sur la fenêtre.

Signée : Choki, yégaku.

Editeur Tsuruya.

Pl. 36. — H. o^m365. — L. o^m250.   M. Vever.

107. Oban tatéyé, à fond originellement micacé.

Une jeune femme vêtue d'un Kappa noir, et tenant son parapluie ouvert sous la neige. Elle s'est arrêtée pour que son serviteur puisse lui rattacher sa géta.

Pl. 37. — H. o^m385. — L. o^m250.   Mme P. Girod.

108. Oban tatéyé, à fond jaune micacé.

Une jeune femme regarde à l'intérieur d'une moustiquaire, en s'essuyant le cou avec un linge. Le décor de sa robe est de nuages blancs stylisés sur fond de raies bleues et blanches.

Signée : Choki, yégaku.

Editeur Tsuruya.

Pl. 36. H. o^m365. — L. o^m245.   M. Vever.

Estampes de style personnel

109. Oban tatéyé, à fond micacé.

La geisha Tomino, en kimono vert olive uni, avec un obi rose à décor de pivoines blanches, et la servante Koï en kimono

violet rayé de blanc, de la maison Sumiyoshiya. La geisha tient dans sa main, d'une petitesse disproportionnée, son shamisen, et la servante arrange le nœud de l'obi de sa maîtresse.

Signée : Choki, yégaku.

Éditeur Tsutaya.

H. o^m365 — L. o^m250.   M. Smet.

110. Oban tatéyé, à fond micacé.

Portrait de la courtisane Osumi-dayu, de la maison Tsuchiya, (Shimmachi, Osaka), vêtue d'un kimono rouge, décoré de fleurs blanches et jaunes, et à revers jaune vif.

Signée : Choki, yégaku.

Éditeur Tsutaya.

H. o^m365. — L. o^m245.   M. Rouart.

111. Oban tatéyé, à fond micacé.

Une jeune femme vêtue de son costume de nuit, debout à côté d'un chozubachi (bassin pour se laver les mains). Elle est vêtue d'un kimono rayé de noir, vert et bistre sur lequel elle a jeté un manteau gris à fines raies blanches. Derrière elle, la mer, dans laquelle le disque du soleil, rouge sur le ciel noir, a presque entièrement disparu.

Signée : Choki, yégaku.

Éditeur Tsutaya.

Pl. 38. — H. o^m370. — L. o^m245.   M. Doucet.

112. Oban tatéyé, à fond micacé.

Deux jeunes femmes jouissant d'un beau clair de lune par un soir d'automne. La plus âgée, au premier plan, vêtue d'un kimono d'une étoffe noire transparente, qui laisse deviner l'épaule et le bras, est assise sur un banc de bambou, au bord d'une petite rivière; à côté d'elle est le tobakobon à la braise duquel vient rallumer sa pipe l'autre femme; elle est vêtue d'un kimono à mille raies bistre sur blanc, avec un obi rose.

Signée : Choki, yégaku.

Éditeur Tsutaya.

Pl. 37. — H. o^m380. — L. o^m250.   Musée du Louvre.

113. Oban tatéyé, à fond micacé.

Portrait d'une courtisane de la maison Harakiya (Shimmachi, Osaka), vêtue d'un kimono vert à ronds roses, décorés de chrysanthèmes gris.

Signée : Choki.

Éditeur Tsutaya.

H. o^m330 — L. o^m220.   M. Vever.

114. Oban tatéyé, à fond micacé.

Une jeune femme, vêtue d'un kimono blanc, décoré d'astéries gris vert et d'un obi noir et gris, donne la chasse aux lucioles avec son petit garçon ; elle tient à la main une cage où mettre les insectes que l'enfant abat avec l'écran qu'il tient à la main. La scène se passe auprès d'un ruisseau bordé d'iris. Ciel noir micacé dans lequel les lucioles font des taches lumineuses.

Signée : Choki, yégaku.

Éditeur Tsutaya.

Pl. 39 (en couleurs). — H. o^m365. — L. o^m250.   M. Koechlin.

SHUNZAN

115. Chuban.

Une jeune femme abrite sous un parapluie l'enfant qu'elle tient dans ses bras, cependant qu'un jeune homme l'amuse en faisant naviguer un petit bateau sur un ruisseau. Allusion à Komachi priant pour avoir la pluie.

De la série *Furyu Nana Komachi*, Komachi en sept différentes circonstances.

Signée : Shunzan, yégaku.

Editeur Yeijudo.

Pl. 40. H. o^m213. — L. o^m155.　　　M. Houdard.

116. Chuban.

Une courtisane, accompagnée de ses deux kamuro, visite un temple. L'une des kamuro empile des petits cailloux à la base d'une lanterne, afin de savoir si les vœux de sa maîtresse seront ou non exaucés.

Même série que ci-dessus.

Signée : Shunzan, yégaku.

Editeur Yeijudo.

H. o^m215. — L. o^m165.　　　M. Chialiva.

117. Chuban.

Deux jeunes femmes taquinant une de leurs compagnes occupée à préparer le thé dans le Cha-no-ma (chambre de thé). Allusion à la dernière scène du Chushingura, celle où les Ronin finissent par découvrir leur ennemi Morono.

De la série *Tosei Onna Chushingura*, les 47 Ronin représentés par des femmes.

Signée : Shunzan, yégaku.

Pl. 40. — H. o^m230. — L. o^m165.　　　M. Jacquin.

118. Oban tatéyé.

Une courtisane et ses deux jeunes servantes se tenant sous sa véranda. L'une des servantes tient à la main un *yabumi* (billet doux plié en forme de flèche) adressé à sa maîtresse.

Signée : Shunzan, yégaku.

Editeur Yeijudo.

H. o^m365. — L. o^m255.　　　M. Le Veel.

119. Triptyque.

Des voyageurs, en route pour Isé, longent la plage de Futamiya-ura. Une femme à cheval avec deux enfants, qui sont placés de chaque côté dans des cacolets. La route bordée de pins suit le bord de la mer. A droite une chaya.

Signée : Shunzan, yéyaku.

Editeur Yeijudo.

H. o^m360. — L. o^m750.　　　M. R. Collin.

SHUMMAN

120. Petit surimono.

Deux jeunes femmes voyageant dans la campagne au premier printemps.

Signée : Shosado (Shumman

H. o^m200. — L. o^m103.　　　M. Vever.

121. Petit surimono.

Jeune femme s'apprêtant à placer dans un vase une branche de prunier fleuri.

Signée : Shosado Shumman.

Pl. 42. — H. o^m200. — L. o^m092.　　　M. Vever.

122. Petit surimono.

Une oiran, debout, avec un shamisen.

Signée : Shosado.

H. o^m200. — o^m108.　　　M. Vever.

123. Surimono.

Promenade de parade d'une courtisane accompagnée de ses shinzo et kamuro.

Signée : Shosado Shumman, yégaku.

H. o^m198. — L. o^m205.　　　M. Vever.

124. Surimono format shikishi.

Trois corbeaux, noirs et gris, le bec grand ouvert, passent en volant sur le disque rouge du soleil.

Cachet : Shumman.

Pl. 42. — H. o^m205. — L. o^m175.　　　Mme Gillot.

125. Surimono en largeur.

Quatre jeunes femmes, accompagnées par un serviteur, cueillent, au premier printemps, des plantes des champs nouvelles.

Signée : Shosado Kubo Shumman, yégaku.

Pl. 40. — H. o^m180. — L. o^m510.　　　M. Maroni.

126. Diptyque.

Cinq jeunes femmes, un samuraï et un petit garçon, regardent les peintures et les poèmes qui sont fixés au plafond du *Yémado* (galerie extérieure) du temple de Asakusa. On aperçoit le jardin du temple et plus loin des rizières.

Signée : Shumman, yéyaku.

Editeur Yeijudo.

H. o^m390. — L. o^m510.　　　M. Vever.

127. Moitié d'un sixte feuilles.

Chacun des panneaux de ce polyptyque, — nous en exposons trois feuilles — représente une des six Tamagawa.

Celui de gauche est consacré à la Tamagawa de Koya (prov. de Kii et représente trois jeunes femmes voyageant sur le bord de cette rivière. L'une d'elles rattache sa géta.

Celui du milieu représente trois jeunes femmes, dont deux sont vêtues en paysannes, et qui transportent de l'eau salée dans des seaux, au bord de la Tamagawa de Chidori (prov. de Mitsunoku .

Dans celui de droite, sont trois femmes et une petite fille occupées à laver des vêtements dans les eaux de la Tamagawa de Settsu.

Ces trois estampes sont tirées dans une harmonie de gris et de verts.

Signées : Shumman, yégaku.

Pl. 41. — H. o^m340. — L. o^m750.　　　M. Doucet.

128. Triptyque.

Sortie d'un restaurant où s'est tenu, dans la soirée, un concours poétique. Les concurrents rentrent chez eux, accompagnés jusqu'à la porte par les servantes de la maison. L'un porte sur le dos un shamisen enveloppé d'une étoffe, un autre a dans un panier des provisions de bouche qui n'ont pas été consommées, et qu'il rapporte chez lui.

Signée : Shosado Shumman, yégaku.

H. o^m355. — L. o^m750.   M. VIGNIER.

HOKUSAI

SHUNRO

(environ 1778-1795)

129. Chuban grand format.

Les lutteurs Kimenzan Tanigoro et Dewa-no-umi Kinzo.

Signée : Katsu[1] Shunro, yégaku.

Pl. 43. — H. o^m320. — L. o^m222.   M. VEVER.

130. Oban yokoyé.

Épisode de la bataille de Ichi no tani, entre les Taïra et les Minamoto. C'est l'attaque d'un château-fort au bord de la mer, par des jonques montées.

Signée : Katsu Shunro, yéyaku.

Éditeur Yeijudo Nishimuraya. Seconde édition.

Pl. 42. — H. o^m230. — L. o^m365.   Dr PONCETTON.

131. Hosoyé.

L'acteur Nakayama Tomisaburo dans le rôle d'une jeune dame.

Signée : Shunro, yegaku.

Éditeur non identifié.

H. o^m280. — L. o^m130.   M. VIGNIER.

132. Hosoyé.

L'acteur Iwai Hanshiro dans un rôle de jeune femme, qui est auprès d'une barrière de jardin, et tient une lettre à la bouche.

Non signée.

Éditeur Yamakichi.

Pl. 43. — H. o^m290. — L. o^m130.   M. PORTIER.

133. Hosoyé.

L'acteur Matsumoto Yonésaburo dans le rôle de la courtisane Agémaki. Estampe en jaune et rose.

Non signée.

H. o^m310. — L. o^m140.   M. BOUASSE-LEBEL

134. Hosoyé.

L'acteur Ségawa Kikunojo dans le rôle de Tsukisayo, femme de Oni-o.

Signée : Shunro, yégaku.

H. o^m245. — L. o^m125.   M. JAVAL.

135. Diptyque hosoyé.

Les acteurs Ichikawa Danjuro, le pied posé sur une hache

gigantesque et Kumaju Hangoro, tenant une tête de mort, dans leurs rôles de la pièce de Toba no Koïzuka.

Signée : Shunro, yégaku.

Éditeur Tsutaya.

Pl. 44. — H. o^m305. — L. o^m280.   M. VEVER.

136. Hosoyé.

L'acteur Ichikawa Danjuro, dans un rôle de samuraï.

Signée : Shunro, yegaku.

Éditeur Tsutaya.

H. o^m315. — L. o^m143.   M. VEVER.

137. Hosoyé.

L'acteur Ichikawa Omézo dans le rôle d'une méchante femme, les cheveux en désordre, et qui montre sa jambe. Elle est auprès d'une barrière de jardin, sous un bambou.

Signée : Shunro, yégaku.

Éditeur Tsutaya.

Pl. 43. — H. o^m305. — L. o^m40.   M. BING.

138. Oban yokoyé.

Les bords de la Sumida, aux abords du pont de Ryogoku, un soir de fête en été. Un quartier de petites échoppes, tout animé d'une foule grouillante qui se répand aussi sur le pont pour contempler le feu d'artifice. La rivière est couverte de barques.

Signée : Shunro, yégaku.

Éditeur Mankichi.

Pl. 44. — H. o^m230. — L. o^m345.   M. MARTEAU.

139. Oban tatéyé.

Enfants chinois jouant.

Signée : Shunro, yégaku.

Éditeur Yeijudo.

H. o^m380. — L. o^m250.   M. JACQUIN.

140. Koban.

Trois geisha du Yoshiwara, chacune ayant une branche fleurie à la main, exécutent une danse de Niwaka.

Signée : Shunro, yégaku.

Éditeur Tsutaya.

Pl. 46. — H. o^m220. — L. o^m150.   M. HOUDARD.

141. Koban.

Sur le quai de la Sumida, une jeune femme accompagnée par un petit domestique qui porte l'ombrelle et les géta, s'arrête pour écouter le coucou.

De la série *Haïkaï Shuïtsu*, poèmes choisis.

Signée : Shunro.

H. o^m210. — L. o^m150.   M. JAVAL.

142. Grand surimono en largeur.

Une planche de chrysanthèmes variés.

Signée : Kusamura Shunro, yégaku.

Ce surimono fut imprimé, sans être mis dans le commerce, pour servir d'invitation à un concert de chant donné au Kawara-zakiza (théâtre) par l'école Kinéya.

Pl. 45 (en couleurs). — H. o^m180. — L. o^m495.

Vte de SARTIGES.

[1] Selon la vraisemblance, nous plaçons en tête les estampes signées Katsu Shunro, c'est-à-dire Shunro, de l'atelier des Katsukawa.

KAKO

(1794-1800)

143. Chuban.

La jeune Ohatsu et son ami Tokubei devisant d'amour sur le quai de la Sumida.

Signée : Kako, yégaku.

Pl. 46. — H. 0^m230. — L. 0^m157.   M. VEVER.

144. Chuban.

Daté no Yosaku (un domestique) et Séki no Koman, sa maitresse, se reposant sur un banc à l'entrée d'une maison de thé. Au fond le Fuji.

Signée : Kako, yégaku.

Pl. 46. — H. 0^m235. — L. 0^m175.   M. VEVER.

SORI

(1796-1800)

145. Grand surimono en largeur.

Sur la plage de Shijo, au bord de la rivière Kamo, à Kyoto, par une chaude fin de journée d'été, des groupes d'hommes et de femmes dînent en plein air, installés sur des petites terrasses de bois.

Signée : Hyakurin Sori, yégaku.

Pl. 47. — H. 0^m190. — L. 0^m125.   M. VEVER.

146. Grand surimono en largeur.

Des paysans travaillent au repiquage du riz. Au premier plan, trois arbres, et la colonne en pierre d'un tori-i, ainsi que les premières marches d'un escalier menant au temple de Miméguri.

Signée : Sori, yégaku.

Pl. 47. — H. 0^m190. — L. 0^m520.   M. CHIALIVA.

147. Grand surimono en largeur.

Des courtisanes, avec leurs shinzo et leurs kamuro, à la fenêtre grillée d'une maison du Yoshiwara.

Signée : Sori, yégaku.

Pl. 48.   H. 0^m200. — L. 0^m555.   M. MUTIAUX.

148. Surimono.

Une dame de la cour et sa servante rapportent dans un panier des fleurs du printemps commençant, qu'elles sont allées cueillir.

Signée : Sori, yégaku.

H. 0^m190. — L. 0^m245.   M. MUTIAUX.

149. Grand surimono en largeur.

Une petite fille s'essaye à écrire, à l'occasion du jour de l'an.

Signée : Sori, yégaku.

H. 0^m190. — L. 0^m530.   M. HUBERT.

150. Surimono.

Deux servantes, dont l'une tourne le dos, et un domestique dont on n'aperçoit que la tête.

Signée : Sori, yégaku.

Pl. 48. — H. 0^m135. — L. 0^m165.   M. COSSON.

Surimono non signés qu'on peut attribuer à Sori.

151. Petit surimono.

Une jeune femme debout, devant sa maison, allaite son bébé.

Non signée.

Pl. 49. — H. 0^m195. — L. 0^m105.   M. PORTIER.

152. Petit surimono.

Jeune femme se lavant devant une table de toilette, sur laquelle est un miroir où apparaît le reflet d'un masque d'Okamé qui est accroché en face.

Non signée.

H. 0^m185. — L. 0^m125.   M. VEVER.

153. Petit surimono.

Deux jeunes femmes complètement dévêtues dans un bain public. Sur une estrade, une troisième est accroupie, dont on n'aperçoit que le bas du corps, le reste étant caché par le shoji.

Non signée.

Pl. 49. — H. 0^m132. — L. 0^m094.   M. VEVER.

154. Petit surimono.

Une jeune femme nue, sortant de la salle de bain, donne son bébé à une jeune fille qui l'enveloppe dans un peignoir.

Non signée.

Pl. 49. — H. 0^m122. — L. 0^m100.   M. BING.

155. Petit surimono.

Une jeune femme ôtant avec son balai une coque de châtaigne tombée sur le toit de la maison.

Non signée.

H. 0^m100. — L. 0^m130.   M. VEVER.

156. Petit surimono.

Une branche de prunier fleuri et d'autres fleurs dans des vases.

Non signée.

H. 0^m100. — L. 0^m130.   M. VEVER.

157. Petit surimono.

Une femme tombe à la renverse, effrayée par la vue d'un serpent enroulé autour d'une des poutres de la barrière d'un temple.

Non signée.

H. 0^m103. — L. 0^m135.   M. VEVER.

158. Petit surimono.

Une jeune fille, debout à côté d'un paravent sur lequel est peint un bœuf. Elle tient à la main un choshi à long manche, pour servir le sake, le premier jour de l'année.

Non signée.

H. 0^m140. — L. 0^m170.   M. MARTEAU.

HOKUSAI-SORI

(1797-1800)

159. Grand surimono en largeur.

Cinq courtisanes et deux kamuro en grand costume. Deux des oïran tiennent chacune un coq dans les bras. Au milieu, un écran à la main, une autre s'apprête à arbitrer.

Surimono envoyé comme invitation à un combat de coqs.

Signée : Hokusaï Sori, yégaku. Datée Kwansei IX. (1797.)

Le surimono est ici complet, avec son texte imprimé symétriquement à l'image, car pour l'envoi, le surimono était plié dans toute sa longueur, l'estampe apparaissant sur une face, le texte sur l'autre.

Pl. 52. — H. 0m420. — L. 0m560.   M. Vever.

160. Surimono.

Scène dans le jardin d'une auberge, sur le quai de la Sumida, au moment de la floraison des cerisiers.

Deux enfants jouent auprès d'un banc sur lequel est un brasero en forme de singe. Leur mère, debout auprès d'eux, tient une soucoupe de tasse à saké. Dans le fond, la rivière avec un bac où sont des passagers.

Signée : Hokusaï Sori, yégaku.

Pl. 50. — H. 0m180. — L. 0m240.   M. Mutiaux.

161. Deux grands surimono en largeur formant diptyque.

Un pont où différents groupes de personnages de rangs et de conditions diverses, bavardent en regardant ce qui se passe sur la rivière.

Signée : Motomé ni ozu (sur commande), Hokusaï Sori, Shinya no mushi (insecte chantant dans la nuit).

Pl. 50. — H. 0m190. — L. 1m055.   M. Chialiva.

162. Surimono.

Trois courtisanes jouant au kiki-ko, jeu des parfums.

Signée : Hokusaï Sori, yégaku.

Ce surimono est une invitation à une partie de kiki-ko.

Pl. 51. — H. 0m235. — L. 0m305.   M. Bing.

163. Petit surimono.

Une jeune femme, en train de faire sa toilette, le torse nu, est surprise par l'apparition du dieu du tonnerre tombant dans son tub.

De la série *Furyu Yamato no iro*, couleurs raffinées du Yamato.

Signée : Saki no Sori Hokusaï, yégaku.

Pl. 50. — H. 0m145. — L. 0m195.   M. Vever.

164. Petit surimono.

Une jeune femme, rentrant à la maison, plie soigneusement son vêtement de sortie.

Signée : Sori aratamé Hokusaï.

Pl. 51. — H. 0m195. — L. 0m135.   M. Rouart.

HOKUSAI

(1800-1815)

165. Petit surimono en hauteur.

Une jeune femme debout plie sa robe de dessous.

De la série *Shôfu-daï Shichi Kenjin*, sept sages représentés par des femmes.

Signée : Hokusaï, yégaku.

Pl. 54. — H. 0m215. — L. 0m087.   M. Marteau.

166. Petit surimono en hauteur.

Une jeune femme debout, tenant une fleur et un torchon.

Même série que ci-dessus.

Signée : Hokusaï, yégaku.

H. 0m215. — L. 0m088.   M. Marteau.

167. Petit surimono en hauteur.

Une jeune servante de chaya, apportant une coupe de saké sur un présentoir.

Même série que ci-dessus.

Signée : Hokusaï, yégaku.

H. 0m220. — L. 0m087.   M. Marteau.

168. Petit surimono en hauteur.

Une jeune femme debout, tenant à la main un livre de Joruri (drame avec musique).

Même série que ci-dessus.

Signée : Hokusaï, yégaku.

Pl. 54. — H. 0m215. — L. 0m085.   M. Marteau.

169. Petit surimono en hauteur.

Une jeune fille debout, tenant un livre sur sa tête pour figurer l'éboshi (coiffure des nobles).

Même série que ci-dessus.

Signée : Hokusaï, yégaku.

H. 0m212. — L. 0m085.   M. Marteau.

170. Grand surimono en largeur.

Un groupe de cinq tortues dans des rochers.

Signée : Toyo Hokusaï, yégaku.

Pl. 53. — H. 0m190. — L. 0m520.   Vte de Sartiges.

171. Grand surimono en largeur.

Un groupe de trois femmes, accompagnées d'un homme et d'un jeune garçon, suivent, au bord de l'eau, la route qui mène au temple de Shinobazu.

Signée : Hokusaï, yégaku.

Pl. 53. — H. 0m185. — L. 0m515.   M. Vever.

172. Grand surimono en largeur.

Un homme, deux jeunes femmes et un jeune garçon, débarquant d'un bac sur le quai de la Sumida, pour se rendre au temple de Oji.

Signée : Kyukyu-an Hokusaï.

Pl. 55. — H. 0m200. — L. 0m550.   M. Salomon.

173. Surimono.

Une jeune fille nettoie les oreilles de Benkei, qui est vêtu de son armure complète, sauf le casque. Derrière le guerrier, tout son attirail d'armes.

Signée : Hokusaï, yégaku.

H. 0m190. — L. 0m125.   M. Cosson.

174. Petit surimono.

Dans un jardin, Okamé se réjouit à la vue des pruniers en fleurs.

Signée : Hokusaï, yégaku.

Pl. 54. — H. 0m140. — L. 0m165.   M. Mutiaux.

175. Petit surimono.

Une oie sauvage posée dans un champ, à laquelle fait allusion le poème de Barei qui l'accompagne.

Signée : Hokusaï, yegaku.

Pl. 56. — H. 0m178. — L. 0m120.   M. Bing.

176. Surimono.

Deux crevettes dans les algues. Tirage en gris et rose.

Pl. 55. — H. 0™125. — L. 0™185.   M. Chialiva.

177. Petit surimono.

Crapaud en gris et rose.

Pl. 55. — H. 0™118. — L. 0™155.   M. Mutiaux.

178. Petit surimono.

Couple d'oies sauvages en plein vol.

Non signée.

Pl. 54. — H. 0™165. — L. 0™195.   M. Marteau.

179. Surimono format shikishi.

Une cigale sur un fruit de kaki.

Signée : Hokusaï, yégaku.

H. 0™200. — L. 0™170.   M. H. Genet.

180. Oban yokoyé.

Deux femmes et des enfants, sur le quai de la Sumida, un soir d'été, contemplant un feu d'artifice. Les enfants s'amusent à se tenir en équilibre sur des poutres. Au fond, le pont de Ryogoku et la ville se détachent en ombres chinoises.

De la série *Yédo meisho*, endroits célèbres de Yédo.

Cachet : Gwakyoshi.

Pl. 58. — H. 0™245. — L. 0™370.   M. Vever.

181 *bis*. Oban yokoyé.

Deux femmes et un enfant visitant le temple de Oji.

Même série que ci-dessus.

Signée, en kana horizontal : Hokusaï.

Pl. 58. — H. 0™242. — L. 0™375.   M. Jacquin.

181. Oban yokoyé.

Deux jeunes dames, accompagnées de leurs domestiques, vont visiter le temple de Kameido où a lieu une exposition de peintures.

Même série que ci-dessus.

Cachet : Gwakyoshi.

H. 0™250. — L. 0™385.   M. Vever.

182. Oban yokoyé.

Fabricants de tuiles d'Imado, travaillant en plein air, au bord de la Sumida. L'un d'eux modèle une tuile d'angle en forme de shishi.

Même série que ci-dessus.

Non signée.

Pl. 56. — H. 0™260. — L. 0™365.   M. Bing.

183. Oban yokoyé.

Hommes, femmes et enfants pêchant, à marée basse, des coquillages et des poissons. Au fond, une île, des bateaux.

Non signée.

Pl. 59. — H. 0™245. — L. 0™385.   M. Vever.

184. Oban yokoyé.

Trois femmes en bateau sur un lac, dans un parc. L'une d'elles

fait avancer le bateau à la perche, une autre cherche à cueillir une branche de cerisier fleuri qui s'avance sur l'eau.

Signée : Hokusaï.

Pl. 57 (en couleurs). — H. 0™245. — L. 0™390.   M. Vever.

185. Oban yokoyé.

Femmes tissant, en plein air, une étoffe de soie brochée.

Non signée.

Pl. 60. — H. 0™240. — L. 0™365.   M. Vever.

186. Oban yokoyé.

Des voyageurs, visitant l'île de Yénoshima, longent la plage de Shichiri ga hama.

Non signée.

Pl. 59. — H. 0™255. — L. 0™375.   M. Chialiva.

187. Oban yokoyé.

Yama uba et Kintoki, au pied d'un gros pin, dansant pour divertir un bûcheron, sur la hache duquel Kintoki s'est mis à cheval.

Non signée.

H. 0™235. — L. 0™365.   M. Vever.

188. Oban yokoyé.

Shichifukujin, les sept dieux du bonheur, représentés par six poètes et une poétesse. A noter la manière spirituellement irrévérencieuse de figurer les animaux consacrés aux dieux : le cerf de Jurojin se repose dans le tokonoma; la cigogne de Fukurokuju est peinte sur le shoji et sa tortue est une théière; le rat de Daïkoku est un rat savant qui exécute des tours, et le poisson d'Ebisu, découpé sur un plat, est prêt à être servi.

Non signée.

Pl. 60. — H. 0™250. — L. 0™370.   M. Salomon.

189. Chuban.

Sujet traité en caricature et représentant deux acteurs dans des attitudes grotesques, jouant leur rôle, pendant que, dans le fond, trois chanteurs, sur une estrade, avec leur pupitre à musique devant eux, chantent, la bouche démesurément ouverte.

Signée : Hokusaï, yégaku.

Éditeur Yamaguchi Tobeï.

Pl. 56. — H. 0™225. — L. 0™165.   M. Bing.

190. Koban.

Une troupe de neuf danseurs exécutant la danse appelée « Sumiyoshi odori ».

Sur les écrans qu'ils tiennent à la main sont peints des caractères qui se lisent *Shimpan Daido Zui*, série d'endroits fameux. Nouvelle édition.

Non signée.

Pl. 61. — H. 0™125. — L. 0™190.   M. Koechlin.

191. Koban.

Des forgerons de Tsukudajima occupés à forger une ancre.

Non signée.

H. 0™125. — L. 0™195.   M. Koechlin.

192. Koban yokoyé.

Deux paysans de Katsushika, de la province de Shimosa, se sont arrêtés sur le Nihonbashi surpris et émerveillés par l'immensité de la ville de Yédo.

Non signée.

H. o^m125. — L. o^m195.   M. Koechlin.

193. Koban.

Trois Coréens voyageant sur le Tokaïdo et admirant le mont Fuji, à Hara. Deux d'entre eux sont à pied, et le troisième sur un cheval que tient en main un guide japonais.

Signée : Hokusaï.

Pl. 61. — H. o^m125. — L. o^m170.   Dr Poncetton.

KATSUSHIKA HOKUSAI

(1800-1815)

194. Grand surimono en largeur.

Un vieux prunier en fleurs.

Signée : Katsushika Hokusaï, yégaku.

Daté : Printemps de Bunkwa III. (1806).

Pl. 63. — H. o^m190. — L. o^m525.   M. Chialiva.

195. Grand surimono en largeur.

Shichifukujin, ou les sept dieux du bonheur, exécutant la danse du shishi.

Signée : Katsushika Hokusaï, yégaku.

Pl. 61. — H. o^m200. — L. o^m530.   M. Jacquin.

196. Surimono.

Un prunier nain en fleurs, dans un vase de Chine bleu et blanc : illustration du poème écrit sur l'estampe.

Signée : Katsushika Hokusaï.

H. o^m195. — L. o^m135.   M. Rouart.

196 bis. Kakémonoyé.

Dans le jardin d'un temple, un serviteur, tenant un balai d'une main, tend de l'autre un gâteau à un singe, enchaîné à un poteau. Un enfant, émerveillé, les regarde.

Signée : Katsushika Hokusaï, yégaku.

Pl. 62. — H. o^m460. — L. o^m260.   M. Smet.

197. Kakémonoyé.

Une scène de *hanami* (promenade aux arbres fleuris) au moment de la floraison des cerisiers, sur les bords de la Sumida.

Deux joyeux samuraï, peut-être égayés par le contenu d'un petit tonneau de saké que porte l'un d'eux, rentrent en ville au soir tombant.

Signée : Katsushika Hokusaï, yégaku.

Pl. 62. — H. o^m465. — L. o^m255.   M. Vever.

GWAKIOJIN HOKUSAI

(1800-1815)

198. Surimono en largeur.

Un chapeau de femme et des plantes de printemps : allusion à un pique-nique aux champs.

Signée : Gwakiojin Hokusaï, utsusu.

H. o^m200. — L. o^m550.   Vte de Sartiges.

199. Surimono en largeur.

Deux paysans sous un cerisier fleuri.

Signée : Gwakiojin Hokusaï, yégaku.

H. o^m180. — L. o^m400.   M. Chialiva.

200. Surimono très grand format.

Une scène de *kyôgen*, danse comique de Nô.

Signée : Gwakyojin Hokusaï Rofu, yégaku, d'après un dessin de M. Kondo.

Ce surimono fut publié, sans être mis dans le commerce, par un danseur de Nô, nommé Dennaï, lorsqu'il prit le nom de théâtre et la succession de son père.

H. o^m375. — L. o^m510.   M. Vever

201. Grand surimono en largeur.

Une grande langouste.

Signée : Gwakyojin Hokusaï, utsusu.

Pl. 63. — H. o^m185. — L. o^m515.   M. Bing.

202. Grand surimono en largeur.

Trois jeunes femmes accompagnées de deux serviteurs, choisissant au bord d'une petite rivière un endroit sous une glycine pour y faire un pique-nique. Les serviteurs sont occupés à déballer les provisions ; l'une des jeunes femmes sort un shamisen de sa boîte et une autre un livre de musique.

Signée : Gwakyojin Hokusaï, yégaku.

H. o^m185. — L. o^m505.   M. Mutiaux

203. Grand surimono en largeur.

Trois jeunes femmes se préparant à visiter le temple de Inari, en Oji, le premier jour du cheval du second mois. Elles sont accompagnées de deux serviteurs, dont l'un porte une bannière qui sera offerte en ex-voto. Elles vont pénétrer dans l'allée de tori-i qui mène au temple et où se voient déjà d'autres pèlerins.

Signée : Gwakyojin Hokusaï, yégaku, lors de la dernière de ses visites quotidiennes à ce temple.

Pl. 64. — H. o^m185. — L. o^m510.

Musée des Arts décoratifs.

204. Surimono.

Deux jeunes femmes accompagnées par un serviteur, visitent le temple de Miméguri no Inari.

Signée : Gwakiojin Hokusaï, yégaku.

H. o^m135. — L. o^m185.   M. Marteau.

205. Petit surimono.

Une geisha danse, tenant dans sa bouche une extrémité du voile qui lui couvre la tête, pendant que sa compagne, assise à terre, joue du shamisen.

Signée : Gwakyojin Hokusaï.

Pl. 67. — H. o^m118. — L. o^m178.   M. Marteau.

206. Petit surimono.

Dans une fenêtre ronde, apparaît la figure d'une jeune femme.

Signée : Gwakyojin Hokusaï, yégaku.

H. o^m200. — L. o^m145.   M. Mutiaux.

207. Grand surimono en largeur.

Un jour d'automne, un groupe de dames de la cour, rassemblées pour un tournoi poétique.

Signée : Gwakyojin Hokusaï.

H. 0^m200. — L. 0^m545. Vte de SARTIGES.

208. Grand surimono en largeur.

Un vieux prunier en pleine floraison.

Signée : Gwakyojin Hokusaï, yégaku.

H. 0^m190. — L. 0^m515. M. MUTIAUX.

209. Grand surimono en largeur.

Réunion de femmes occupées à confectionner un drapeau destiné sans doute à un acteur. La scène se passe à l'intérieur d'une maison ; sur le shoji est peint le Fuji émergeant des nuages.

Signée : Gwakyojin Hokusaï, yégaku.

Pl. 64. — H. 0^m185. — L. 0^m510. M. MARTEAU.

210. Grand surimono en largeur.

Trois musiciens: au milieu, une oïran jouant du shamisen, à sa droite un joueur de flûte et à sa gauche un chanteur.

Signée : Katsushika Roju Gwakyojin Hokusaï, yégaku.

Pl. 65. — H. 0^m190. — L. 0^m530. M. BING.

211. Grand surimono en largeur.

Fête dans un temple shintoïste. Une foule de pèlerins dont on n'aperçoit que les grands chapeaux, tirent ou poussent une sorte de char et le font pénétrer sous les tori-i du temple.

Signée : Gwakyojin Hokusaï, yégaku.

H. 0^m182. — L. 0^m495. M. MARTEAU.

212. Petit surimono en hauteur.

Au crépuscule, une jeune femme se promenant, une lanterne dans une main, et un panier de poissons dans l'autre, sur le quai de la Sumida.

Signée : Gwakyojin Hokusaï.

Pl. 66 (en couleurs). — H. 0^m190. — L. 0^m090. M. MARTEAU.

213. Petit surimono en hauteur.

Une jeune femme se promenant par un jour de neige. Au fond, un char de paysans, à grandes roues. Interprétation d'une des sept formes d'Ono no Komachi.

Signée : Gwakyojin Hokusaï.

Pl. 67. — H. 0^m200. — L. 0^m085. M. MARTEAU.

214. Grand surimono en largeur.

Une jeune femme, sur le dos d'un cheval, et qu'accompagnent des serviteurs, arrive à une chamise (auberge) où déjà un autre voyageur est accueilli par la servante.

Ce surimono fut envoyé par le chanteur Tokiwazu Miyotayu à ses amis, comme invitation à un concert.

Signée : Gwakyojin Hokusaï, yégaku.

Pl. 65. H. 0^m195. — L. 0^m525. Vte de SARTIGES.

215. Grand surimono en largeur.

Une planche de fleurs du début de l'été.

Signée : Gwakyojin Hokusaï, yégaku.

H. 0^m200. — L. 0^m520. M. ODIN.

216. Oban yokoyé.

Par une nuit de neige, les quarante-sept Ronins attaquent la demeure de Morono (Kira Kozuké). Les uns grimpent à l'aide d'une échelle sur le toit, pendant que d'autres enfoncent la porte d'entrée avec un maillet.

De la série du Chushingura, planche 10.

Non signée.

Éditeur Tsuruya.

Pl. 68. — H. 0^m255. — L. 0^m375. M. ROUART.

217. Koban.

Le mont Fuji, vu sous l'arche du Takahashi, à Yédo. Sur le pont, quelques passants; sur la rivière, des bateaux et des pêcheurs à la ligne.

Cette estampe est signée (en caractères syllabiques appelés Kana et disposés horizontalement, à l'imitation de l'écriture européenne) Hokusaï, yégaku.

Pl. 68. — H. 0^m185. — L. 0^m245. M. BING.

TAITO

(1816-1820)

218. Hosoyé.

Une courtisane se promène, vêtue à la mode de l'ère de Genroku 1688-1703).

Signée : Katsushika Taïto. Sur commande, dans le style de Hishikawa (Moronobu).

Le poème inscrit en haut de l'estampe, est consacré à une beauté : il est de Ten-ô.

Pl. 70. — H. 0^m355. — L. 0^m165. M. BOUASSE-LEBEL.

219. Hosoyé.

Une courtisane en promenade.

Le poème inscrit sur la bande noire célèbre une belle oïran : il a comme auteur Ten-ô.

Signée : Katsushika Taïto.

H. 0^m350. — L. 0^m160. M. MUTIAUX.

220. Hosoyé.

Estampe à découper, divisée en trois tanzakuyé.

L'estampe de droite représente deux passereaux perchés sur une branche de cerisier en pleine floraison. Fond bleu. Elle est signée : Katsushika Taïto.

L'estampe du milieu est la reproduction d'un ishizuri (lithographie) de Kumagayé Renshobo. C'est un poème calligraphié, sur le bouddhisme. En blanc sur fond noir.

L'estampe de gauche représente des liserons sur un fond rose. Elle est signée : Beikwa.

H. 0^m340. — L. 0^m240. M. BULLIER.

221. Oban tateyé.

Un paysage, dont le style chinois est motivé par les vers du poète céleste Sensekis, qui sont tracés dans la bande noire du haut. Sous un pont de bois entre deux falaises, on aperçoit la lune qui éclaire un petit village de pêcheurs et quelques bateaux.

Signée : Katsushika Taïto.

Éditeur Echicho.

Pl. 70. — H. 0^m355. — L. 0^m245. M. JACQUIN.

222. Oban tatéyé (rognée).

Une carpe remontant le courant. Cette estampe est complète quand elle porte à gauche une bande noire, sur laquelle est inscrit un poème.

Signée : Katsushika Taïto.

Pl. 69 (en couleurs). — H. 0m355. — L. 0m165.

M. Salomon.

223. Koban.

Un cheval galopant, exécuté en riakugwa.

Estampe ishizuri, imitant la lithographie.

Signée : Katsushika Taïto.

Pl. 71. — H. 0m175. — L. 0m235.

M. Odin.

224. Hosoyé.

Une branche de chrysanthèmes, en réserve sur un fond noir.

Estampe ishizuri.

Signée : Beikwa Dojin Taïto.

Pl. 70. — H. 0m345. — L. 0m128.

M. Koechlin.

225. Surimono.

Un crabe et une branche de cerisier en fleurs.

Signée : Taïto.

Pl. 67. — H. 0m205. — L. 0m175.

M. Mutiaux.

I-ITSU

(1820-1834)

226. Surimono très grand format.

Une danseuse exécutant la danse appelée Shiwokumi. C'est une interprétation du drame de Nô, dans lequel Ariwara no Yukihira, exilé à Suma, fit la rencontre de deux jeunes paysannes Matsukazé et Murasamé, et en devint amoureux.

Ce surimono servit d'invitation à un concert donné par l'école de chant de Tokiwazu.

Signée : Hokusaï aratamé I-itsu, fudé.

Pl. 71. — H. 0m420. — L. 0m560.

M. Marteau.

227. Tanzakuyé.

Un petit oiseau perché sur une branche de cerisier en fleurs.

Signée : Saki no Hokusaï, fudé.

Éditeur Moriya (Yamamori).

H. 0m335. — L. 0m065.

M. Vever.

228. Tanzakuyé.

Un cerf, vu de derrière, au bord d'une vallée d'où montent des nuages éclairés par la lune d'automne.

Signée : Saki no Hokusaï I-itsu, fudé.

Pl. 72. — H. 0m335. — L. 0m063.

M. Vever.

229. Tanzakuyé.

Un Ashinaga (homme aux longues jambes) portant sur ses épaules un Tenaga (homme aux longs bras), afin qu'il puisse atteindre une bourse suspendue à une branche de pin.

Signée : Saki no Hokusaï I-itsu, fudé.

Éditeur Moriya.

Pl. 72. — H. 0m350. — L. 0m065.

M. Vever.

230. Tanzakuyé.

Un homme, sur un petit pont de bois, tenant un parapluie à la carcasse duquel sont accrochées des poupées.

Le poème, composé par Kikaku, se rapporte à la saison des pluies, qui correspond aux environs du 5 mai, jour de la fête des poupées.

Non signée.

H. 0m300. — L. 0m072.

M. Vever.

231. Tanzakuyé.

Une courtisane en promenade, un soir d'automne. Le poème de Chiyo-ni, inscrit sur l'estampe, décrit le passage des oies sauvages.

Non signée.

Éditeur Yeijudo.

H. 0m300. — L. 0m072.

M. Vever.

232. Tanzakuyé.

Sujet scatologique. Le derrière haut braqué, un serviteur de temple essaye, d'un souffle puissant, d'éteindre les lumières sacrées.

Non signée.

Pl. 72. — H. 0m315. — L. 0m068.

M. Vever.

233. Tanzakuyé.

Un sennin donne une preuve de son pouvoir surnaturel, en faisant sortir un dragon du *Teppatsu* (bol en métal), qu'il élève des deux mains au-dessus de sa tête.

Non signée.

Pl. 72. — H. 0m320. — L. 0m062.

M. Chialiva.

234. Petit tanzakuyé.

Un magicien exerçant son art.

Non signée.

H. 0m235. — L. 0m065.

M. Bing.

235. Petit tanzakuyé.

Un groupe de pèlerins en admiration devant la cloche géante du monastère de Chionin à Kyoto.

Non signée.

H. 0m225. — L. 0m065.

M. Bing.

236. Tanzakuyé de grand format.

Deux petites truites remontant un cours d'eau rapide.

Signature illisible, peut être : Ittoku, fudé.

H. 0m340. — L. 0m085.

M. Jacquin.

LES TRENTE-SIX VUES DU FUJI (*Fugaku Sanju rokkei*)

(1823-1829)

Nous avons suivi, en publiant pour la première fois la série complète des *trente-six vues* l'ordre adopté par Goncourt. Cet ordre d'ailleurs, disons-le tout de suite, n'est justifié par rien. Non seulement l'auteur n'a pas séparé les trente-six vues originales des dix estampes supplémentaires, mais il n'a pas groupé les estampes portant les mêmes signatures. Il y aurait lieu encore de distinguer les diverses éditions; on peut croire que les pièces portant le cachet noir sont antérieures à celles portant le cachet bleu. Il y a aussi des séries tirées en bleu et d'autres tirages spéciaux qu'il faudrait étudier avec soin.

237. Oban yokoyé.

Le Fuji vu de Yéjiri (province de Suruga).

Signée : Saki no Hokusaï I-itsu, fudé.

Éditeur Yeijudo.

H. 0m260. — L. 0m385.

Goncourt, 1).

M. Koechlin.

238. Oban yokoyé.

Le Fuji vu de Ono Shinden (province de Suruga).

Signée : Saki no Hokusaï I-itsu, fudé.

Pl. 74. — H. 0^m250. — L. 0^m380.

(Goncourt, 2.)   M. Le Veel.

239. Oban yokoyé.

Le Fuji vu de la plantation de thé de Katakura (province de Suruga).

Signée : Saki no Hokusaï I-itsu fudé.

Pl. 74. — H. 0^m245. — L. 0^m365.

(Goncourt, 3.)   M. Rouart.

240. Oban yokoyé.

Le Fuji vu de Fujimi-ga-hara (province d'Awari).

Signée : Hokusaï aratamé I-itsu fudé.

Pl. 74. — H. 0^m245. — L. 0^m365.

(Goncourt, 4.)   M. Rouart.

241. Oban yokoyé.

Le Fuji vu de Koïshikawa (Yedo), par un matin de neige.

Signée : Saki no Hokusaï I-itsu, fudé.

Éditeur Yeijudo.

Pl. 75. — H. 0^m255. — L. 0^m380.

(Goncourt, 5.)   M. Vignier.

242. Oban yokoyé.

Le Fuji vu de Todo-no-ura.

Signée : Saki no Hokusaï I-itsu, fudé.

Pl. 75. — H. 0^m260. — L. 0^m375.

(Goncourt, 6.)   M. Bing.

243. Oban yokoyé.

L'autre côté du Fuji, vu de la Minobugawa (province de Kaï).

Signée : Saki no Hokusaï I-itsu, fudé.

Pl. 75. — H. 0^m260. — L. 0^m375.

(Goncourt, 7.)   M. Salomon.

244. Oban yokoyé.

Le Fuji par un beau temps (Goncourt : beau temps par un vent du sud, datée 1825 ?)

Signée : Hokusaï aratamé I-itsu, fudé.

Pl. 75. — H. 0^m260. — L. 0^m375.

(Goncourt, 8.)   M. Koechlin.

245. Oban yokoyé.

Variante en bleu et vert de l'estampe précédente en un tirage très rare où manque un bois.

Signée : Hokusaï aratamé I-itsu, fudé.

H. 0^m243. — L. 0^m371.

(Goncourt, 8.)   M. Jean Lebel.

246. Oban yokoyé.

Un orage avec des éclairs au pied de la montagne.

Signée : Hokusaï aratamé I-itsu, fudé.

Pl. 76. — H. 0^m255. — L. 0^m370.

(Goncourt, 9.)   M. Dieterlen.

247. Oban yokoyé.

Variante rare de l'estampe précédente. On voit des pins au premier plan.

H. 0^m240. — L. 0^m365.

(Goncourt, 9.)   M. Vignier.

248. Oban yokoyé.

Voyageurs faisant l'ascension du Fuji.

Signée : Saki no Hokusaï I-itsu, fudé.

Pl. 76. — H. 0^m255. — L. 0^m370.

(Goncourt, 10.)   M. Rivière.

249. Oban yokoyé.

Le Fuji vu de la mer (province de Kazusa). (Goncourt : Narumi de Kazusa ?)

Signée : Saki no Hokusaï I-itsu, fudé.

Pl. 76. — H. 0^m255. — L. 0^m380.

(Goncourt, 11.)   Vte de Sartiges.

250. Oban yokoyé.

Le Fuji vu d'un bateau, à Ushibori (province de Hitachi).

Signée : Saki no Hokusaï I-itsu, fudé.

Pl. 76. — H. 0^m245. — L. 0^m365.

(Goncourt, 12.)   M. Rouart.

251. Oban yokoyé.

Le Fuji vu du lac Suwa (province de Shinano).

Signée : Saki no Hokusaï I-itsu, fudé.

Éditeur Yeijudo.

Pl. 77. — H. 0^m245. — L. 0^m365.

(Goncourt, 13.)   M. Rouart.

252. Oban yokoyé.

Le Fuji vu d'un campement de bûcherons dans la montagne de la province de Totomi.

Signée : Saki no Hokusaï I-itsu, fudé.

Pl. 77. — H. 0^m250. — L. 0^m365.

(Goncourt, 14.)   M. Bing.

253. Oban yokoyé.

Le Fuji vu du moulin de Kagéda (Goncourt : La roue hydraulique de Onden).

Signée : Saki no Hokusaï I-itsu, fudé.

Éditeur Yeijudo.

Pl. 77. — H. 0^m260. — L. 0^m380.

(Goncourt, 15.)   M. Rouart.

254. Oban yokoyé.

Le Fuji vu de Inumétoge (province de Kaï).

Signée : Hokusaï I-itsu, fudé.

Pl. 77. — H. 0^m248. — L. 0^m370.

(Goncourt, 16.)   M. Bouasse Lebel.

255. Oban yokoyé.

Le Fuji et son reflet dans l'eau, vus de Misaka (province de Kaï). (Goncourt : Sansaka).

Signée : Saki no Hokusaï I-itsu, fudé.

Pl. 78. — H. 0^m240. — L. 0^m365.

(Goncourt, 17.)   M. Jacquin.

256. Oban yokoyé.

Le Fuji vu de la passe de Mishima (province de Kaï).

Signée : Saki no Hokusaï I-itsu, fudé.

Pl. 78. — H. 0ᵐ245. — L. 0ᵐ365.

(Goncourt, 18.)   M. ROUART.

257. Oban yokoyé.

Le Fuji vu à l'aube, de Izawa (province de Kaï).

Signée : Saki no Hokusaï I-itsu, fudé.

Pl. 78. — H. 0ᵐ250. — L. 0ᵐ375.

(Goncourt, 19.)   M. KOECHLIN.

258. Oban yokoyé.

Le Fuji vu de la mer, par un mauvais temps, à Kanagawa.

(Goncourt : l'intérieur du flot en face de Kanagawa, à Tokaïdo ?).

Signée : Hokusaï aratamé I-itsu, fudé.

Pl. 73. — H. 0ᵐ255. — L. 0ᵐ375.

(Goncourt, 20.)   M. KOECHLIN.

259. Oban yokoyé.

Le Fuji vu de Hodogaya, sur le Tokaïdo.

Signée : Saki no Hokusaï I-itsu, fudé.

Pl. 78. — H. 0ᵐ260. — L. 0ᵐ380.

(Goncourt, 21.)   Vᵗᵉ de SARTIGES.

260. Oban yokoyé.

Le Fuji vu de la chaya Fujumi, à Yoshida, sur le Tokaïdo.

Signée : Saki no Hokusaï I-itsu, fudé.

Pl. 79. — H. 0ᵐ248. — L. 0ᵐ375.

(Goncourt, 22.)   M. VEVER.

261. Oban yokoyé.

Le Fuji vu de Kanaya sur la rivière Oï, (Tokaïdo).

Signée : Saki no Hokusaï I-itsu, fudé.

Éditeur Yeijudo.

Pl. 79. — H. 0ᵐ260. — L. 0ᵐ385.

(Goncourt, 23.)   M. BING.

262. Oban yokoyé.

Le Fuji vu de Tago no ura, près de Yejiri sur le Tokaïdo.

Signée : Saki no Hokusaï I-itsu, fudé.

Pl. 79. — H. 0ᵐ250. — L. 0ᵐ365.

(Goncourt, 24.)   M. BING.

263. Oban yokoyé.

Le Fuji vu de Yénoshima (province de Sagami).

Signée : Saki no Hokusaï I-itsu, fudé.

Pl. 79. — H. 0ᵐ245. — L. 0ᵐ370.

(Goncourt, 25.)   M. VEVER.

264. Oban yokoyé.

Le Fuji vu de Nakabara (province de Sagami).

Signée : Saki no Hokusaï I-itsu, fudé.

Pl. 73. — H. 0ᵐ250. — L. 0ᵐ375.

(Goncourt, 26.)   M. SALOMON.

265. Oban yokoyé.

Le Fuji vu de Shichirigahama (province de Sagami).

Signée : Saki no Hokusaï I-itsu, fudé.

Pl. 80. — H. 0ᵐ250. — L. 0ᵐ375.

(Goncourt, 27.)   M. BING.

266. Oban yokoyé.

Le Fuji vu du lac de Hakoné (Ashi-no-Ko) dans la province de Sagami.

Signée : Saki no Hokusaï I-itsu, fudé.

Pl. 80. — H. 0ᵐ250. — L. 0ᵐ375.

(Goncourt, 28.)   Vᵗᵉ de SARTIGES.

267. Oban yokoyé.

Le Fuji vu de Umézawa province de Sagami). (Goncourt donne Minésawa ?).

Signée : Saki no Hokusaï I-itsu, fudé.

Pl. 80. — H. 0ᵐ255. — L. 0ᵐ380.

(Goncourt, 29.)   Vᵗᵉ de SARTIGES.

268. Oban yokoyé.

Le Fuji vu des chantiers de bois de Tatékawa à Yédo. (Goncourt : Tatékawa de Honjo à Yédo).

Signée : Saki no Hokusaï I-itsu, fudé.

Pl. 80. — H. 0ᵐ240. — L. 0ᵐ370.

(Goncourt, 30)   M. ROUART.

269. Oban yokoyé.

Le Fuji vu du Mannenbashi à Fukagawa (Yédo).

Signée : Hokusaï aratamé I-itsu, fudé.

Pl. 81. — H. 0ᵐ245. — L. 0ᵐ365.

(Goncourt, 31.)   M. BING.

270. Oban yokoyé.

Le Fuji vu de la plateforme du Sazayédo, Gohyaku-Rakanji (temple des 5oo Rakan), à Yédo.

Signée : Saki no Hokusaï I-itsu, fudé.

Pl. 81. — H. 0ᵐ250. — L. 0ᵐ365.

(Goncourt, 32.)   M. COSSON.

271. Oban yokoyé.

Le Fuji vu du pin Yenza, à Aoyama (Yédo).

Signée : Hokusaï aratamé I-itsu, fudé.

Pl. 81. — H. 0ᵐ245. — L. 0ᵐ370.

(Goncourt, 33.)   M. VEVER.

272. Oban yokoyé.

Le Fuji vu de Kajikazawa (province de Kaï).

Signée : Saki no Hokusaï I-itsu, fudé.

Pl. 81. — H. 0ᵐ245. — L. 0ᵐ370.

(Goncourt, 34.)   M. KOECHLIN.

273. Oban yokoyé.

Le Fuji vu de Shimo-Méguro. (Goncourt donne : Méguro inférieur, à Yédo).

Éditeur Yeijudo.

Pl. 82. — H. 0ᵐ255. — L. 0ᵐ385.

(Goncourt, 35.)   M. BING.

274. Oban yokoyé.

Le Fuji vu de Senju (province de Musashi). (Goncourt donne : Senju, faubourg de Yédo).

Signée : Saki no Hokusaï I-itsu, fudé.

Pl. 82. — H. 0ᵐ250. — L. 0ᵐ375.

(Goncourt, 36.)   M. VEVER.

275. Oban yokoyé.

Le Fuji vu du Hanamichi à Senju, près de Yédo.
Signée : Saki no Hokusaï I-itsu, fudé.
Pl. 82. — H. 0ᵐ250. — L. 0ᵐ370.
(Goncourt, 37.)   Vᵗᵉ de SARTIGES.

276. Oban yokoyé.

Le Fuji vu de Tsukudajima (province de Musashi).
Signée : Saki no Hokusaï I-itsu, fudé.
Éditeur Yeijudo.
Pl. 82. — H. 0ᵐ245. — L. 0ᵐ365.
(Goncourt, 38.)   M. ROUART.

277. Oban yokoyé.

Le Fuji vu de la Tamagawa (province de Musashi).
Signée : Hokusaï I-itsu, fudé.
Pl. 83. — H. 0ᵐ255. — L. 0ᵐ370.
(Goncourt, 39.)   M. SALOMON.

278. Oban yokoyé.

Le Fuji vu de Goten Yama, à Shinagawa, sur le Tokaido.
Signée : Saki no Hokusaï I-itsu, fudé.
Pl. 83. — H. 0ᵐ250. — L. 0ᵐ368.
(Goncourt, 40.)   M. JEAN LEBEL.

279. Oban yokoyé.

Le Fuji vu du Nihonbashi à Yédo.
Signée : Saki no Hokusaï I-itsu, fudé.
Pl. 83. — H. 0ᵐ250. — L. 0ᵐ380.
(Goncourt, 41.)   Vᵗᵉ de SARTIGES.

280. Oban yokoyé.

Le Fuji vu des magasins Mitsui, dans le quartier Surugacho à
Yédo.
Signée : Saki no Hokusaï I-itsu, fudé.
Pl. 83. — H. 0ᵐ250. — L. 0ᵐ375.
(Goncourt, 42.)   M. VIGNIER.

281. Oban yokoyé.

Le Fuji vu de Surugadaï à Yédo.
Signée : Hokusaï aratamé I-itsu, fudé.
Pl. 84. — H. 0ᵐ240. — L. 0ᵐ370.
(Goncourt, 43.)   M. VIGNIER.

282. Oban yokoyé.

Le Fuji vu du temple Hongwanji, quartier d'Asakusa à Yédo.
Signée : Saki no Hokusaï I-itsu, fudé.
Éditeur Yeijudo.
Pl. 84. — H. 0ᵐ255. — L. 0ᵐ375.
(Goncourt, 44.)   Vᵗᵉ de SARTIGES.

283. Oban yokoyé.

Le Fuji vu de la Sumida près de Mimmaïagashi (quai) et du
pont de Ryogoku. (Goncourt donne : le soir du pont Ryogoku
vu du quai des Écuries).
Signée : Saki no Hokusaï I-itsu, fudé.
Pl. 84. — H. 0ᵐ260. — L. 0ᵐ375.
(Goncourt, 45.)   Vᵗᵉ de SARTIGES.

284. Oban yokoyé.

Le Fuji vu du village de Sékiya sur la Sumida.
Signée : Saki no Hokusaï I-itsu, fudé.
Pl. 84. — H. 0ᵐ250. — L. 0ᵐ375.
(Goncourt, 46.)   Vᵗᵉ de SARTIGES.

285. Oban yokoyé.

Le Funabashi (pont de bateaux) à Sano. Sous la neige, à droite
au premier plan, une hutte et un arbre ; sur le pont un voyageur à
cheval avec son serviteur et deux piétons.
De la série *Shokoku Meikyo Kiran*, vue des ponts célèbres des
provinces.
Signée : Saki no Hokusaï, fudé.
Éditeur Yeijudo.
H. 0ᵐ250. - L. 0ᵐ350.
(Goncourt, 2.)   MUSÉE DES ARTS DÉCORATIFS.

286. Oban yokoyé.

Le pont de Yahagi à Okasaki, l'une des stations du Tokaido,
dans la province de Mikawa. Le pont est au-dessus d'une rivière
presque à sec, dans le lit de laquelle sont exposés au soleil des
parasols qui viennent d'être peints ; de l'autre côté du pont,
toujours dans le lit de la rivière, des archers s'exercent au tir.
Signée : Saki no Hokusaï I-itsu fudé.
Éditeur Yeijudo.
Pl. 85. — H. 0ᵐ245. — L. 0ᵐ375.
(Goncourt, 6.)   M. JACQUIN.

287. Oban yokoyé.

Temma bashi (le pont Temma) sur la rivière Yodo à Osaka.
C'est le jour de la fête des Tenjin. On voit sur le pont une
partie de la procession qui passe avec des lanternes, pendant que
le reste traverse la rivière dans des bateaux.
Signée : Saki no Hokusaï I-itsu, fudé.
H. 0ᵐ258. — L. 0ᵐ375.
(Goncourt, 9.)   M. JACQUIN.

288. Oban yokoyé.

Le Yatsu bashi (pont aux huits détours), qui traverse un site
célèbre pour la floraison des iris.
Signée : Saki no Hokusaï I-itsu, fudé.
Éditeur Yeijudo.
Pl. 85. — H. 0ᵐ250. — L. 0ᵐ380.
(Goncourt, 11.)   M. VIGNIER.

289. Oban tatéyé.

Un homme lavant un cheval à la cascade Uma araï, dans le
district de Yoshino, province de Yamato. Suivant la tradition,
Minamoto no Yoshitsuné aurait lavé son cheval dans les eaux
de cette cascade ; de là son nom, uma : cheval, araï : laver.
C'est à cet épisode que fait allusion la scène ici représentée.

De la série : *Shokoku Takiméguri*, voyage aux cascades célèbres dans les diverses provinces.

Signée : Saki no Hokusaï I-itsu, fudé.

Editeur Yeijudo.

H. 0^m375. — L. 0^m255.

(Goncourt, 4.)   M. DOUCET.

290. Oban tatéyé.

La cascade d'Amida, au fond de la province de Kiro. Cette cascade, jaillissant d'une ouverture circulaire, tombe ensuite d'un jet vertical, que les Japonais comparent à une statue d'Amida debout, d'où le nom de la cascade.

Signée : Saki no Hokusaï I-itsu, fudé.

Pl. 86. — H. 0^m375. — L. 0^m255.

(Goncourt, 5.)   M. DOUCET.

291. Oban tatéyé.

La cascade de Yoro, dans la province de Mino. La cascade tombe d'un seul jet, entre les parois couverts d'arbustes d'un ravin. Au bas, deux voyageurs la contemplent. Sous une hutte d'autres se reposent. Le nom de Yoro est également celui d'un Nengo, (717-723). L'impératrice Gensho fut tellement émerveillée en voyant la cascade, qu'elle donna son nom au nengo en cours.

Signée : Saki no Hokusaï I-itsu, fudé.

Editeur Yeijudo.

H. 8^m370. — L. 0^m250.

(Goncourt, 8.)   M. MARONI.

292. Oban tatéyé.

La cascade de Kirifuri (le brouillard tombant), dans la montagne Kurokami, province de Shimotsuké. Ses eaux s'éparpillent et se brisent en sautant le long des rochers couverts d'arbustes. En bas trois voyageurs arrêtés semblent échanger leurs impressions avec deux autres qui sont montés dans les rochers surplombant la cascade.

Signée : Saki no Hokusaï I-itsu, fudé.

Editeur Yeijudo.

Pl. 86. — H. 0^m370. — L. 0^m250.

(Goncourt, 1.)   M. JEAN LEBEL.

SÉRIE DES TROIS AMIES DU POÈTE

293. Oban yokoyé.

Scène de neige sur la Sumida. De la série *Setsu Getsu Kwa*, la neige, la lune, la fleur.

Signée : Saki no Hokusaï I-itsu, fudé.

H. 0^m250. — L. 0^m370.   M. MARONI.

294. Oban yokoyé.

Une nuit de clair de lune, sur la rivière Yodo. La vue est prise du château de Yodo.

Même série que ci-dessus.

Signée : Saki no Hokusaï I-itsu, fudé.

H. 0^m235. — L. 0^m365.   M. BING.

295. Oban yokoyé.

Les montagnes de Yoshino, au temps de la floraison des cerisiers. Les toits des temples disparaissent sous les arbres fleuris.

Même série que ci-dessus.

Signée : Saki no Hokusaï I-itsu, fudé.

H. 0^m255. — L. 0^m375.   M. JAVAL.

296. Koban yokoyé.

La vue du temple Sakura, dans la province de Settsu, à l'époque de la floraison des cerisiers.

De la série *Shokei Setsu Getsu Kwa*, endroits célèbres pour la neige, la lune, la fleur.

Signée : Saki no Hokusaï I-itsu, fudé.

H. 0^m120. — L. 0^m163.   M. MUTIAUX.

FLEURS ET OISEAUX

297. Chuban.

Un martin-pêcheur volant au milieu des iris et des œillets.

Signée : Saki no Hokusaï I-itsu, fudé.

Pl. 87. — H. 0^m232. — L. 0^m175.   M. JAVAL.

298. Chuban.

Un gros-bec penché sur une belle-de-nuit.

Signée : Saki no Hokusaï I-itsu, fudé.

H. 0^m250. — L. 0^m185.   M. VIGNIER.

299. Chuban.

Un passereau attrapant un insecte.

Signée : Saki no Hokusaï I-itsu, fudé.

Editeur Moriya.

H. 0^m220. — L. 0^m155.   M. VIGNIER.

300. Chuban.

Sur un fond bleu vif, un petit bouvreuil perché sur une branche de cerisier en fleurs.

Signée : Saki no Hokusaï I-itsu, fudé.

H. 0^m250. — L. 0^m175.   M. BULLIER.

301. Chuban (estampe rognée).

Un vol de chidori dans l'éclaboussure d'une vague.

Signée : Saki no Hokusaï, fudé.

Editeur Moriya.

Pl. 87. — H. 0^m215. — L. 0^m285.   M. MADWIG.

302. Chuban (estampe rognée).

Nature morte imprimée en bleu : poissons et coquillages.

Signée : Saki no Hokusaï, fudé.

Editeur Moriya.

H. 0^m215. — L. 0^m155.   M. ROUART.

GRANDES FLEURS. SÉRIE DE DIX

303. Oban yokoyé sur fond jaune.

Des fleurs de pivoines au-dessus desquelles vole un papillon, par un jour de grand vent.

Signée : Saki no Hokusaï I-itsu, fudé.

Editeur Yeijudo.

Pl. 87. — H. 0^m255. — L. 0^m380.   MUSÉE DU LOUVRE.

304. Oban yokoyé sur fond jaune.

Liserons en fleurs et en boutons.

Signée : Saki no Hokusaï I-itsu, fudé.

Éditeur Yeijudo.

Pl. 89. — H. 0^m255. — L. 0^m380.   MUSÉE DU LOUVRE.

305. Oban yokoyé.

Des lys.

Signée : Saki no Hokusaï I-itsu, fudé.

Éditeur Yeijudo.

Pl. 88 (en couleurs). — H. 0^m250. — L. 0^m375.

                                         MUSÉE DU LOUVRE.

306. Oban yokoyé.

Des iris.

Signée : Saki no Hokusaï I-itsu, fudé.

Éditeur Yeijudo.

Pl. 89. — H. 0^m245. — L. 0^m365.   MUSÉE DU LOUVRE.

307. Oban yokoyé sur fond bleu.

Orchidées oranges.

Signée : Hokusaï I-itsu, fudé.

Pl. 90. — H. 0^m250. — L. 0^m370.   MUSÉE DU LOUVRE.

308. Oban yokoyé sur fond jaune.

Hortensias en fleurs, parmi lesquels vole une hirondelle.

Signée : Saki no Hokusaï I-itsu, fudé.

Éditeur Yeijudo.

Pl. 90. — H. 0^m245. — L. 0^m365.   MUSÉE DU LOUVRE.

309. Oban yokoyé sur fond bleu.

Branche d'hibiscus syriacus et moineau.

Signée : Saki no Hokusaï I-itsu, fudé.

Éditeur Yeijudo.

Pl. 91. — H. 0^m250. — L. 0^m370.   MUSÉE DU LOUVRE.

310. Oban yokoyé sur fond bleu.

Pavots dont les tiges sont courbées par le vent.

Signée : Saki no Hokusaï I-itsu, fudé.

Éditeur Yeijudo.

Pl. 91. — H. 0^m245. — L. 0^m365.   MUSÉE DU LOUVRE.

LES APPARITIONS. SÉRIE DE CINQ

311. Chuban.

Le fantôme d'Okiku sortant du vieux puits de la maison appelée Sara Yashiki, dans la province de Harima. C'est un épisode de la légende suivant laquelle Okiku, servante de Aoyama Tessen, avait cassé par mégarde l'une des dix précieuses assiettes que celui-ci avait reçu d'un hollandais. Furieux, il la fit mettre en prison; elle s'évada, et se jeta dans un vieux puits, d'où parfois son fantôme surgit, comptant des assiettes sans pouvoir jamais en trouver plus de neuf.

De la série *Hyaku Monogatari*, cent histoires de fantômes.

Signée : Saki no Hokusaï, fudé.

Éditeur Tsuruki (Tsuruya Kihei).

Pl. 93. — H. 0^m260. — L. 0^m188.   M. MUTIAUX.

312. Chuban.

Hannya (démon femelle, personnage de Nô) tenant dans ses griffes, la tête d'un enfant qu'elle a arrachée et qu'elle est en train de dévorer en riant voracement. Le titre de l'estampe est Waraï Hannya (Hannya riant).

Signée : Saki no Hokusaï, fudé.

Éditeur Tsuruki.

Pl. 94. — H. 0^m250. — L. 0^m182.   M. MUTIAUX.

313. Chuban.

L'âme d'un mort apparaissant sous la forme d'un serpent qui rampe parmi les offrandes faites à son Ihaï (tablette en bois blanc où est écrite la date du décès).

Signée : Saki no Hokusaï I-itsu, fudé.

Éditeur Tsuruki.

Pl. 93. — H. 0^m250. — L. 0^m180.   M. MUTIAUX.

314. Chuban.

Le fantôme d'Oiwa apparaissant dans la lanterne qui avait été offerte à ses mânes par son mari, le jour que celui-ci vint au cimetière accompagné de sa seconde femme.

Signée : Saki no Hokusaï, fudé.

Éditeur Tsuruki.

Pl. 92 (en couleurs). — H. 0^m260. — L. 0^m185.

                                         M. MUTIAUX.

315. Chuban.

Le fantôme de Kobata Koheiji regardant dans la moustiquaire sous laquelle dort son meurtrier.

Signée : Saki no Hokusaï I-itsu, fudé.

Éditeur Tsuruki.

Pl. 94. — H. 0^m260. — L. 0^m185.   M. MUTIAUX.

LES GRANDES PLANCHES D'ANIMAUX

316. Kakémonoyé.

Deux carpes dans une cascade. L'une remonte le courant alors que l'autre le descend.

Signée : Saki no Hokusaï I-itsu, fudé.

Pl. 97. — H. 0^m490. — L. 0^m225.   M. DOUCET

317. Kakémonoyé.

Trois tortues marines, nageant entre deux eaux.

Signée : Saki no Hokusaï I-itsu, fudé.

Pl. 96. — H. 0^m468. — L. 0^m230.   M. BING.

318. Kakémonoyé.

Chevaux dans un champ au bord d'une rivière. Trois sont au premier plan, plusieurs autres dans le fond, et l'un d'eux traverse la rivière à la nage.

Signée : Saki no Hokusaï I-itsu, fudé.

Pl. 97. — H. 0^m485. — L. 0^m221.   M. VEVER.

319. Kakémonoyé.

Un faucon sur un perchoir très orné, auprès d'un cerisier en fleurs.

Signée : Saki no Hokusaï I-itsu, fudé.

Pl. 95 (en couleurs). — H. 0^m500. — L. 0^m230.

                                         M. DOUCET.

320. Kakémonoyé.

Deux grues, perchées sur un tronc de pin couvert de neige.

Signée : Saki no Hokusaï I-itsu, fudé.

Éditeur Moriya.

Pl. 96. — H. 0^m495. — L. 0^m220.   M. DOUCET.

321. Kakémonoyé.

Deux élégants cavaliers chinois, à cheval, sur un chemin qui côtoie un lac, par un jour de printemps et de grand vent.

Allusion à un célèbre poème chinois connu sous le nom de Shô nen Kô (voyage d'un jeune élégant).

De la série *Shika Shashin-Kyô*, illustrations réalistes des poèmes chinois et japonais.

Signée : Saki no Hokusaï I-itsu, fudé.

Éditeur Moriya.

Pl. 99. — H. 0^m495. — L. 0^m225.

(Goncourt, 1.)   M. MARONI.

322. Kakémonoyé.

Le grand poète chinois Rihaku méditant devant une cascade. Il est debout, un grand bâton à la main, sur un rocher qui surplombe l'abîme. Deux enfants sont auprès de lui.

Allusion à un de ses poèmes.

Signée : Saki no Hokusaï I-itsu, fudé.

Éditeur Moriya.

Pl. 99. — H. 0^m480. — L. 0^m228.

(Goncourt, 2).   M. KOECHLIN.

323. Kakémonoyé.

Au bord de la mer, un fonctionnaire chinois, accompagné de deux serviteurs, cause avec un vieux pêcheur qui est un poète retiré du monde. On voit l'avant de la jonque qui a amené les visiteurs. Dans le fond, un étrange rocher rouge, enguirlandé par les volutes des nuages. L'un des serviteurs tient déroulé un kakémono où se trouve inscrit le poème du célèbre poète chinois de la dynastie des Tang, Hakurakuten, poème qui est illustré par cette estampe.

Signée : Saki no Hokusaï I-itsu, fudé.

Éditeur Moriya.

Pl. 100. — H. 0^m495. — L. 0^m220.

(Goncourt, 3.)   M. VEVER.

324. Kakémonoyé.

Un vieux paysan, portant sur l'épaule un bâton aux extrémités duquel sont attachés deux bouquets de prêles, passe un petit pont sur un torrent. Au fond la lune se lève derrière de grands arbres. Elle éclaire les roseaux qui bordent la rivière dans laquelle se jette le torrent. Le poème illustré est de Tokusaï Kari.

Éditeur Moriya.

Pl. 98 (en couleurs). — H. 0^m495. — L. 0^m222.

(Goncourt, 4.)   M. JACQUIN.

325. Kakémonoyé.

Ubé no Nakamaro (ambassadeur japonais en Chine, où il avait été envoyé pour étudier le calendrier) contemple, du toit d'une pagode élevée, la lune qui se lève à l'est, du côté du Japon, et compose son célèbre poème :

> Avu una bara
> Furi sake mireba
> Kasuga nara
> Mikasa no Yama ni
> Ideshi tsuki Kanio

Quand je vois les plaines du ciel découvertes, je crois être moi-même à Kasuga, contemplant la lune, se levant au-dessus du triple sommet de Mikasa! Hélas!

Signée : Saki no Hokusaï I-itsu, fudé.

Éditeur Moriya.

Pl. 101. — H. 0^m495. — L. 0^m220.

(Goncourt, 5.)   M. VEVER.

326. Kakémonoyé.

La légende de Kankokukwan ou de la barrière de Kankoku, en Chine. Suivant la tradition, cette barrière, qui était fermée durant la nuit, ne s'ouvrait qu'au moment où le premier coq chantait. Une certaine nuit, les troupes ennemies arrivèrent jusqu'à cette barrière, et l'un des soldats qui imitait admirablement le chant du coq trompa ainsi les gardiens qui laissèrent entrer les assaillants. Cette légende est représentée ici, à cause d'une allusion que contient un poème de la poétesse Seishonagon qui dit : « Quiconque essaie en vain d'imiter le chant du coq, n'arrivera pas à franchir la barrière de l'amour » (les mots barrière de l'amour étant pris dans le sens des obstacles que dresse le monde entre deux amants).

Signée : Saki no Hokusaï I-itsu, fudé.

Éditeur Moriya.

Pl. 100. — H. 0^m500. — L. 0^m215.

(Goncourt, 6.)   M. VIGNIER.

327. Kakémonoyé.

Le poète Harumichi no Tsuraki, accompagné par deux serviteurs, traverse un pont étroit, jeté sur un torrent rapide et écumeux. Dans le fond un petit village au pied d'une grande montagne qui émerge de la brume. Allusion à un poème qui a pour auteur le poète ici représenté.

Signée : Saki no Hokusaï I-itsu, fudé.

Éditeur Moriya.

Pl. 102. — H. 0^m475. — L. 0^m220.

(Goncourt, 7.)   M. VEVER.

328. Kakémonoyé.

Le poète grand seigneur Fujiwara no Toru, accompagné de deux serviteurs, contemple les jardins qui furent dessinés par lui à Byodo in. Ces jardins existent encore à l'heure actuelle et Byodo in est devenu un temple.

Signée : Saki no Hokusaï I-itsu, fudé.

Éditeur Moriya.

Pl. 102. — H. 0^m485. — L. 0^m222.

(Goncourt, 8.)   M. BULLIER.

329. Kakémonoyé.

Une femme et un jeune garçon, au bord d'un lac, par une nuit
de lune, sont occupés à battre du linge pour le calandrer. Auprès
d'eux un homme transporte des paniers. Sur le lac nagent des oies
sauvages, d'autres volent et profilent leurs silhouettes sur le disque
de la lune. Cette estampe illustre un poème de Ariwara no
Narihira consacré à l'histoire d'une femme dont le mari est au
loin ; par une belle nuit de lune, en automne, elle bat le linge
qu'elle lave, et le bruit des coups de battoir arrive jusqu'aux
oreilles du mari, qui au même moment contemplait la lune.

Signée : Saki no Hokusaï I-itsu, fudé.

Pl. 101. — H. 0ᵐ505. — L. 0ᵐ225.

(Goncourt, 9.)   M. Vignier.

330. Kakémonoyé.

Le fameux poète chinois Toba, en voyage, par un jour de
neige. Il est à cheval sur un chemin qui cotoie une rivière. Un
paysan vêtu de paille l'accompagne. Allusion à un poème de Toba.

Signée : Saki no Hokusaï I-itsu, fudé.

Éditeur Moriya.

Pl. 103. — H. 0ᵐ485. — L. 0ᵐ215.

(Goncourt, 10.)   M. Jacquin.

331. Kakémonoyé.

Le lac Suwa en hiver. Sur sa surface qui est gelée des
voyageurs passent, à pied et à cheval. On voit un château fort
bâti sur un promontoire. Au fond, la silhouette du Fuji, couvert
de neige.

Cette estampe n'appartient pas à la même série que les
précédentes.

Signée : Saki no Hokusaï I-itsu, fudé.

Pl. 103. — H. 0ᵐ495. — L. 0ᵐ230.   M. Bing.

ÉCRANS ET ÉVENTAILS (VERS 1835)

332. Uchiwayé (écran).

Un coq et une poule avec leurs poussins. L'un d'eux est grimpé
sur le dos de la poule, d'autres s'abritent sous ses ailes.

Signée : Saki no Hokusaï I-itsu, fudé.

Éditeur Yamata.

Pl. 105. — H. 0ᵐ218. — L. 0ᵐ285.   M. Bullier.

333. Uchiwayé.

Nature morte : deux poissons imprimés en bleu.

Signée : Hokusaï aratamé I-itsu, fudé.

Éditeur Yamata.

H. 0ᵐ205. — L. 0ᵐ273.   Mme Gillot.

334. Uchiwayé.

Coqs et poules.

Datée de l'année de la chèvre, 1835.

Signée : Saki no Hokusaï I-itsu, fudé.

Éditeur Tsuji.

Pl. 104, (en couleurs). — H. 0ᵐ220. — L. 0ᵐ278.   M. Bing.

335. Uchiwayé.

Combat d'un serpent et d'un faisan auprès d'une plante de
canna.

Signée : Saki no Hokusaï I-itsu, fudé.

Éditeur Tsuji.

H. 0ᵐ215. — L. 0ᵐ285.   M. Vever.

336. Semmen yé (éventail).

Un aigle planant tient dans ses serres un ourson.

Non signée.

H. 0ᵐ195. — L. 0ᵐ460.   M. Bullier.

PETITS PAYSAGES

337. Chuban yokoyé.

Deux petites barques de pêcheurs, sur la mer houleuse, en
face de la côte de Choshi, dans la province de Shimosa.

De la série : Chiyé no umi, la mer des mille peintures.

Signée : Saki no Hokusaï I-itsu, fudé.

Pl. 106. — H. 0ᵐ175. — L. 0ᵐ250.   M. Vever.

338. Chuban yokoyé.

Un bateau de pêche sur la rivière Toné, dans la province de
Shimosa. On aperçoit, à travers les mailles tendues du filet que
lève le pêcheur, la silhouette du Fuji.

Même série que ci-dessus.

Signée : Saki no Hokusaï I-itsu, fudé.

Pl. 106. — H. 0ᵐ180. — L. 0ᵐ245.   M. Vever.

339. Chuban.

Une chasse à la baleine dans les parages des îles Goto. Une
flottille de barques, derrière un promontoire qui forme le premier
plan, cerne une baleine qui fait écumer l'eau autour d'elle.

Même série que ci-dessus.

Signée : Saki no Hokusaï I-itsu, fudé.

Pl. 0ᵐ185. — L. 0ᵐ255.   M. Bing.

340. Chuban.

Quatre pêcheurs dans un bateau amarré à une estacade, au
bord de la rivière Miyato. Sur l'autre rive, un petit village aux
toits réguliers, perdus dans les arbres.

Même série que ci-dessus.

Signée : Saki no Hokusaï I-itsu, fudé.

Éditeur Moriya.

Pl. 106. — H. 0ᵐ185. - - L. 0ᵐ250.   M. Houdard.

341. Chuban.

Des pêcheurs à marée basse, sur des rochers roses, dans la baie
d'Uraya. Au fond, la côte se détache sur un ciel de soleil couchant.

Même série que ci-dessus.

Signée : Saki no Hokusaï I-itsu, fudé.

Pl. 106. — H. 0ᵐ175. — L. 0ᵐ250.   M. Jacquin.

342. Hashirakaké.

Groupe de danseurs, vêtus de costumes variés mais se rapportant tous à la danse Sumi Yoshi odori.

Signée : Gwakyo Rojin Hokusaï (le vieillard fou de dessin).

Pl. 103. — H. o^m640. — L. o^m145.   M. VEVER.

343. Oban yokoyé de très grand format.

Vue prise à vol d'oiseau de la Sumida et de ses rives.

Signée : Gwakyo Rojin Hokusaï, yégaku.

H. o^m250. — L. o^m640.   Mme GILLOT.

LES CENT POÉSIES

344. Oban yokoyé.

Sur les rives de la Sumida, un paysan conduit un bœuf chargé de bambous en faisceaux. Deux promeneuses, avec des parasols, sont arrêtées auprès d'un jeune garçon qui porte un paquet sur le dos. Le poème qu'illustre cette estampe est de Motoyoshi no Shimo.

De la série : *Hyakunin Isshu, Uba ga Yétoki*, les cent poésies expliquées par la nourrice.

Signée : Saki no Hokusaï Manji.

Éditeur Yeijudo.

Pl. 108. — H. o^m250. — L. o^m365.   M. JAVAL.

345. Oban yokoyé.

Un cours d'eau dans lequel des gens du peuple lavent des vêtements, qu'ils mettent ensuite à sécher sur la rive.

Le poème illustré par cette estampe est de l'impératrice Jito.

Signée : Saki no Hokusaï Manji.

H. o^m255. — L. o^m375.   M. MARONI.

346. Oban yokoyé.

Un char impérial à trois roues, en forme de temple, et attelé d'un bœuf, est arrêté sur le bord de la route. Le bœuf est couché entre les brancards et les serviteurs attendent que revienne l'empereur qui admire les érables rougis par l'automne.

Le poème illustré par cette estampe est de Kwanké (Sugawara no Michizané).

Signée : Saki no Hokusaï Manji.

Éditeur Yeijudo.

Pl. 108. — H. o^m245. — L. o^m360.   M. Jean LEBEL.

347. Oban yokoyé.

Pêcheuses d'awabi. Les unes plongent dans la mer pour chercher les coquillages collés aux roches du fond ; les autres se reposent sur un promontoire.

Le poème illustré par cette estampe est de Sangi Takamura.

Signée : Saki no Hokusaï Manji.

Éditeur Yeijudo.

Pl. 107 (en couleurs). — H. o^m250. — L. o^m360.

M. VIGNIER.

348. Oban yokoyé.

Groupe de pêcheurs draguant avec leur filet le cours d'un

torrent dans un paysage montagneux. Un feu est allumé à droite et sa fumée traverse en diagonale toute la composition. Au fond une petite hutte à la fenêtre de laquelle apparaît le poète.

Le poème illustré par cette estampe est de Kakinomoto no Hitomaru.

Signée : Saki no Hokusaï Manji.

Éditeur Yeijudo.

H. o^m245. — L. o^m365.   M. JACQUIN.

349. Oban yokoyé.

En automne, dans la montagne, un groupe de paysannes rentre au village après avoir été faire la récolte des feuilles mortes. Sur la colline la plus élevée, se détache un couple de cerfs bramant, et c'est le sujet du poème, qui a pour auteur Sarumaru-dayu.

Signée : Saki no Hokusaï Manji.

Pl. 110. — H. o^m250. — L. o^m365.   M. BULLIER.

350. Oban yokoyé.

La récolte du sel au bord de la mer. Des femmes puisent de l'eau dans des baquets ; d'autres sont occupées à faire évaporer l'eau, sous une hutte d'où sort une épaisse fumée, tandis que deux hommes empilent une provision de fagots.

Signée : Saki no Hokusaï Manji.

Éditeur Yeijudo.

Pl. 110. — H. o^m240. — L. o^m350.   Mme GILLOT.

351. Oban yokoyé.

Dans un paysage chinois, du moins tel que le peintre se l'imaginait, des jonques voguent sur une large rivière. Les rives sont bordées de grands rochers rouges, bizarrement découpés.

Cette estampe illustre un poème de Chunâgon Yakamochi.

Signée : Saki no Hokusaï Manji.

Éditeur Yeijudo.

H. o^m250. — L. o^m365.   M. HOUDARD.

352. Oban yokoyé.

Un bateau de commerce sur la mer.

Estampe illustrant un poème de Fujiwara no Shigéyuki Ason.

Signée : Saki no Hokusaï Manji.

Éditeur Yeijudo.

H. o^m245. — L. o^m360.   M. HOUDARD.

353. Oban yokoyé.

Dans un paysage de rizières, coupé de cours d'eau et dominé par un groupe de trois arbres, des paysans passent, portant sur leur dos ou accrochés aux bouts d'un bâton, les gerbes de riz qu'ils rentrent.

Estampe illustrant un poème de l'empereur Tenchi.

Signée : Saki no Hokusaï Manji.

Éditeur Yeijudo.

Pl. 109. — o^m255. — L. o^m365.   M. Jean LEBEL.

354. Oban yokoyé.

Scène de la sortie du Yoshiwara à l'aube. Au premier plan, des porteurs de kago descendent à toute allure un chemin taillé en escalier. On en aperçoit d'autres courant dans la plaine, et dépas-

53

sant, sur le chemin qui se perd vers un horizon boisé, des gens qui rentrent à pied chez eux, leur lanterne à la main.

> Estampe illustrant un poème de Fujiwara no Misonobu Ason.
> Signée : Saki no Hokusaï Manji.
> Éditeur Yeijudo.
> Pl. 109. — H. 0ᵐ245. — L. 0ᵐ365.　　　M. Jacquin.

355. Uchiwaye.

> Vue du mont Myogi, dans la province de Kotsuké. Des pics étranges, des rocs déchiquetés émergent des nuages. Sur l'un d'eux plusieurs voyageurs sont montés et contemplent le paysage. A gauche, un toit de temple, et son tori-i, également perdus dans les nuages.
>
> De la série *Sokeï Kiran*, vues célèbres.
> Signée : Saki no Hokusaï Manji.
> Pl. 105. — H. 0ᵐ218. — L. 0ᵐ288.　　　M. Bing.

356. Oban yokoyé, de grand format.

> Un groupe d'arpenteurs officiels occupés à lever des plans, au bord d'une baie. Les noms des principaux arpenteurs sont donnés dans un cartouche à côté de chacun d'eux.
>
> Cette estampe est datée du troisième mois de la première année de Kayeï (mars 1848), un an avant la mort de l'artiste.
> Signée : Sur commande, Manji Rojin, fudé, à l'âge de 89 ans.
> Pl. 111. — H. 0ᵐ335. — L. 0ᵐ485.　　　M. Odin.

LES ÉLÈVES D'HOKUSAI

SHINSAI

357. Petit surimono.

> Nature morte : canard sauvage et oignons.
> Signée : Shinsaï.
> Pl. 113. - H. 0ᵐ140. — L. 0ᵐ190.　　　M. Rouart.

358. Surimono.

> Dans un jardin, auprès d'un cognassier fleuri et d'une lanterne en pierre, une courtisane et sa kamuro contemplent la nouvelle lune.
> Signée : Shinsaï.
> H. 0ᵐ138. — L. 0ᵐ182.　　　M. Rouart.

359. Surimono.

> Une mère et sa fille, coupant une étoffe pour en faire un kimono. Un enfant est auprès d'elles.
> De la série, complète en trois, *I-Soku-Ju*, le vêtement, la nourriture, l'habitation.
> Signée : Shinsaï, yégaku.
> Pl. 112. — H. 0ᵐ135. — L. 0ᵐ185.　　　M. Rouart.

HOKUTEI

360. Oban yokoyé.

> Un faisan posé auprès de jeunes pousses de fougères. Le poème de Rokuju yen qui l'accompagne, célèbre les champs au printemps et le faisan.
> Signée : Hokuteï Joren. Le cachet se lit également Hokuteï.
> Pl. 113. — H. 0ᵐ250. — L. 0ᵐ370.　　　Musée du Louvre.

HOKUGA

361. Petit surimono.

> Nature morte. Deux carpes fixées ensemble par deux branches de bambous et attachées par un mizuhiki (nœud formé d'un faisceau de petits cordons de papiers ordinairement blancs et rouges, et dont on se sert pour ficeler les cadeaux).
> Signée : Hokuga.
> Pl. 112. — H. 0ᵐ135. — L. 0ᵐ185.　　　M. Vever.

362. Petit surimono en hauteur.

> Une jeune femme s'amusant à imiter un noble avec un livre sur la tête en guise de coiffure et une étoffe d'emballage comme manteau.
> Signée : Hokuga, yégaku.
> H. 0ᵐ210. — L. 0ᵐ090.　　　Dʳ Poncetton.

HOKUBA

363. Surimono format shikishi.

> Deux passereaux et une plante de dent-de-lion.
> Signée : Hokuba.
> H. 0ᵐ220. — L. 0ᵐ190.　　　M. Vever.

364. Petit surimono.

> Une brochette de sardines séchées, symbole de la nouvelle année.
> Signée : Hokuba.
> H. 0ᵐ140. — L. 0ᵐ185.　　　M. Vever.

365. Grand surimono en largeur.

> Un jour d'automne, dans le jardin d'une maison de campagne, un seigneur, accompagné d'un ami et d'un serviteur, parle à une noble dame assise sur une terrasse, avec sa suivante.
> Signée : Teisaï Hokuba, yégaku.
> H. 0ᵐ192. — L. 0ᵐ560.　　　Vᵗᵉ de Sartiges.

366. Petit surimono.

> Une jeune femme voyageant.
> Signée : Teisaï Hokuba, yégaku.
> H. 0ᵐ195. — L. 0ᵐ135.　　　M. Rouart.

HOKUJU

367. Chuban.

> La Sumida, sous le pont Ryogoku, un soir d'été.
> Datée du neuvième mois de l'année du serpent (1821).
> Signée : Hokuju, yégaku.
> H. 0ᵐ230. — L. 0ᵐ175.　　　M. Rouart.

368. Oban yokoyé.

> Vue de Satta-togé, sur le Tokaïdo.
> Signée : Shotei Hokuju, yégaku.
> Éditeur Yamakyu.
> H. 0ᵐ255. — L. 0ᵐ375.　　　M. Vever.

369. Oban yokoyé.

Vue de la côte de Kujukuri, dans la province Kadzusa. Des
pêcheurs sur la rive hâlent des filets. D'autres mettent des barques
à l'eau.

Signée : Shotei Hokuju, yégaku.

Pl. 113. — H. 0^m260. — 0^m385.   M. R. COLLIN.

370. Oban yokoyé.

Vue de Masaki, à Yédo. On voit une rivière bordée d'arbres
et de maisons.

Estampe non signée, probablement d'Hokuju.

H. 0^m210. — L. 0^m340.   Mme SEURE.

371. Oban yokoyé.

Vue de Ushijima, (Sangabori, Yédo). Au premier plan un pont
sur la rivière, à droite des arbres et des maisons.

Signée : Shotei Hokuju, yégaku.

H. 0^m250. — L. 0^m375.   M. JAVAL.

GAKUTEI

372. Oban yokoyé.

Flottille de bateaux de pêche, rentrant vent arrière au port
d'Osaka, sous les rayons d'un soleil caché par les nuages.

Signée : Gogaku (Gakutei).

Pl. 114. — H. 0^m245. — L. 0^m375.   M. HOUDARD.

373. Oban yokoyé.

Un bateau à voile, luttant contre un grain en vue de Tempozan,
qui est le phare d'Osaka.

Signée : Gogaku.

Pl. 114. — H. 240. — L. 0^m350.   M. Jean LEBEL.

374. Oban yokoyé.

Le pont de Temma, couvert de lanternes, la nuit de la fête du
temple Ten-jin, qui se trouve dans le district de Temma, province
d'Osaka. On tire un feu d'artifice. Des bateaux illuminent la
rivière.

Signée : Gogaku.

H. 0^m240. — L. 0^m370.   M. LE VEEL.

375. Oban yokoyé.

Dans la maison du phare de Tempozan, à Ajikawa (Osaka),
des gens du peuple s'amusent à passer à travers les grands trous
creusés dans les colonnes de l'édifice. Dans le fond, la mer.

Signée : Gogaku.

H. 0^m255. — L. 0^m375.   M. MARONI.

376. Surimono format shikishi.

Le prêtre poète Saigyo, en contemplation devant le mont
Fuji. Il s'est placé sous un cerisier qui fut dès lors nommé le
Saigyo-Sakura (cerisier de Saigyo).

De la série *Katsushika Sakura Zuhushi*, les cerisiers célèbres.

Signée : Gakutei.

Pl. 115. — H. 0^m205. — L. 0^m180.   M. VEVER.

377. Surimono format shikishi.

Le studio d'un poète. Dans le tokonoma on voit un kakémono
représentant Hitomaru, l'un des trois saints de la poésie, et un
vase avec une branche de prunier fleuri. Devant le tokonoma, la
table à écrire du poète, sur laquelle sont un vase avec des pinceaux et des plumes de paon, l'écritoire, le compte-gouttes en
forme de lapin, des feuilles de papier découpées en tanzaku, des
livres.

Signée : sur commande, Gakutei, yégaku.

Pl. 115. — H. 0^m205. — L. 0^m175.   M. VEVER.

378. Surimono format shikishi.

Sur un ciel noir se détache en rouge Sojobo, le grand Tengu
de la montagne de Kurama, enseignant à Minamoto no Ushiwa-
kamaru (Yoshitsuné) l'art de combattre.

D'une série publiée par la société poétique Kasagi-ren de Utsu-
nomiyu.

Signée : Gakutei.

H. 0^m215. — L. 0^m190.   M. VEVER.

379. Surimono format shikishi.

Un chat blanc faisant le gros dos en apercevant sa propre
image reflétée dans une table à coiffer en laque noire.

Signée : Gakutei.

Cachet Yashima.

Pl. 115. — H. 0^m220. — L. 0^m190.   M. BING.

380. Surimono format shikishi.

Trois crabes au bord de la mer à marée basse. Illustration
d'un poème de Sansho (Danjuro VII).

Cachet : Gakutei.

Pl. 116. — H. 0^m200. — L. 0^m185.   M. VEVER.

381. Surimono format shikishi.

Une carpe grise nageant dans une eau sombre où flottent des
algues.

Signée : Gakutei. Cachet Yashima.

H. 0^m205. — L. 0^m185.   M. VEVER.

382. Surimono format shikishi.

En porcelaine blanche, un lapin-jouet, décoré sur le derrière
de fleurs de cerisier.

Signée : Gakutei Harunobu.

H. 0^m215. — L. 0^m185.   M. BING.

383. Surimono format shikishi.

Une carpe rouge remontant une cascade.

Signée : Gakutei. Cachet Yashima.

Éditeur Tsumura Innhighi, de Akashi (ville voisine de Kobé).
Une date manuscrite : 20 août de la vingt-quatrième année de
Meiji (1891).

Pl. 116. — H. 0^m205. — L. 0^m185.   M. VEVER.

HOKKEI

384. Hosoyé.

Marchand de poissons faisant l'article pour vendre un petit
thon (*Katsuo*). Dans le haut de l'estampe un poème comique se
rapportant au sujet.

De la série *Kokon Kyoka shu*, recueil de poèmes comiques anciens et modernes.

Signée : Hokkeï. Cachet Kiko.

Éditeur inconnu dont le nom se lit Katsu.

Pl. 116. — H. 0^m335. — L. 0^m155.   M. Vever.

385. Oban yokoyé.

Groupe de paysans passant la Sumida en bac. Estampe traitée en surimono avec des gaufrages dans les vagues et des rehauts d'argent.

Signée : Hokkeï.

Pl. 117. — H. 0^m205. — L. 0^m305.   M. Maroni.

386. Oban yokoyé.

Vue de Ushi-ishi no Mida, sur la côte de la province de Idzu. Par une mer démontée, des marins essayent de faire passer leur barque sous une arche de rochers.

Signée : Hokkeï.

De la série *Shokoku Meisho*, sites célèbres des diverses provinces.

H. 0^m175. — L. 0^m370.   M. Javal.

387. Surimono format shikishi.

Un couple de paons qui viennent d'être peints sur soie par l'artiste.

De la série *Makura no Soshi*, titre d'un roman fameux.

Signée : Hokkeï.

H. 0^m200. — L. 0^m178.   M. Vever.

388. Surimono format shikishi.

Un serpent rampant parmi des courges.

De la série *Washokurabé Chomonshu*, extraits du livre nommé plus haut.

Signée : sur commande, Hokkeï, yégaku.

H. 0^m198. — L. 0^m175.   M. Vever.

389. Surimono format shikishi.

Un coq blanc perché sur un tambour, emblème de la paix.

Signée : Kiko Hokkeï.

Pl. 117. — H. 0^m215. — L. 0^m180.   M. Vever.

390. Surimono format shikishi.

Un radis, un papillon et un fer de flèche. Sorte de rébus se rapportant à l'un des rôles de Danjuro.

N° 3 de la série *Sanshoké no Gogei*, cinq spécialités de la famille Sansho, (Danjuro).

Signée : sur commande, Hokkeï, yégaku.

H. 0^m205. — L. 0^m175.   M. Cosson.

391. Surimono format shikishi.

Faucon blanc sur son perchoir.

Signée : Hokkeï, utsusu.

Éditeur Shumman (?)

H. 0^m200. — L. 0^m180.   M. Chialiva.

392. Surimono format shikishi.

Portrait de la courtisane Jigoku, vêtue d'un kimono à décor de personnages.

De la série *Yukun Samban Tsuzuki*, trois fameuses courtisanes.

Signée : Hokkeï.

H. 0^m210. — L. 0^m180.   M. Vever.

393. Surimono format shikishi.

Scène de jour de l'an. Des gens se congratulent auprès du château de Chiyoda à Yedo.

Signée : Hokkeï.

H. 0^m195. — L. 0^m170.   M. Rouart.

394. Surimono format shikishi.

Kintoki s'amusant à faire lutter ensemble un cerf et un jeune tengu, dans la montagne Ashigara.

De la série *Yama mata Yama*, montagnes après montagnes.

Signée : Hokkeï, yégaku. Gravée par Namijiro.

Éditeur Shiba Mankichi.

H. 0^m208. — L. 0^m185.   M. Vever.

395. Surimono format shikishi.

Un prêtre Shintoïste, avec une torche allumée à la main, s'enfuit devant une grande vague, au moment de la fête du temple Mékari no Jinsha.

Signée : sur commande, Hokkeï, fudé.

Pl. 117. — H. 0^m195. — L. 0^m180.   M. Vever.

396. Chuban.

Paysage chinois animé de personnages. Impression en bleu. Illustration d'un poème du Toshisen (recueil de poèmes de la dynastie Tang).

De la série *Toshigwafu*, illustrations des poèmes chinois de la dynastie Tang.

Signée : Hokkeï.

H. 0^m240. — L. 0^m175.   M. Bing.

397. Chuban.

Paysage chinois animé de personnages. Un chemin de montagne passant sur un pont auprès d'une cascade. Impression en bleu et vert.

Même série que ci-dessus.

Signée : Hokkeï.

Pl. 118. — H. 0^m250. — L. 0^m178.   M. Jean Lebel.

398. Surimono. Grand format en hauteur.

Une scène dans le Gekkyuden, palais que la légende place dans la lune. C'est la représentation d'un heureux rêve que fait un jeune couple. Impression avec rehauts d'or et d'argent.

Signée : Hokkeï.

H. 0^m420. — L. 0^m180.   M. Odin.

399. Oban tatéyé.

Une carpe remontant une cascade. Tirage en brun avec rehauts d'argent.

Signée : Hokkeï. Cachet : Kiko.

H. 0^m380. — L. 0^m255.   M. Vever.

400. Grand surimono, oban tatéyé.

Un chapeau de soleil et une branche de glycine. Allusion à la légende de Fuji-himé.

Signée : Toto Hokkeï.

H. 0ᵐ370. — L. 0ᵐ252.   M. ODIN.

KEIRI

401. Surimono format shikishi.

Jeune femme vêtue d'un manteau rouge, représentant Daruma, traversant la mer sur une feuille de roseau.

Signée : Kei-ri.

H. 0ᵐ215. — L. 0ᵐ185.   M. Jean LEBEL.

GANGAKUSAI

402. Petit surimono.

Un bac sur la Sumida. Les passagers regardent une tortue qui s'enfuit en nageant et qu'un enfant montre du doigt.

Signée : Gangakusaï.

H. 0ᵐ195. — L. 0ᵐ130.   M. MARTEAU.

SHIGENOBU

403. Surimono format shikishi.

Un petit chien jouant avec une balle.

Cachet : Ryusen (Yanagawa Shigénobu).

Pl. 118. — H. 0ᵐ205. L. 0ᵐ180.   M. BING.

RYUSAI

404. Surimono format shikishi.

Deux feuilles de paravent, représentant l'une Minamoto no Yoshi Yé sur un cheval, et l'autre un oiseau perché sur une branche fleurie.

Cachet : Ryusaï.

Pl. 118. — H. 0ᵐ210. — L. 0ᵐ185.   M. BOUASSE LEBEL.

TAIGAKU

405. Koban.

Un prêtre du temple de Kuyado, à Kyoto, se reposant sur le bord de la route. Impression en bleu-gris et noir.

Signée : Taïgaku.

H. 0ᵐ150. — L. 0ᵐ160.   Dʳ PONCETTON.

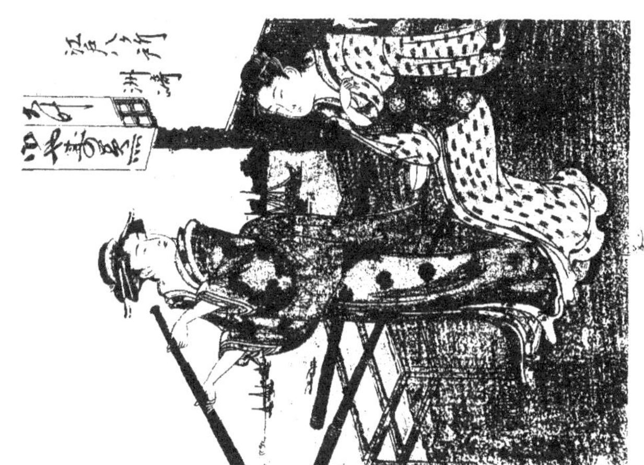

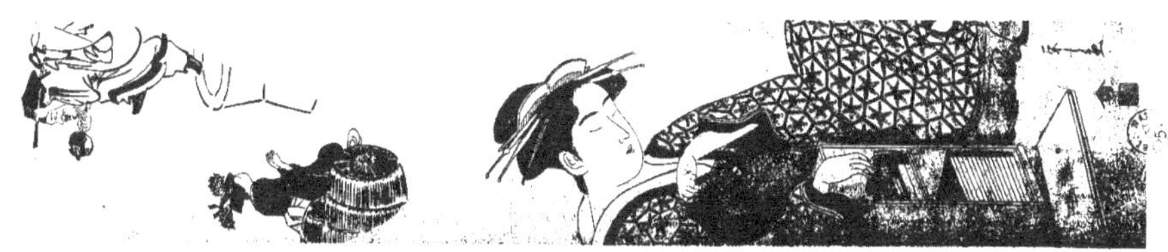

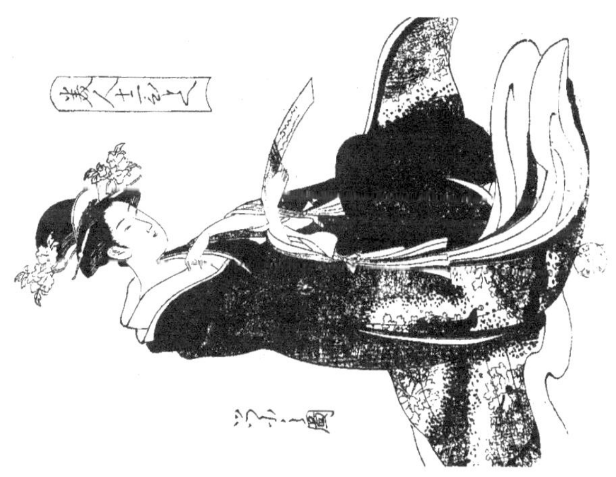

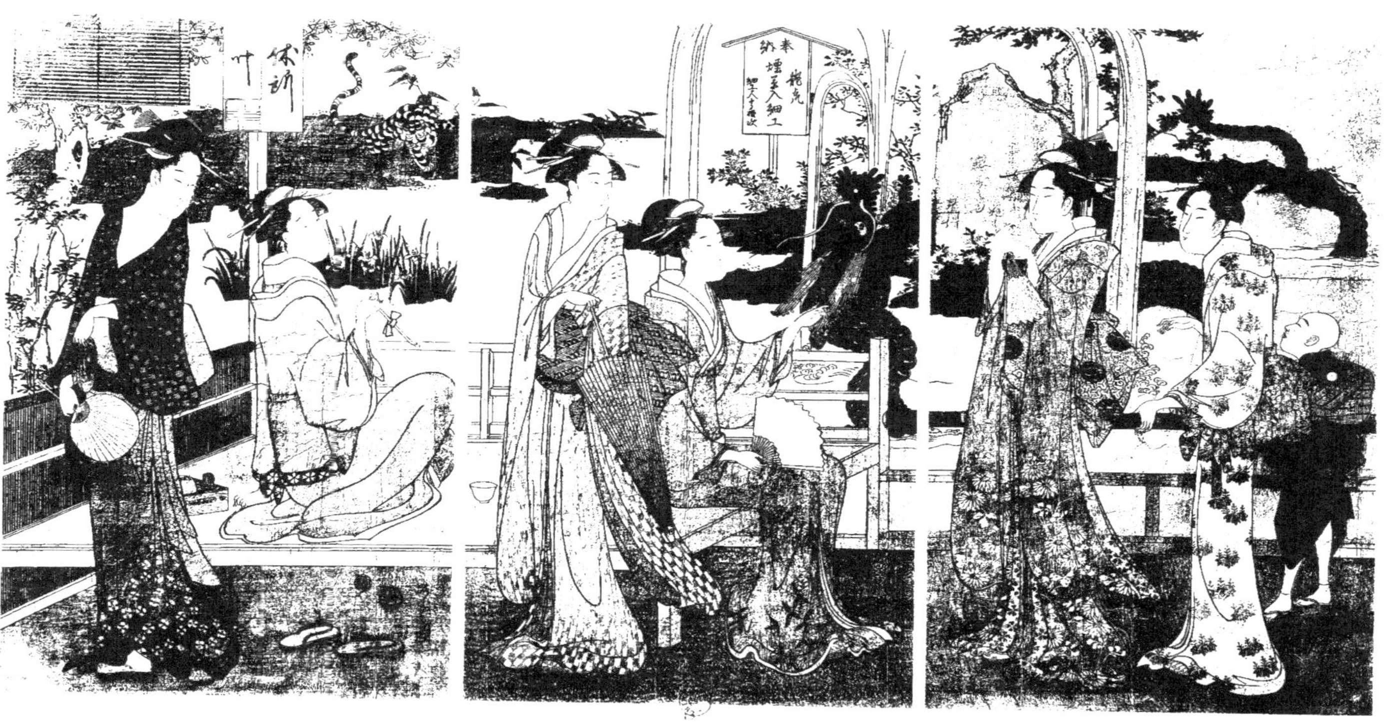

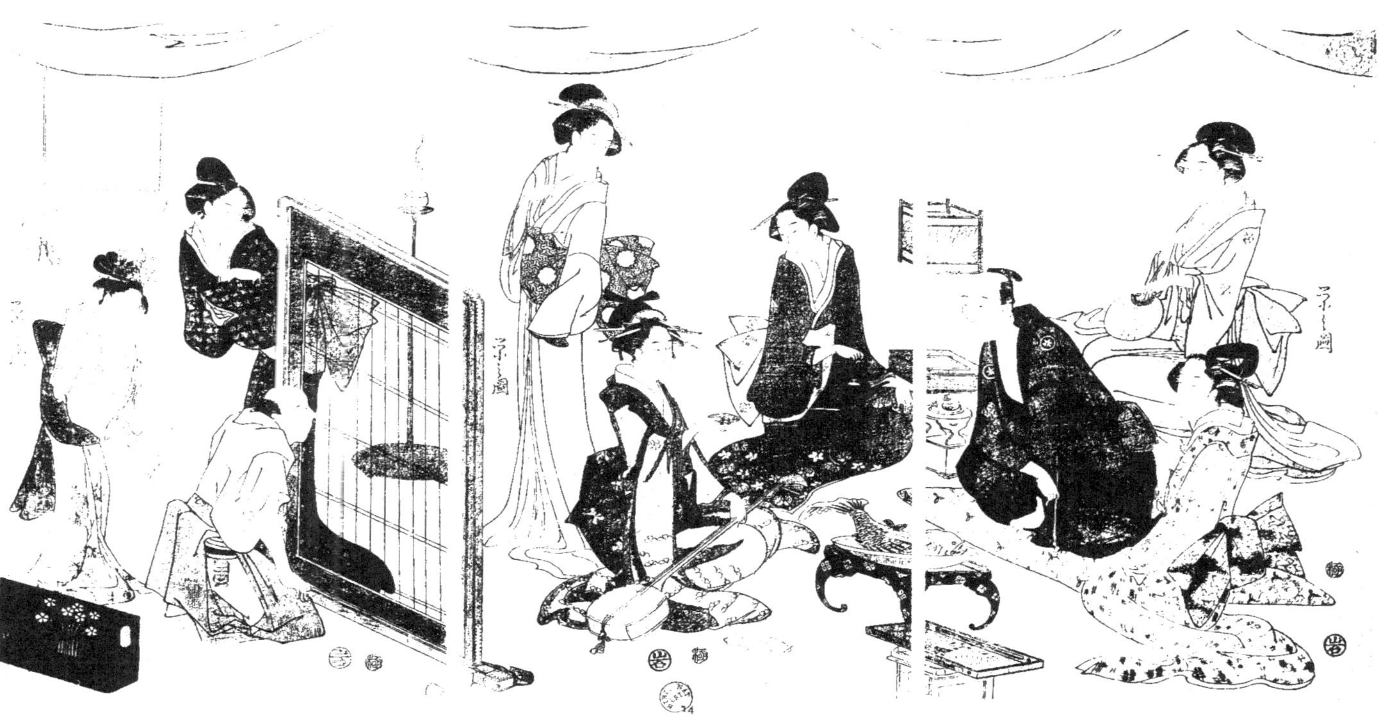

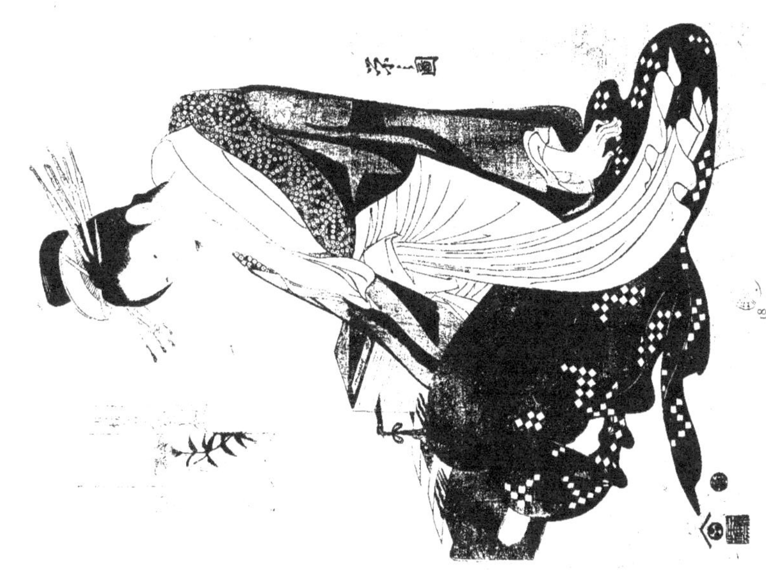

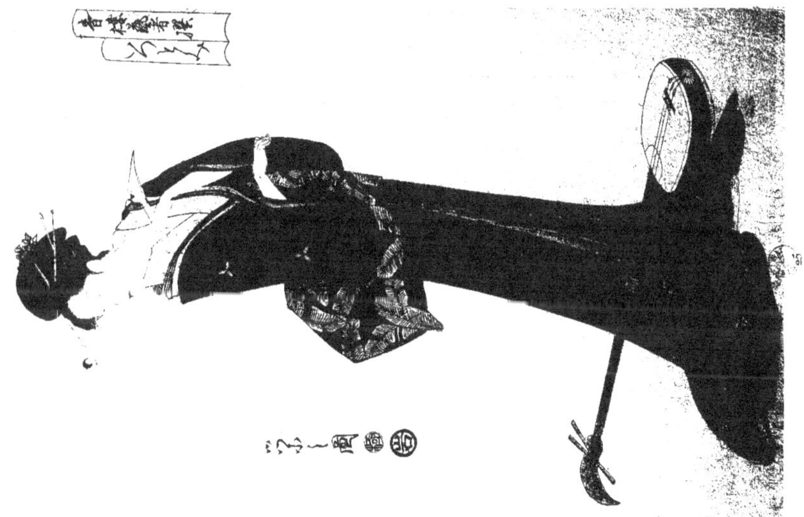

YEISHI. CHOKI. HOKUSAI

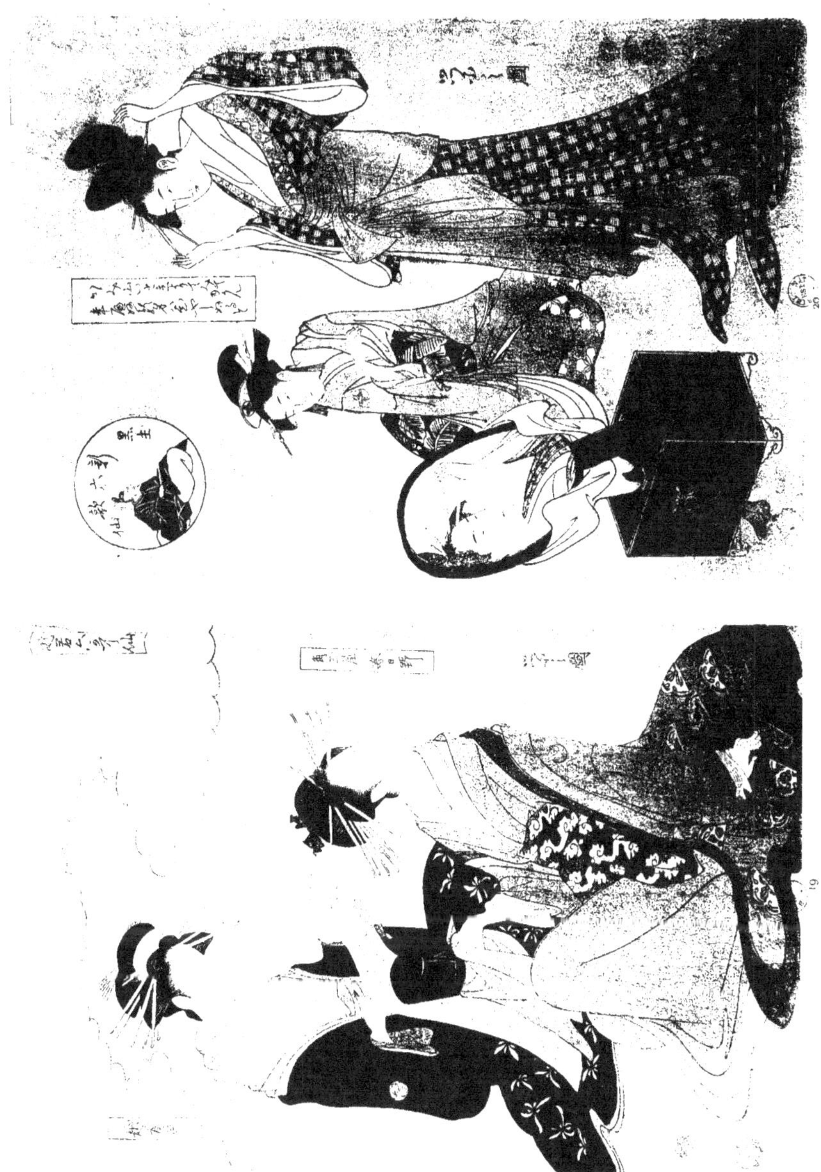

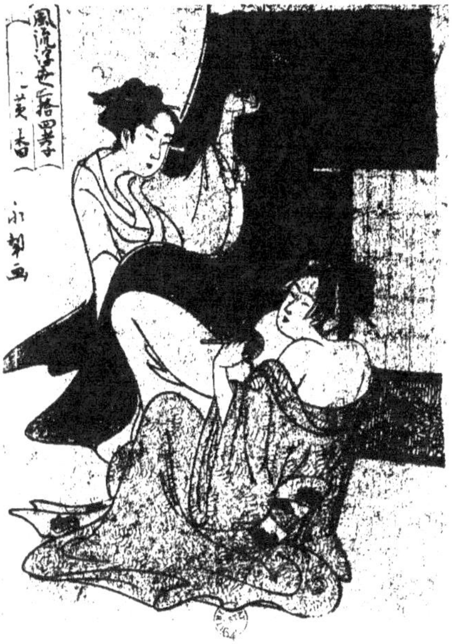

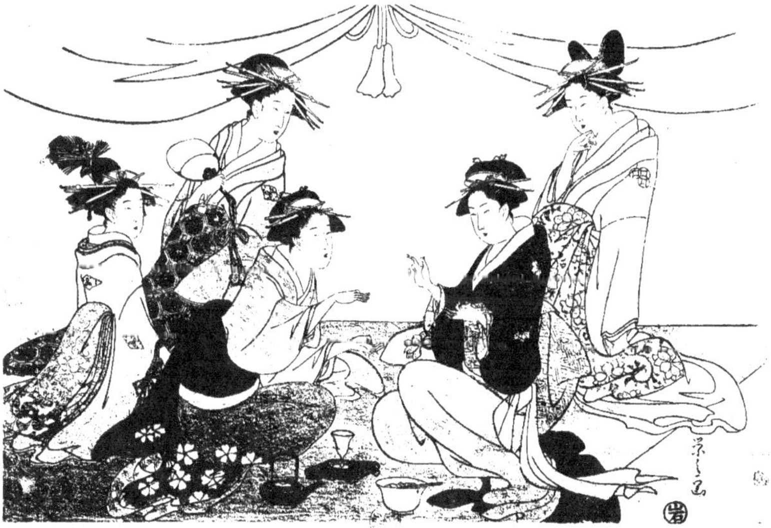

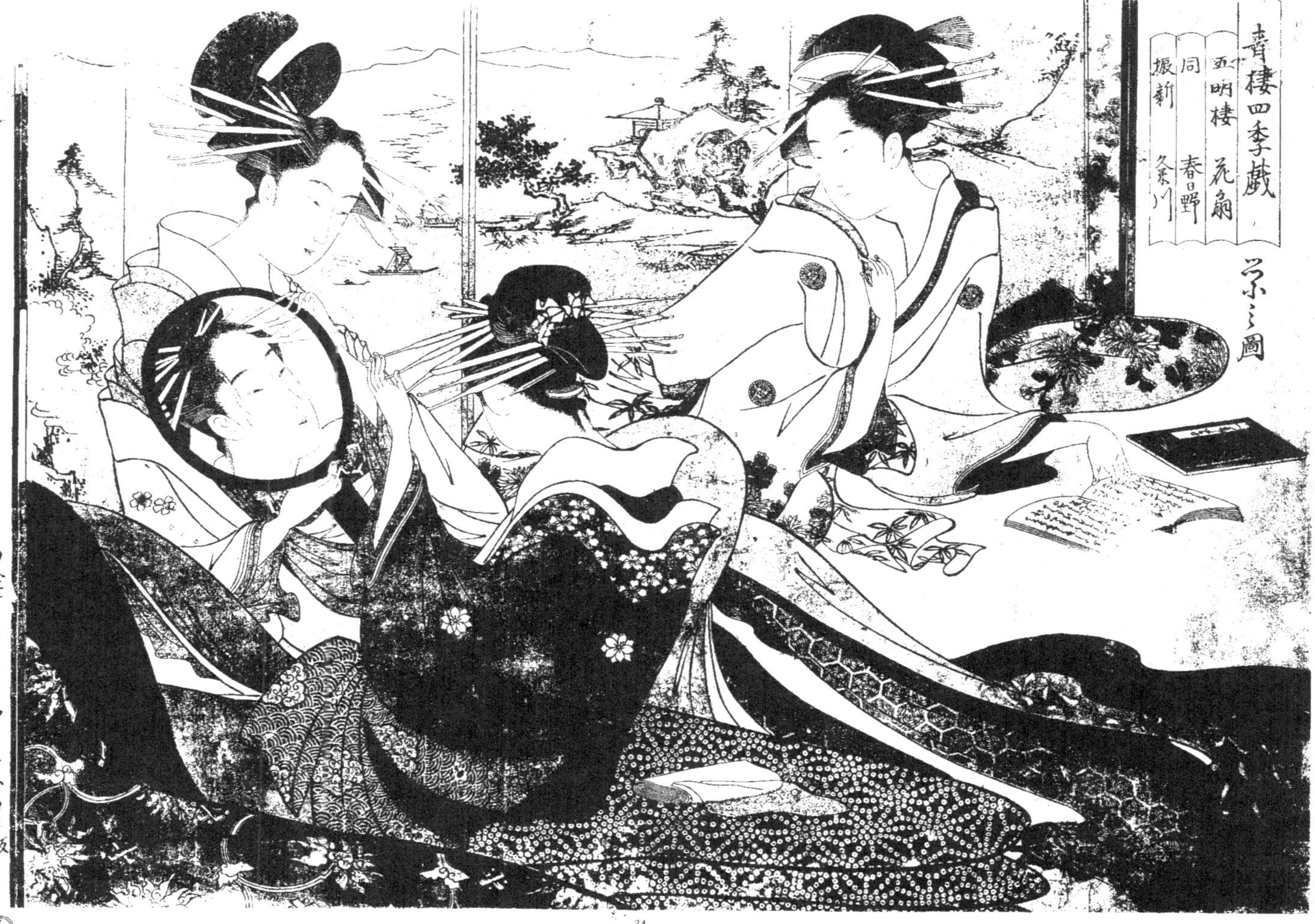
青楼四季戯
五明棲　花扇
同　春日野
扱新　久染川
馬喰丁三丁目　山口屋忠助板

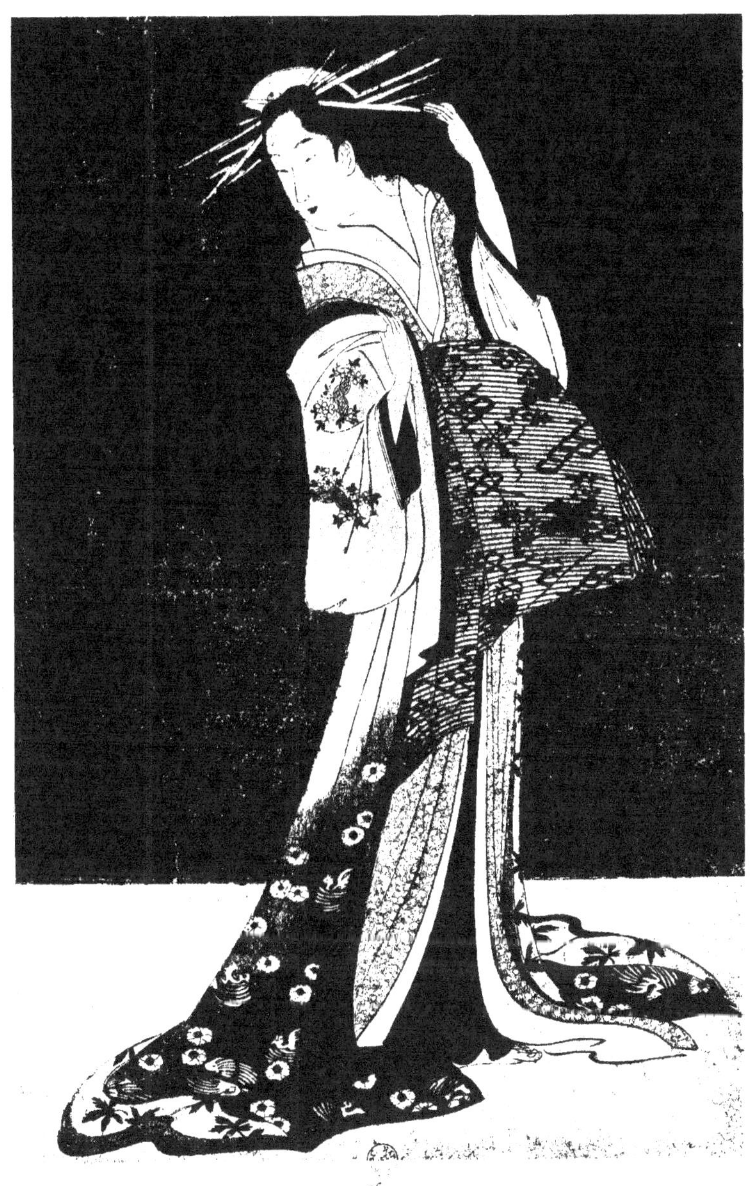

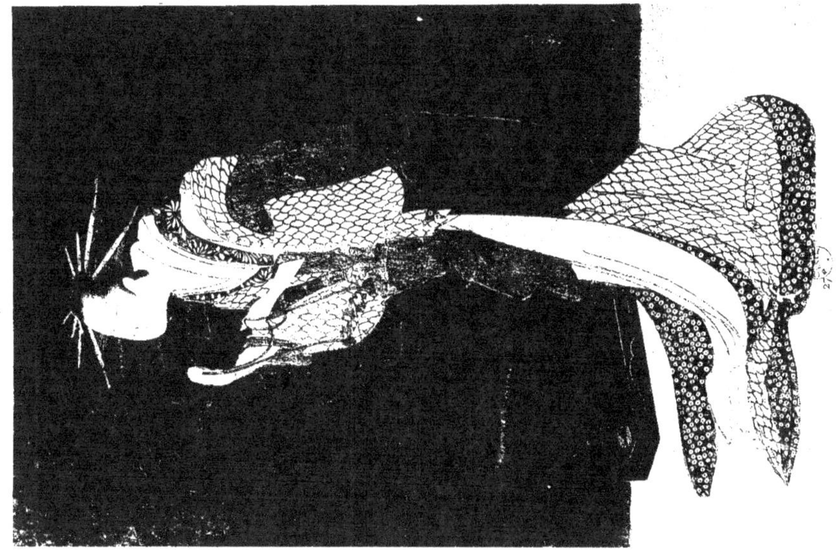

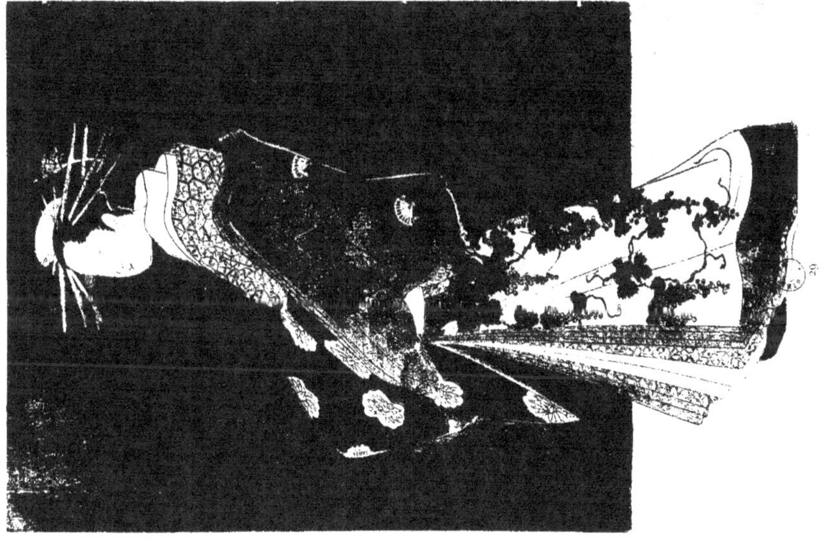

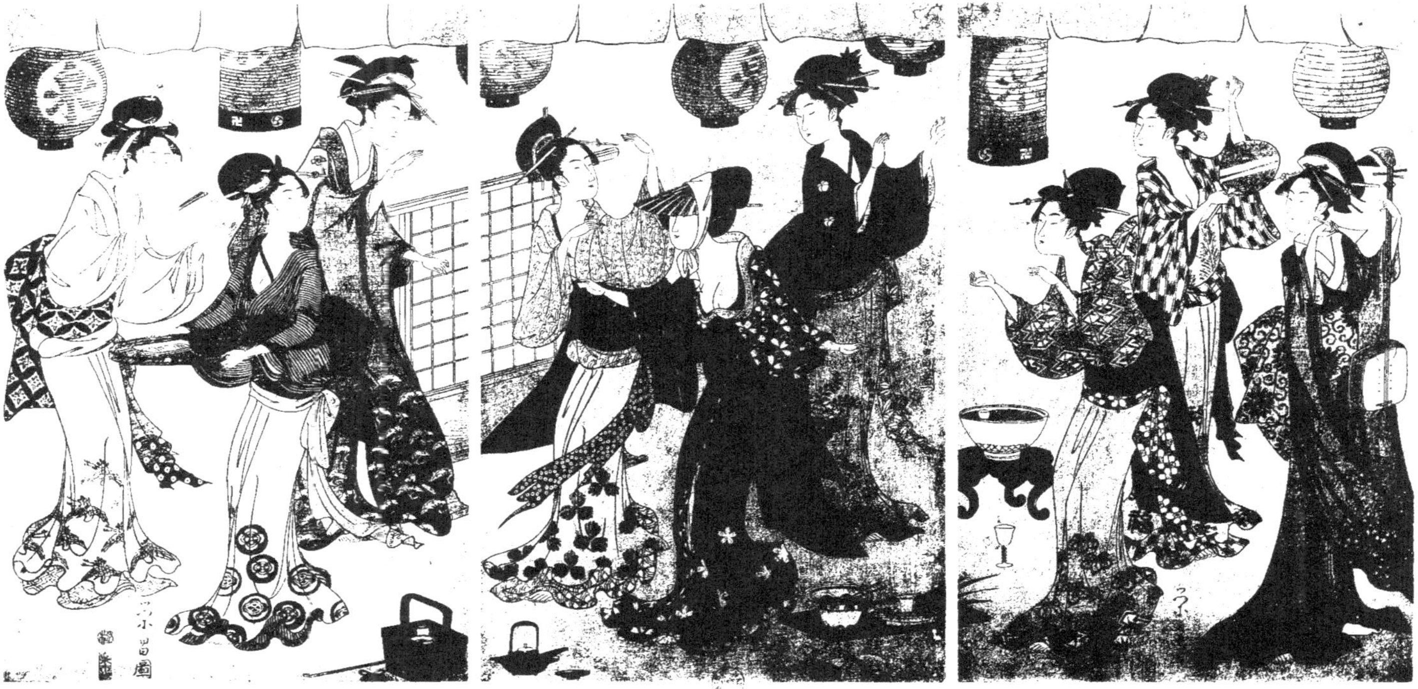

YEISHI, CHOKI, HOKUSAI

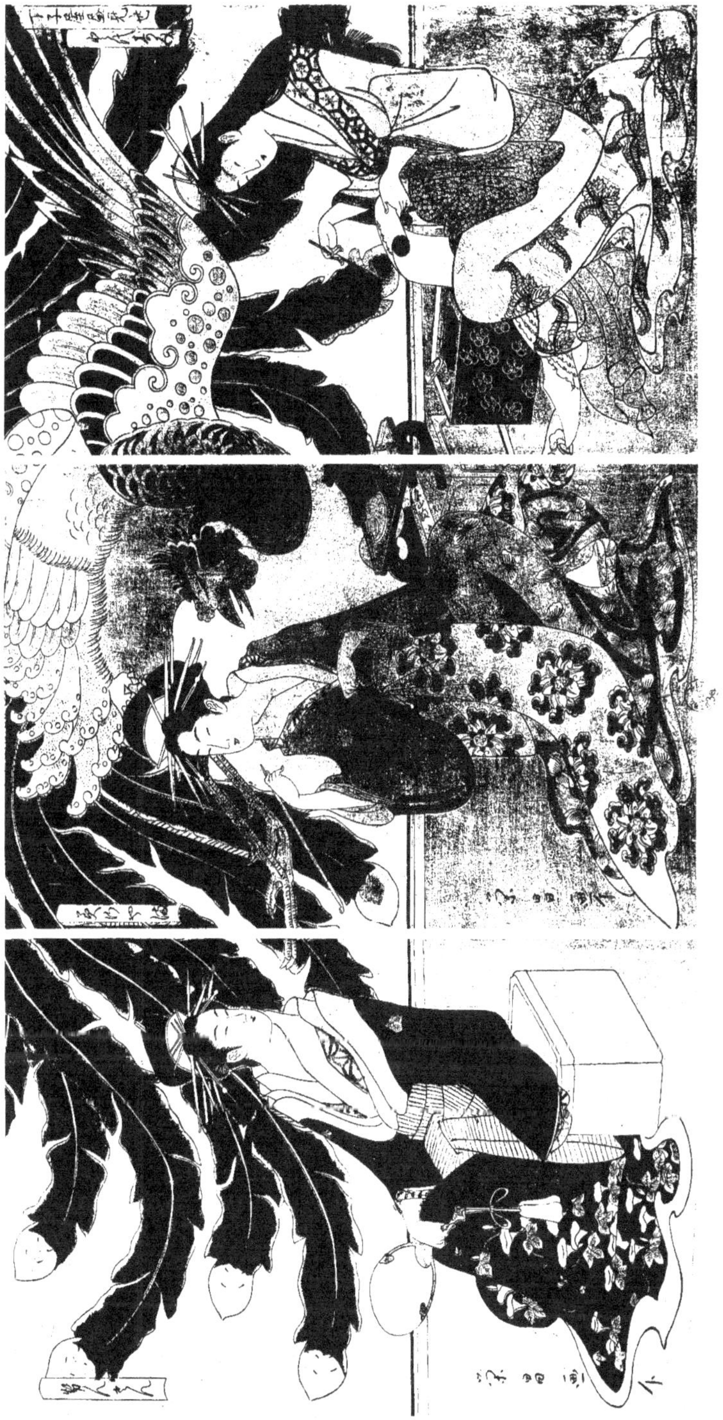

PL. XI

YEISHI, CHOKI, HOKUSAI

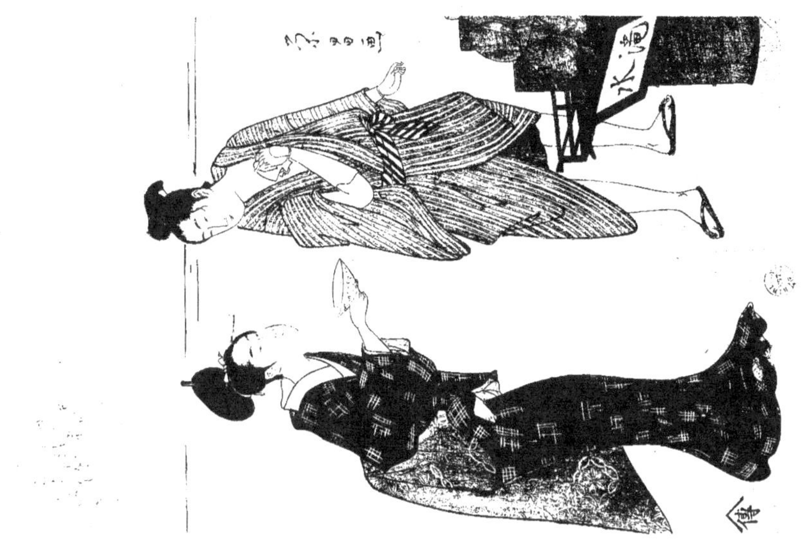

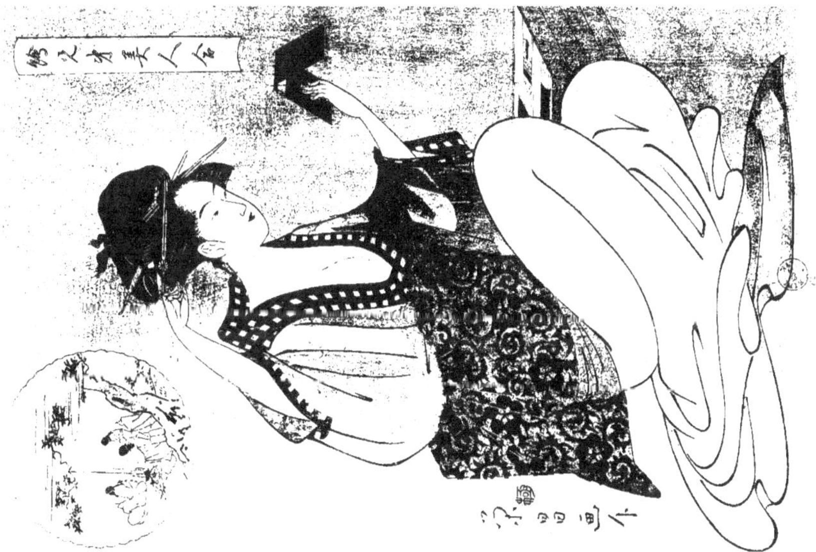

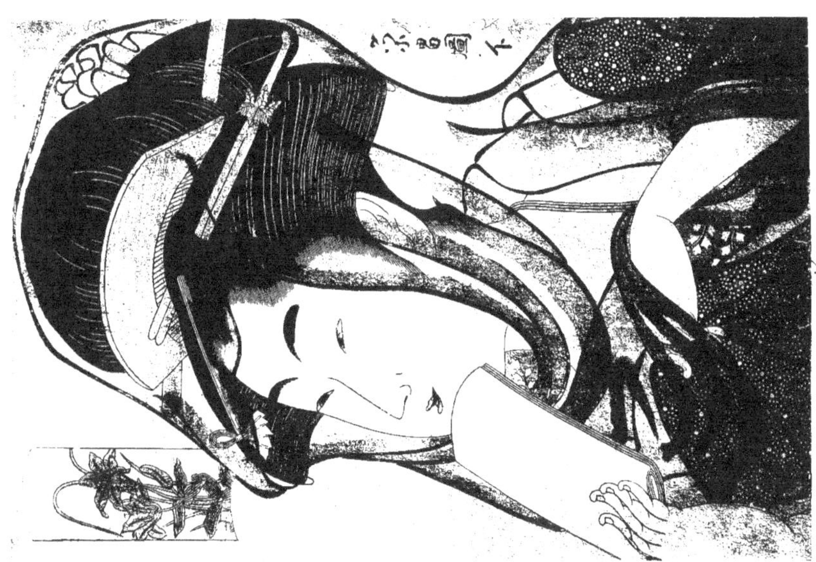

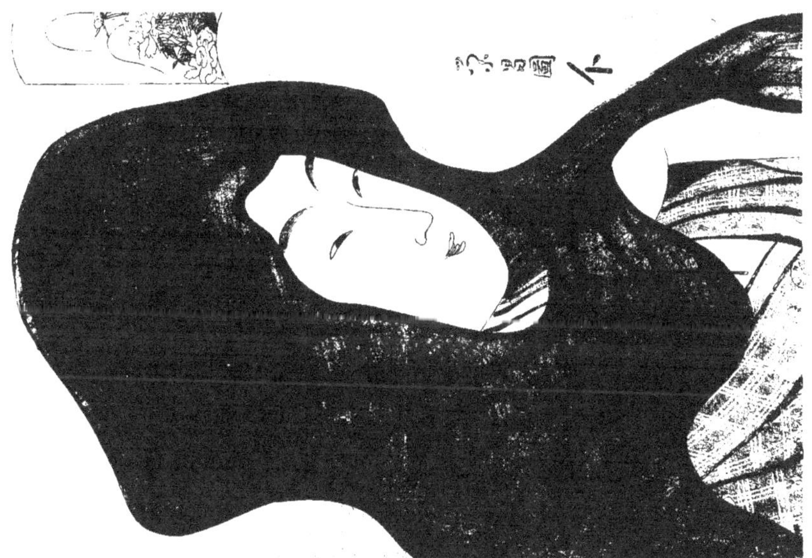

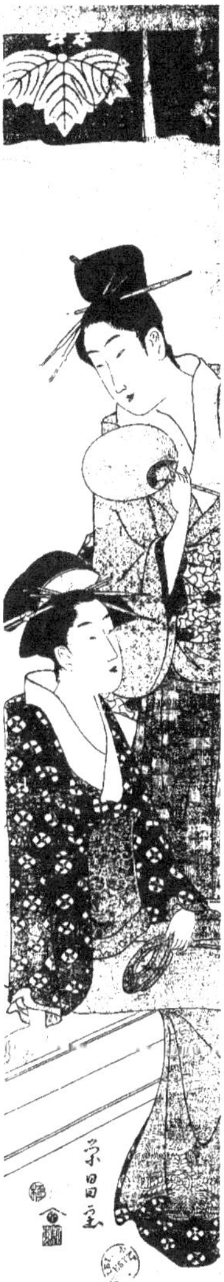

32

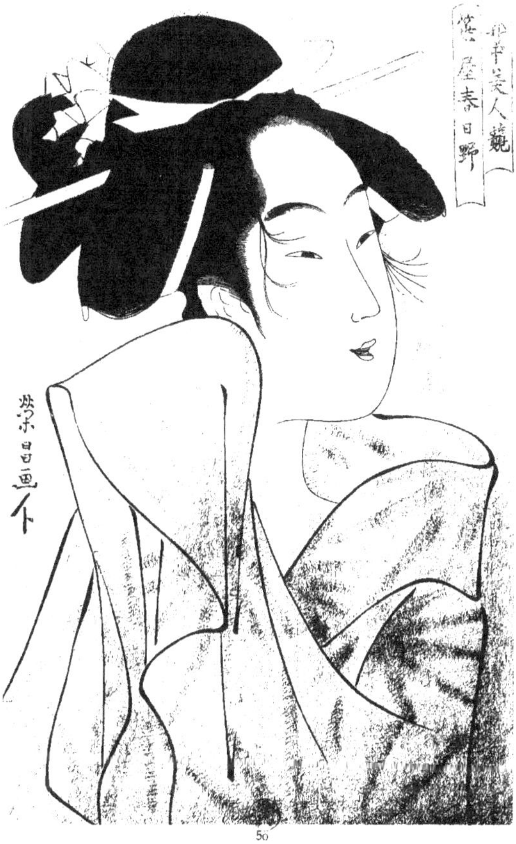

50

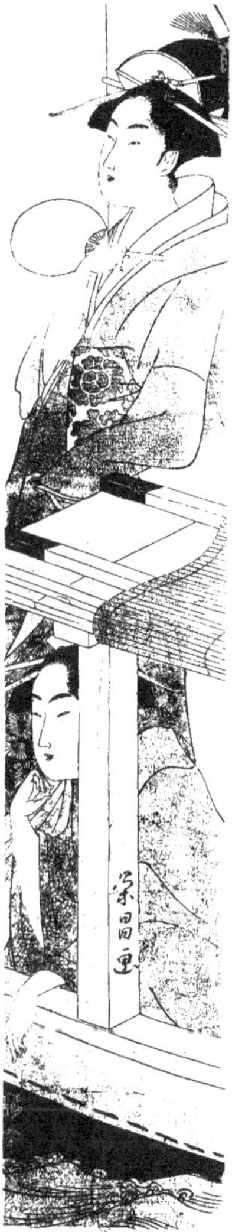

34

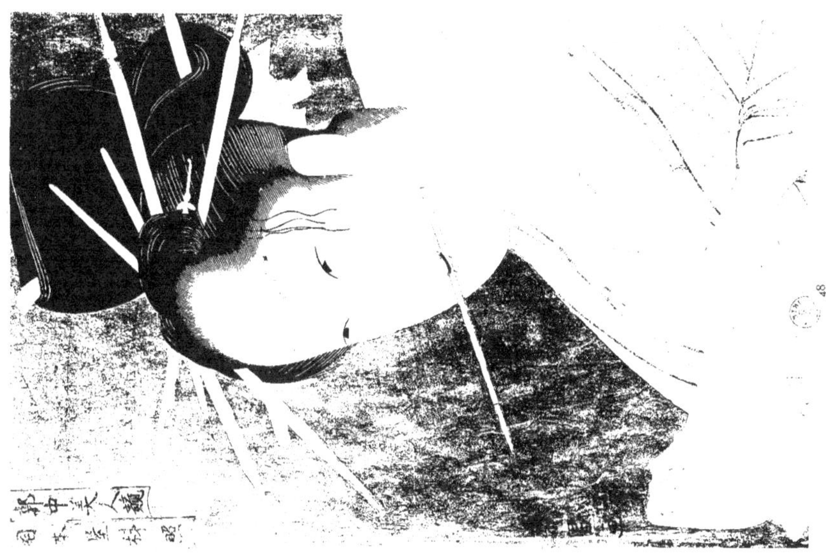

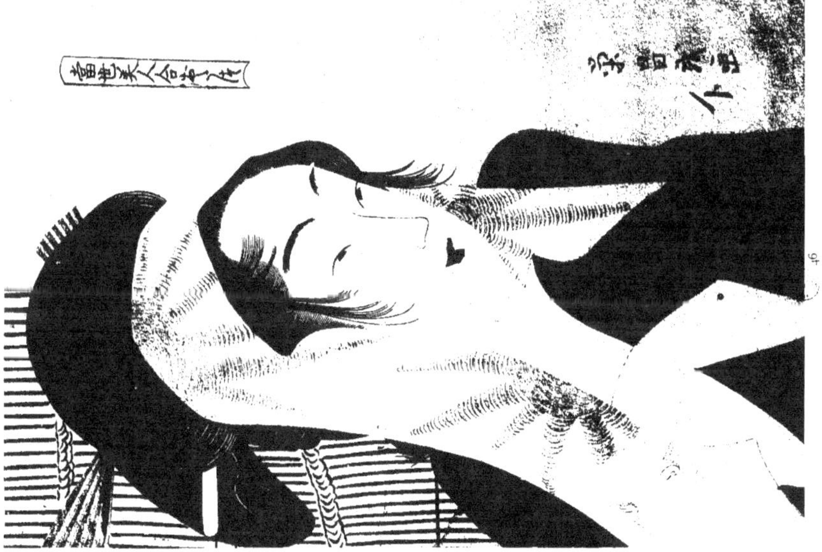

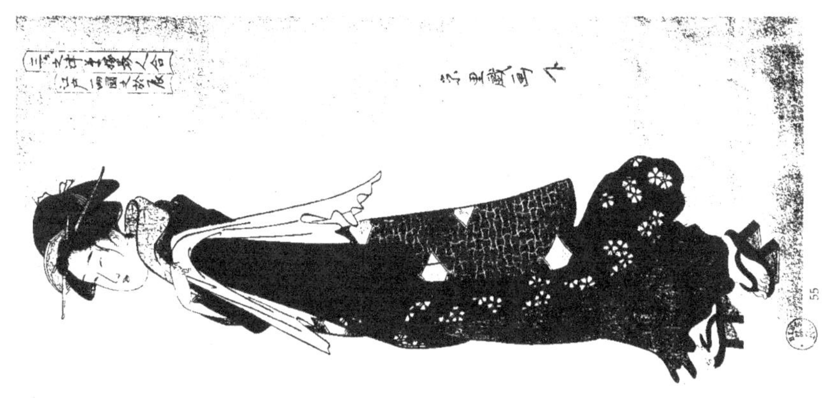

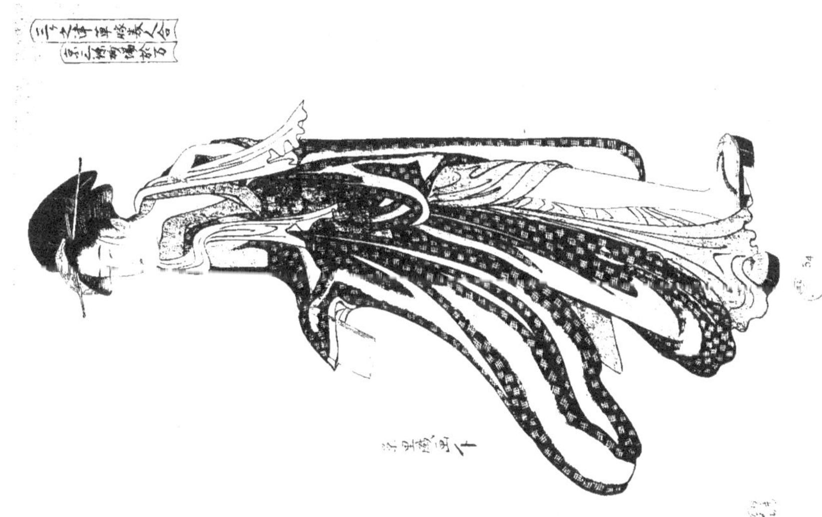

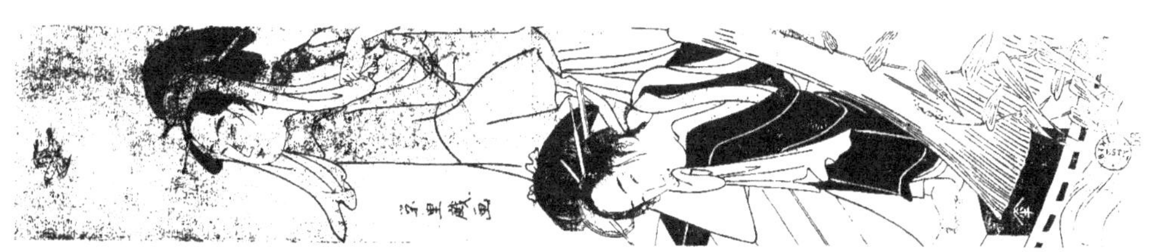

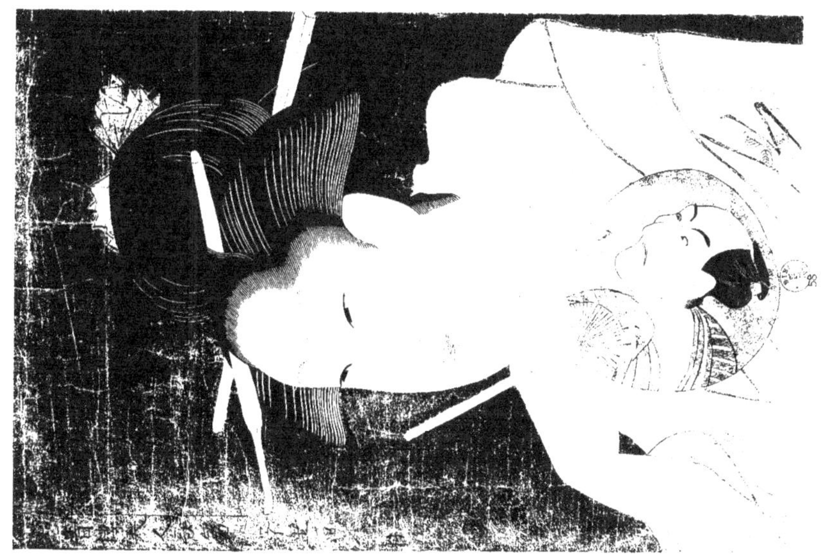

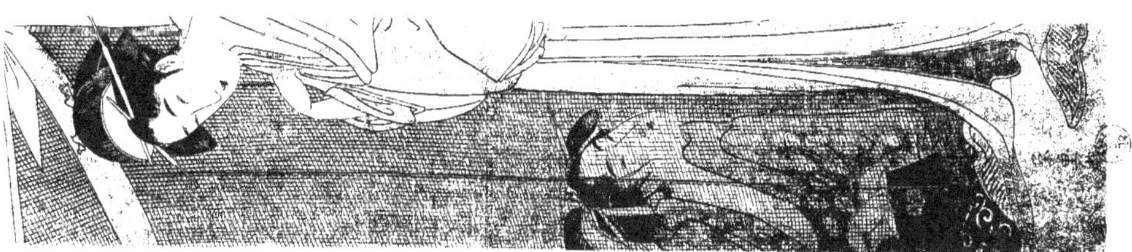

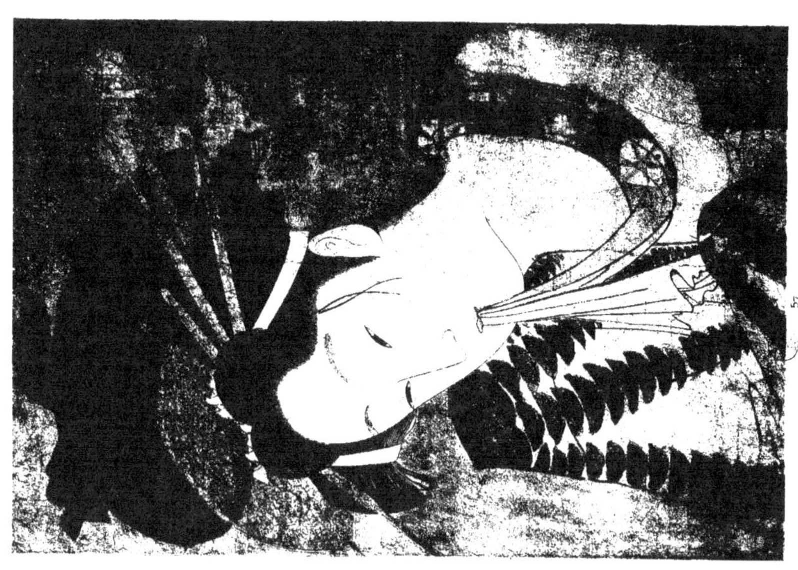

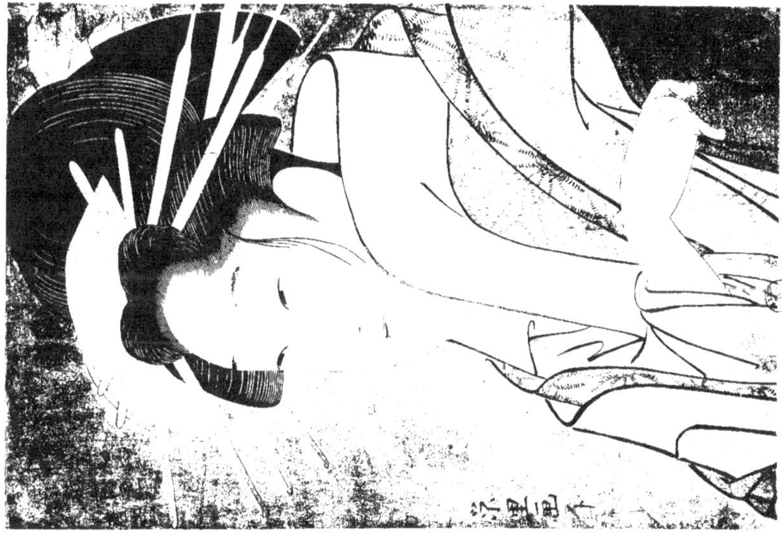

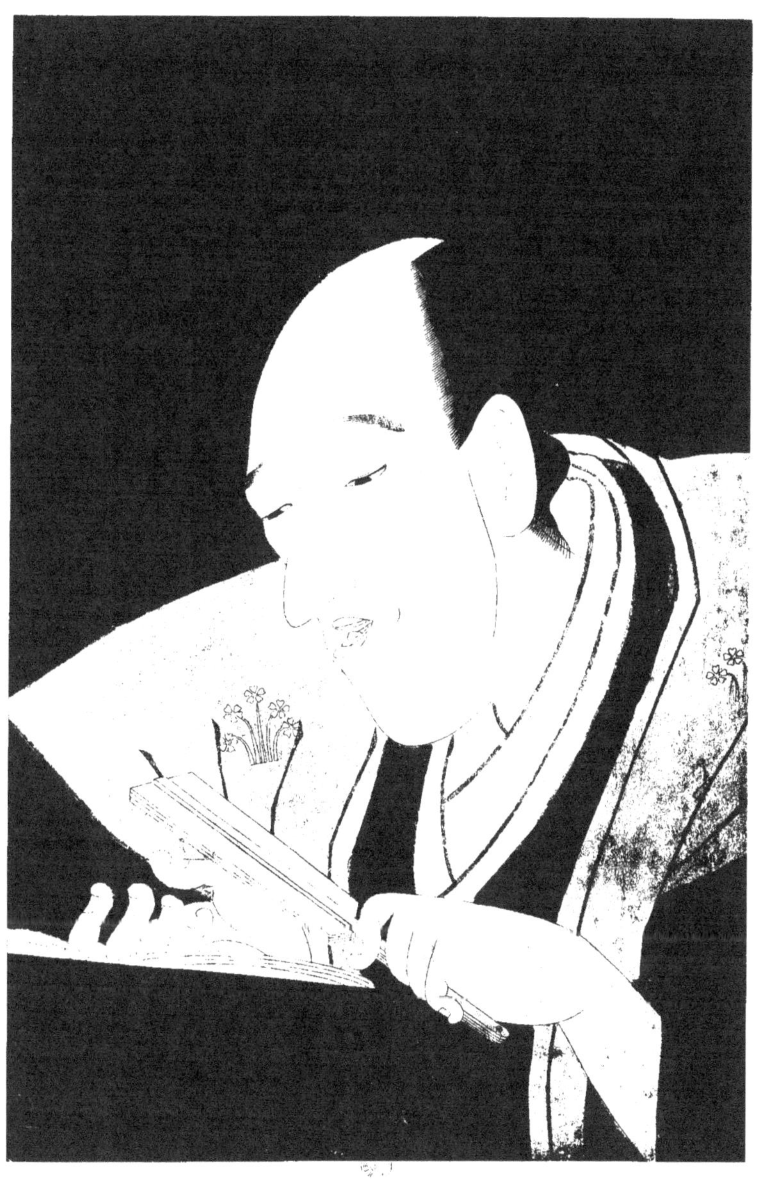

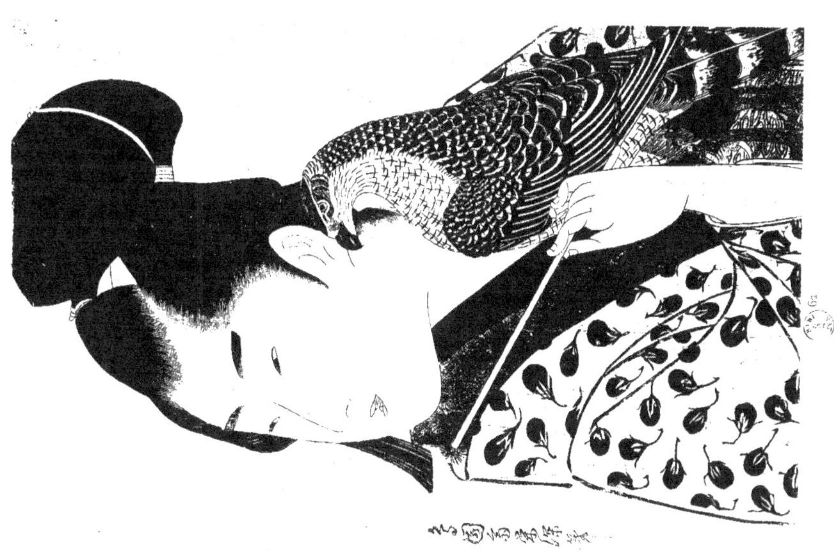

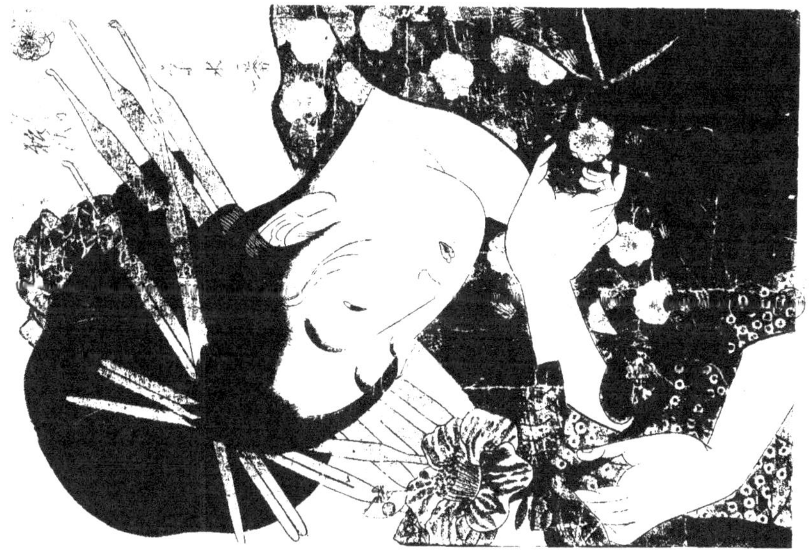

YEISHI, CHOKI, HOKUSAI

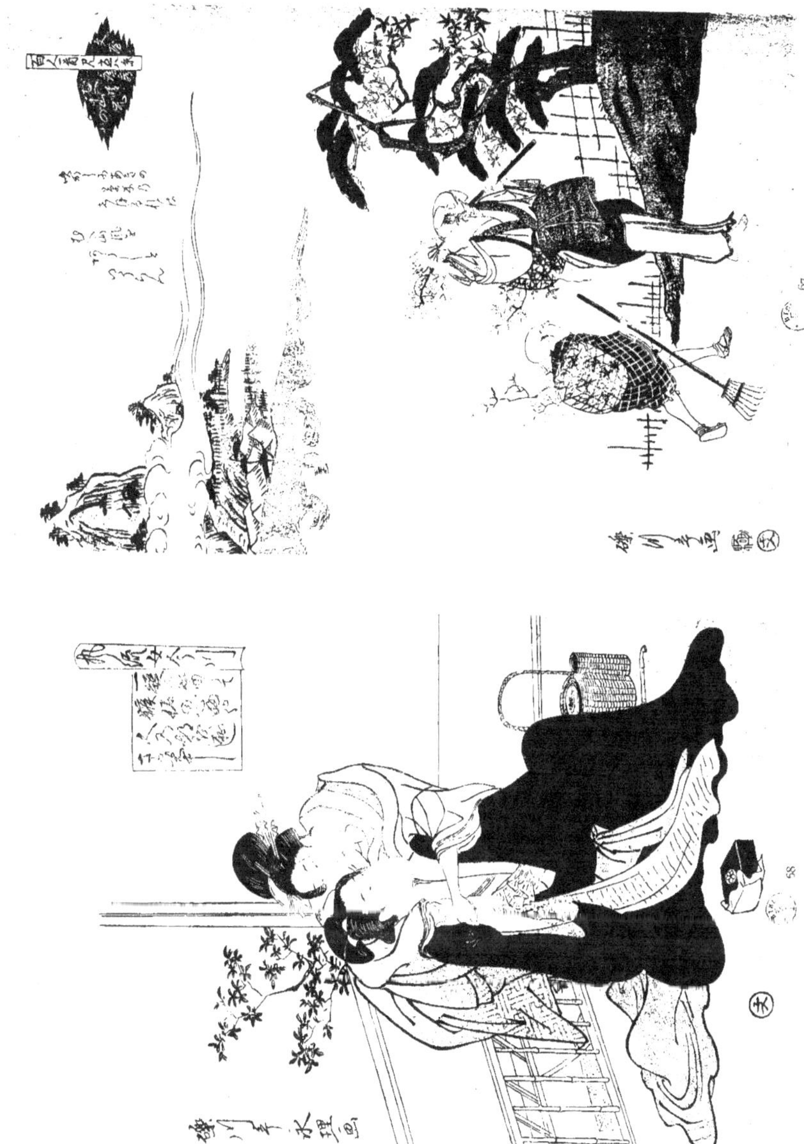

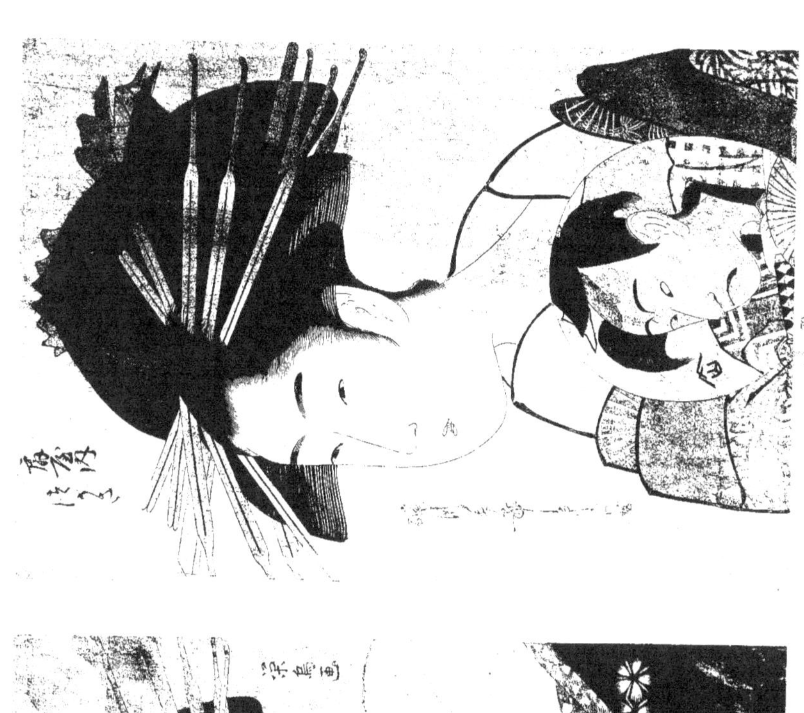

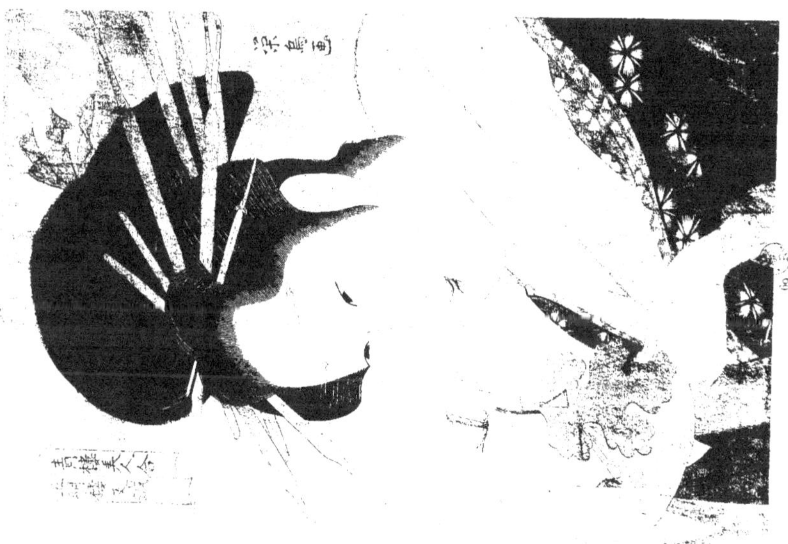

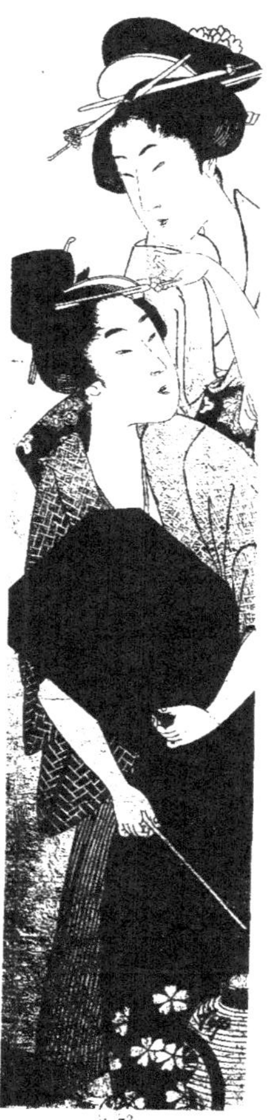

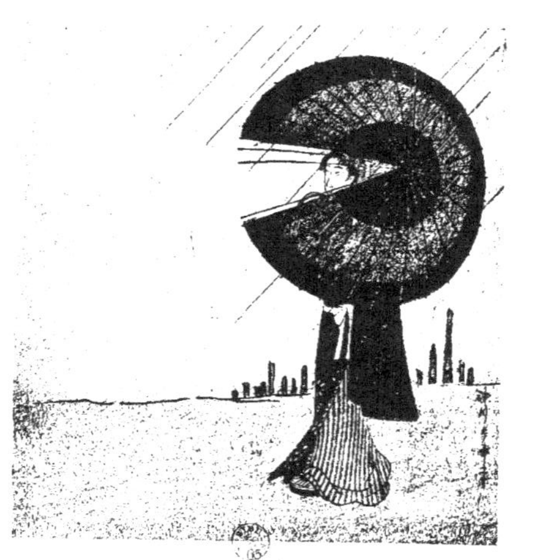

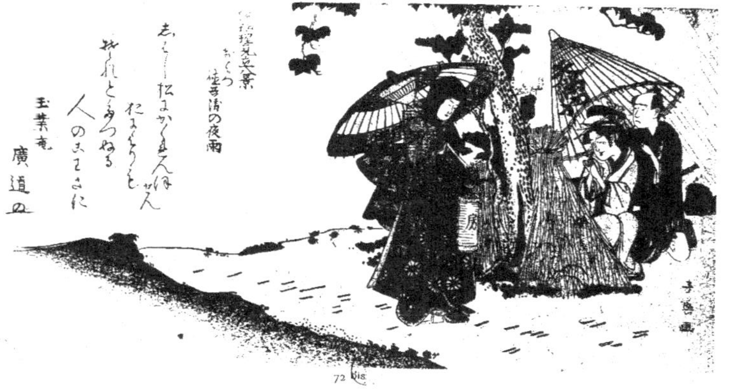

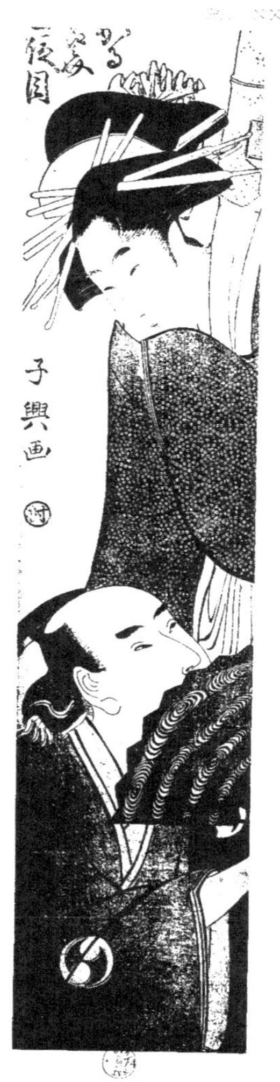

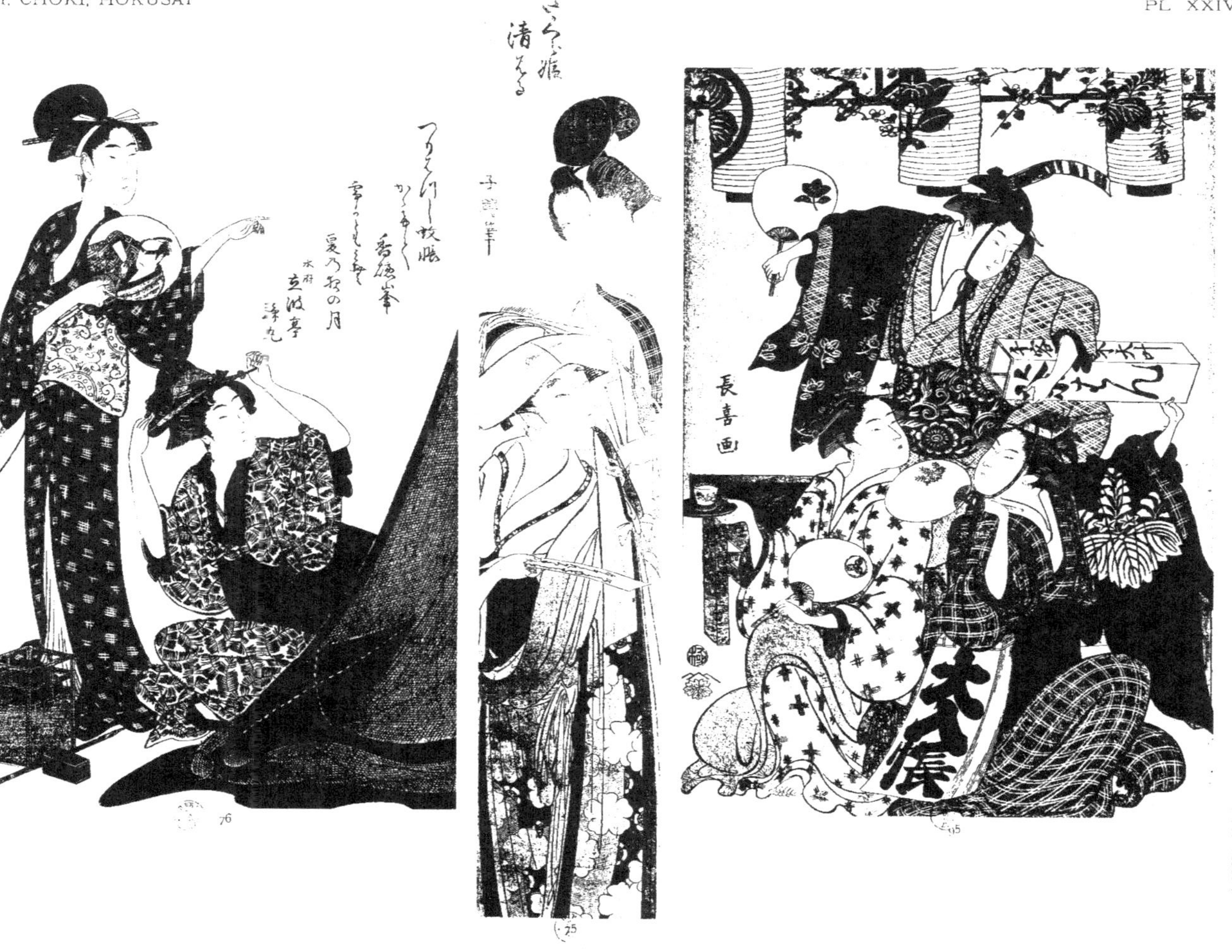

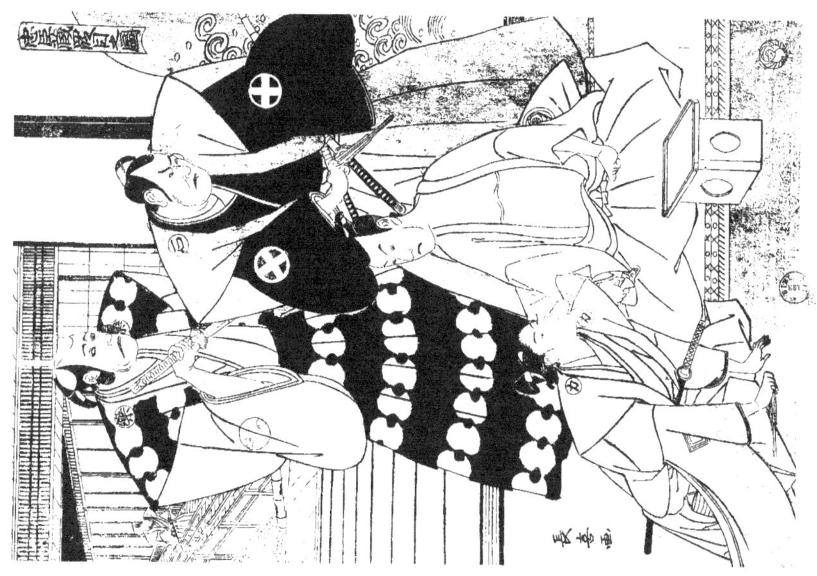

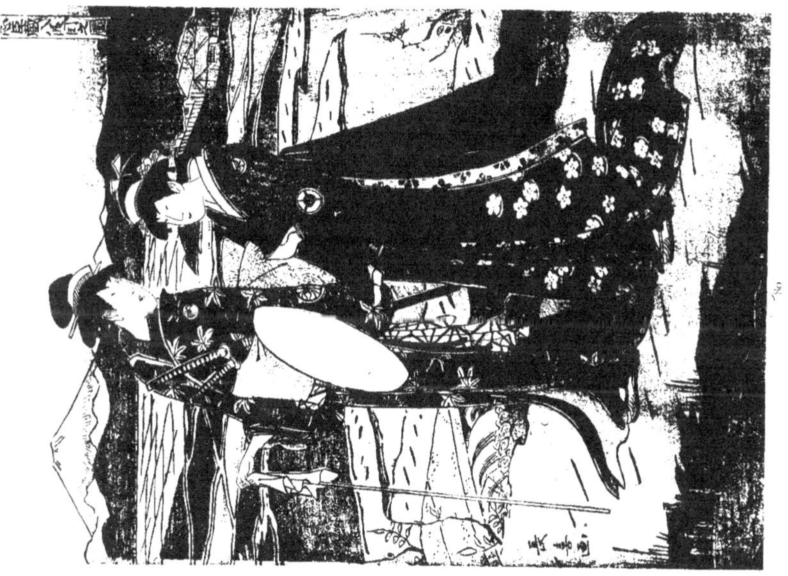

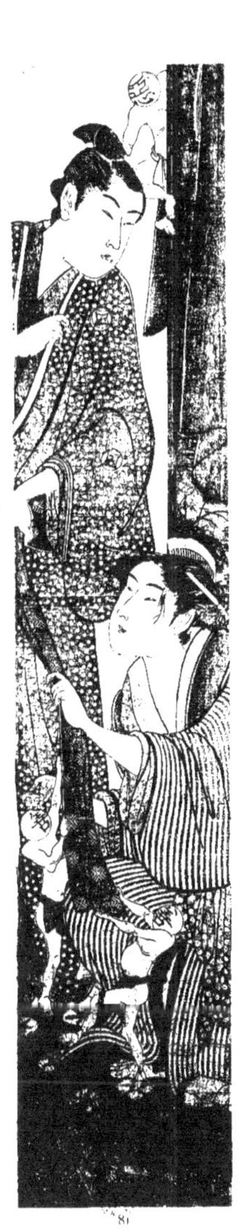

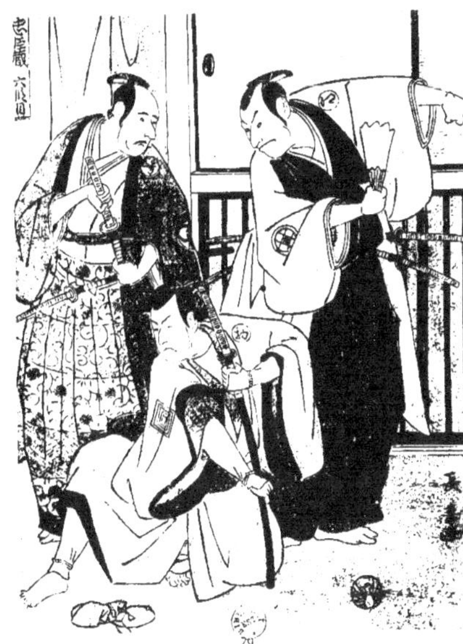

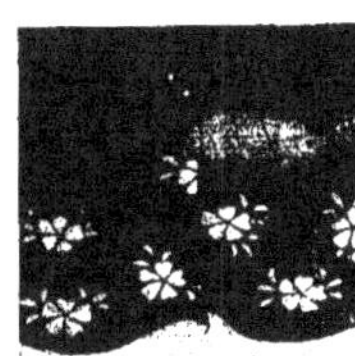

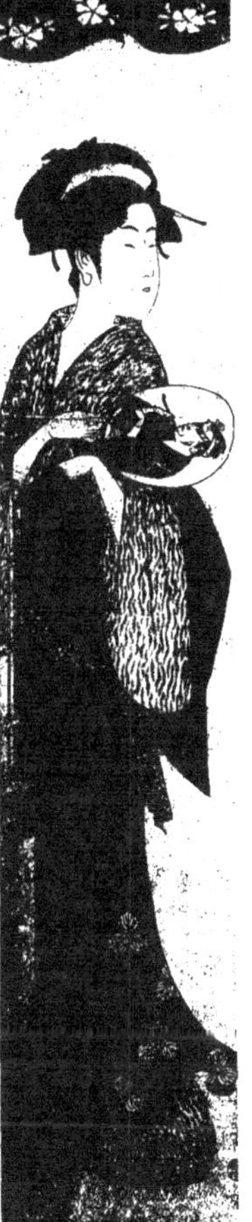

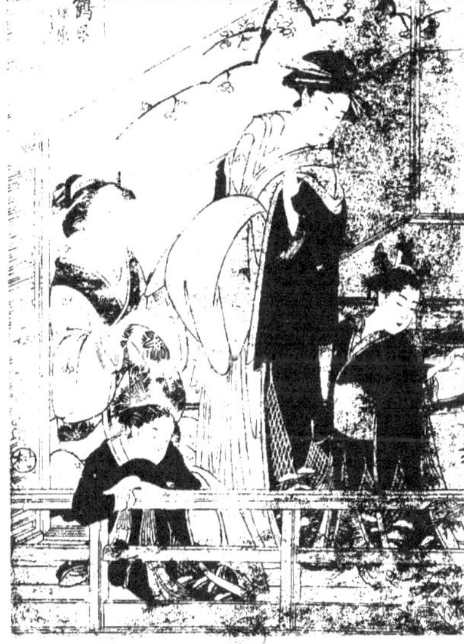

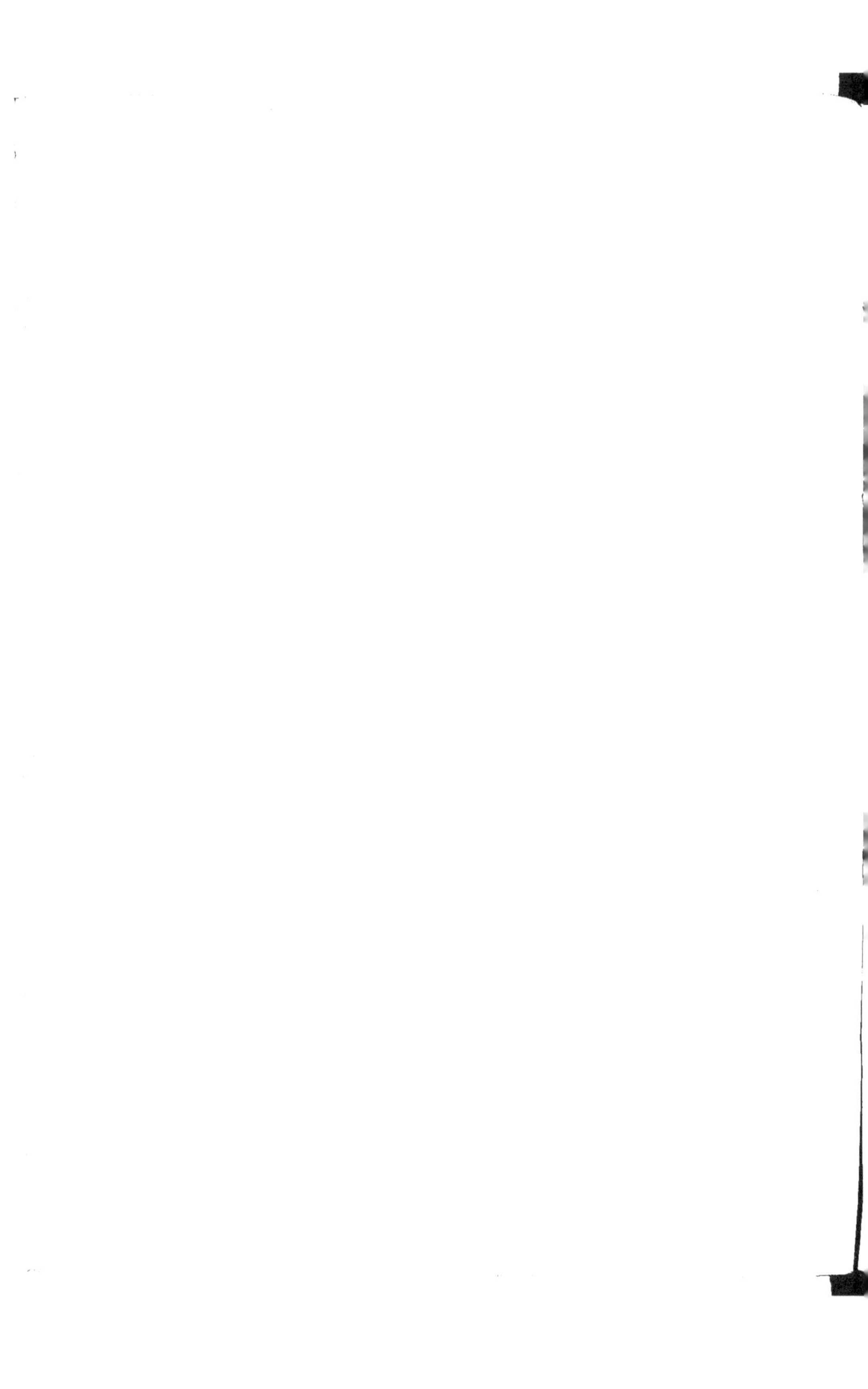

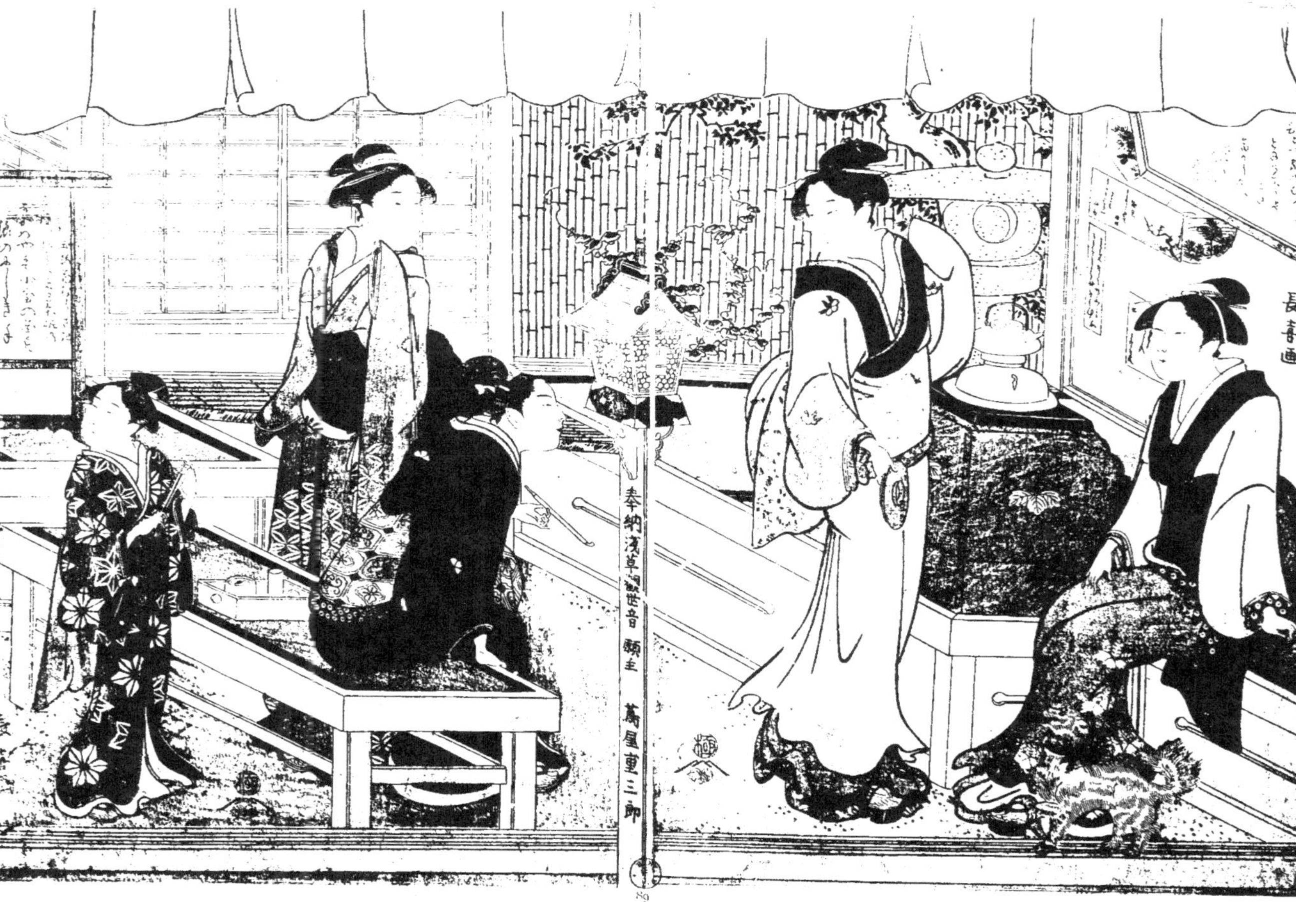
長喜画
奉納淺草觀世音願主
萬屋重三郎
長喜画

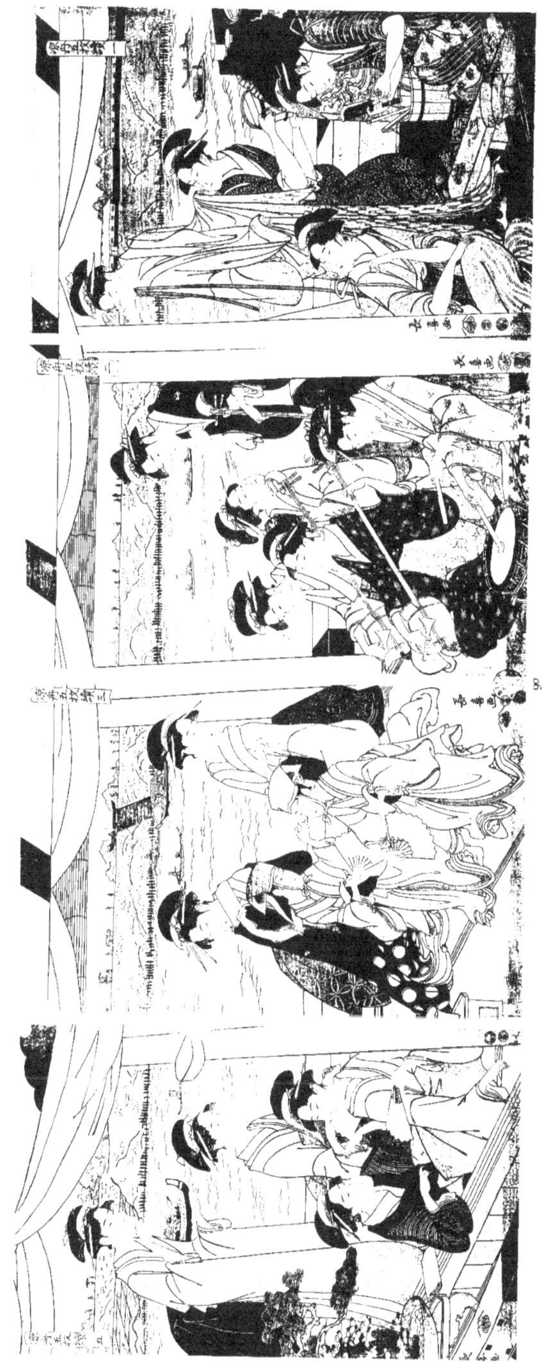

YEISHI, CHOKI, HOKUSAI

YEISHI, CHOKI, HOKUSAÏ

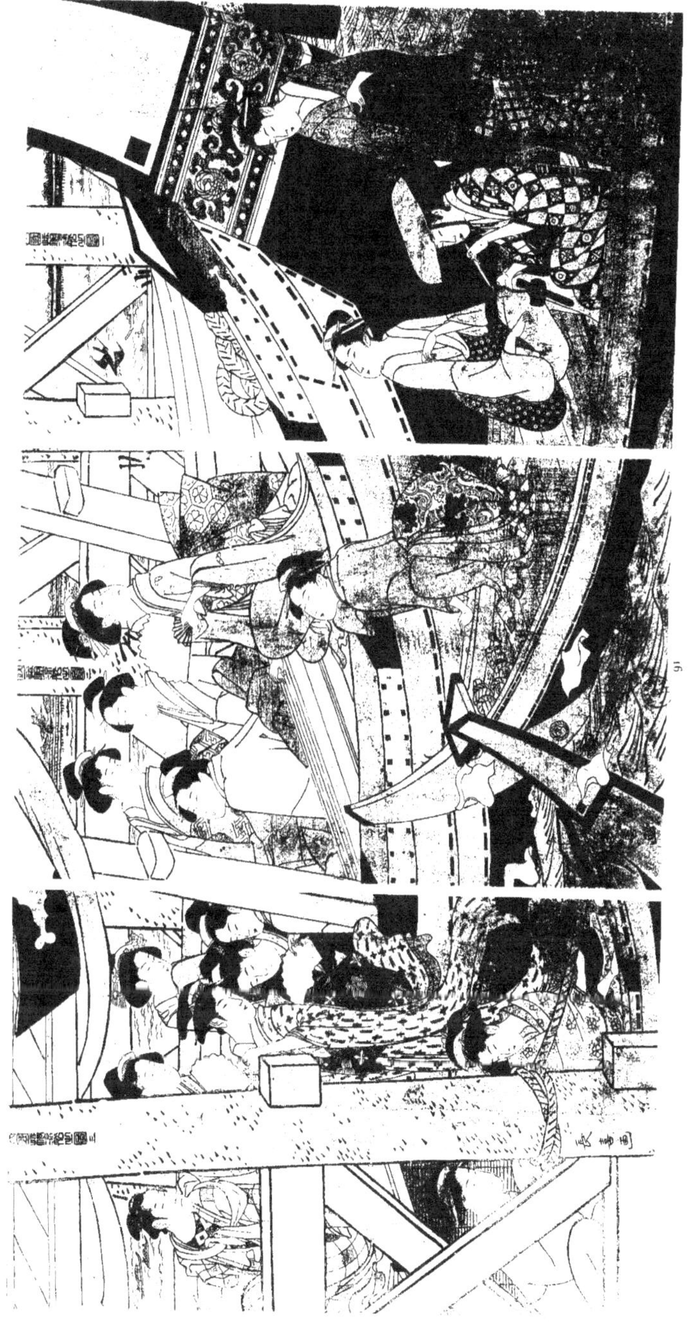

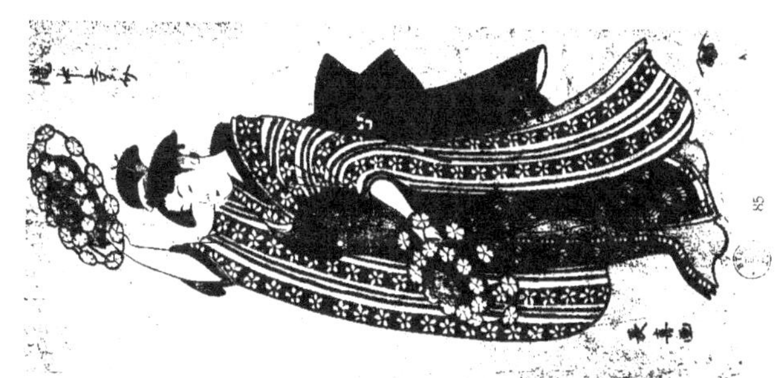

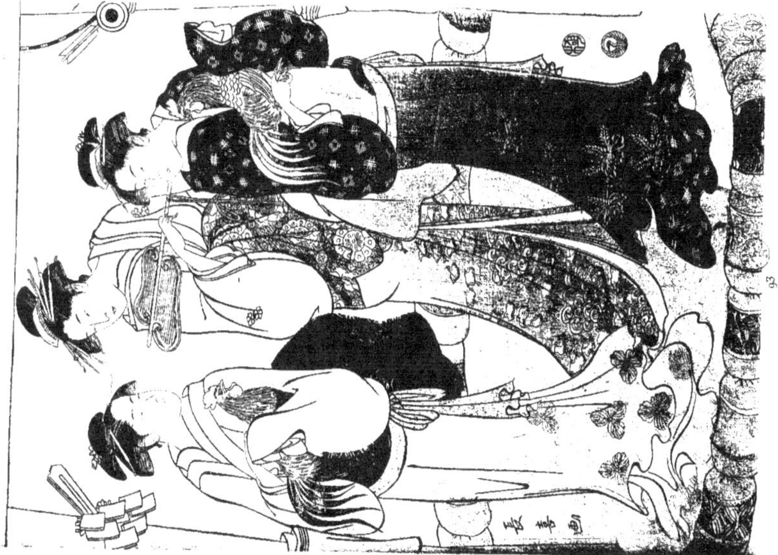

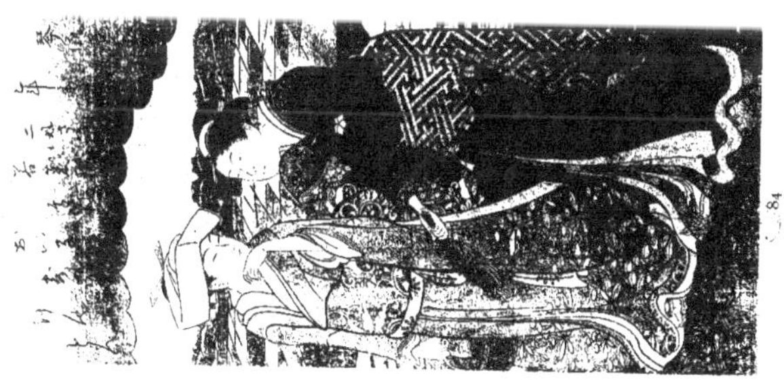

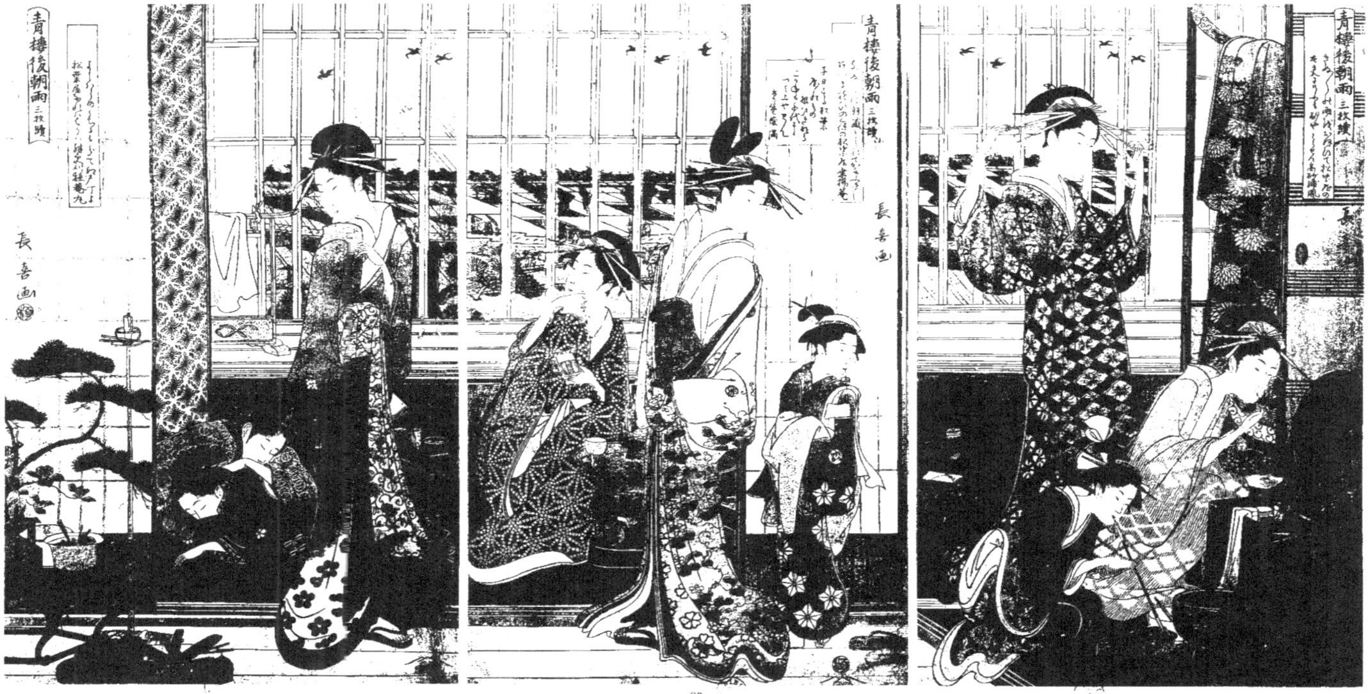

YEISHI, CHOKI, HOKUSAI

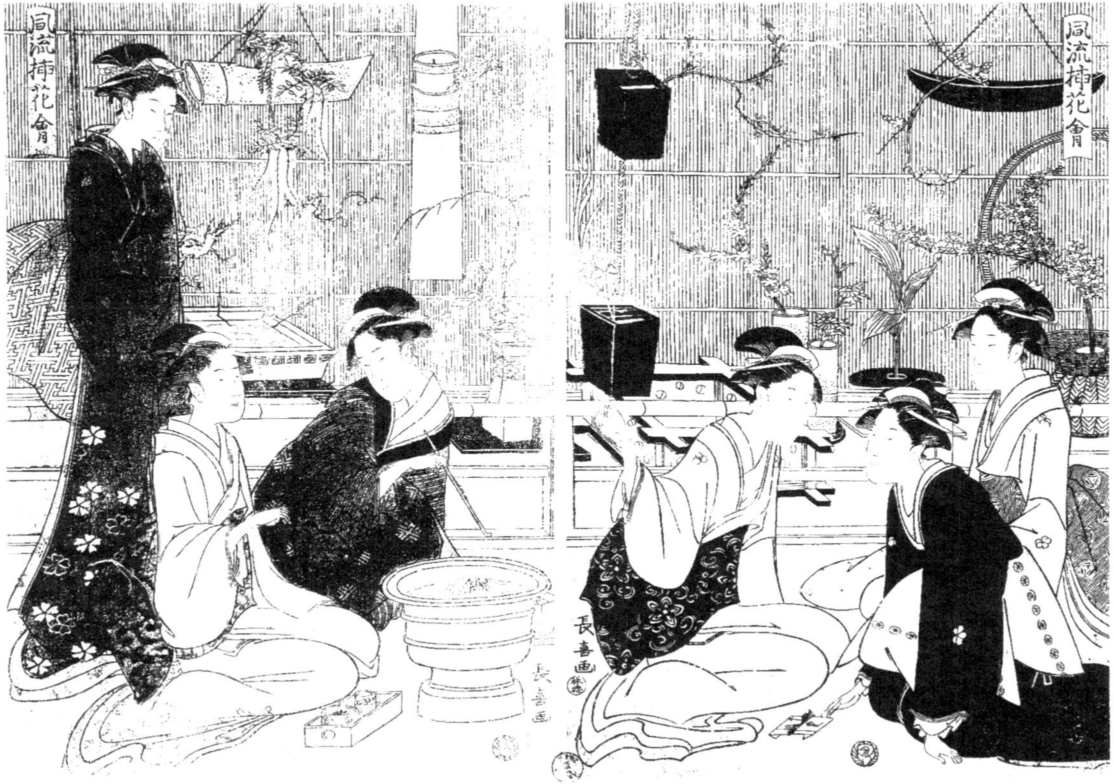

YEISHI, CHOKI, HOKUSAI

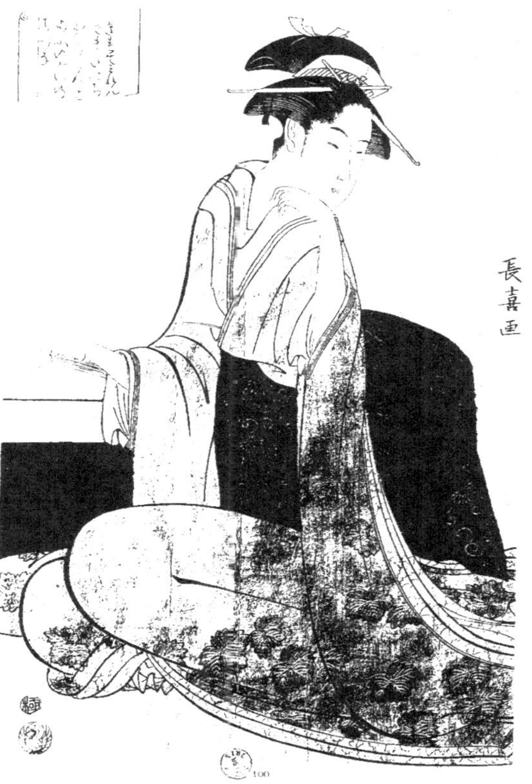

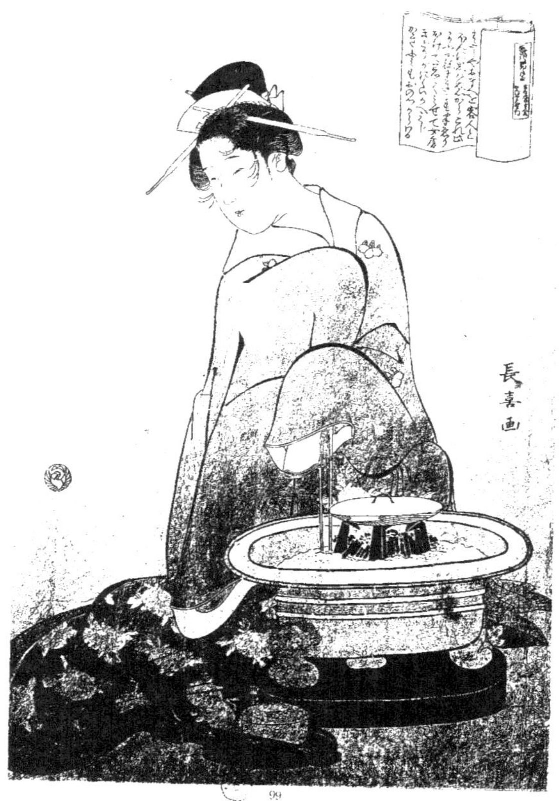

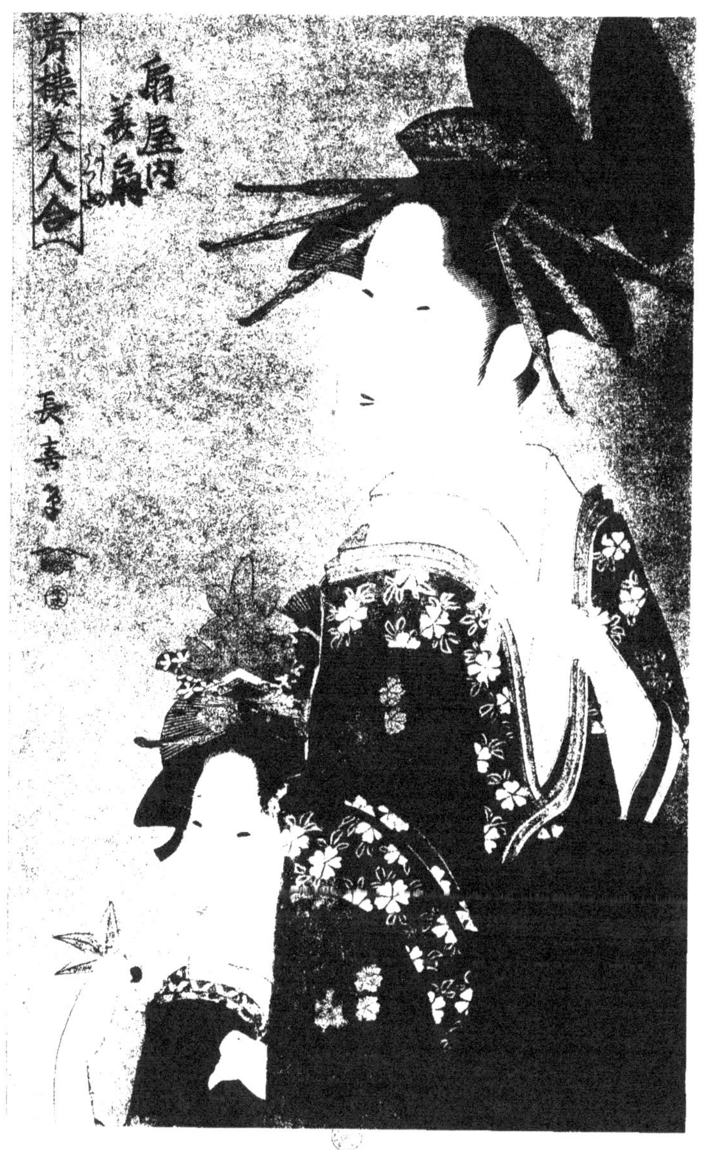

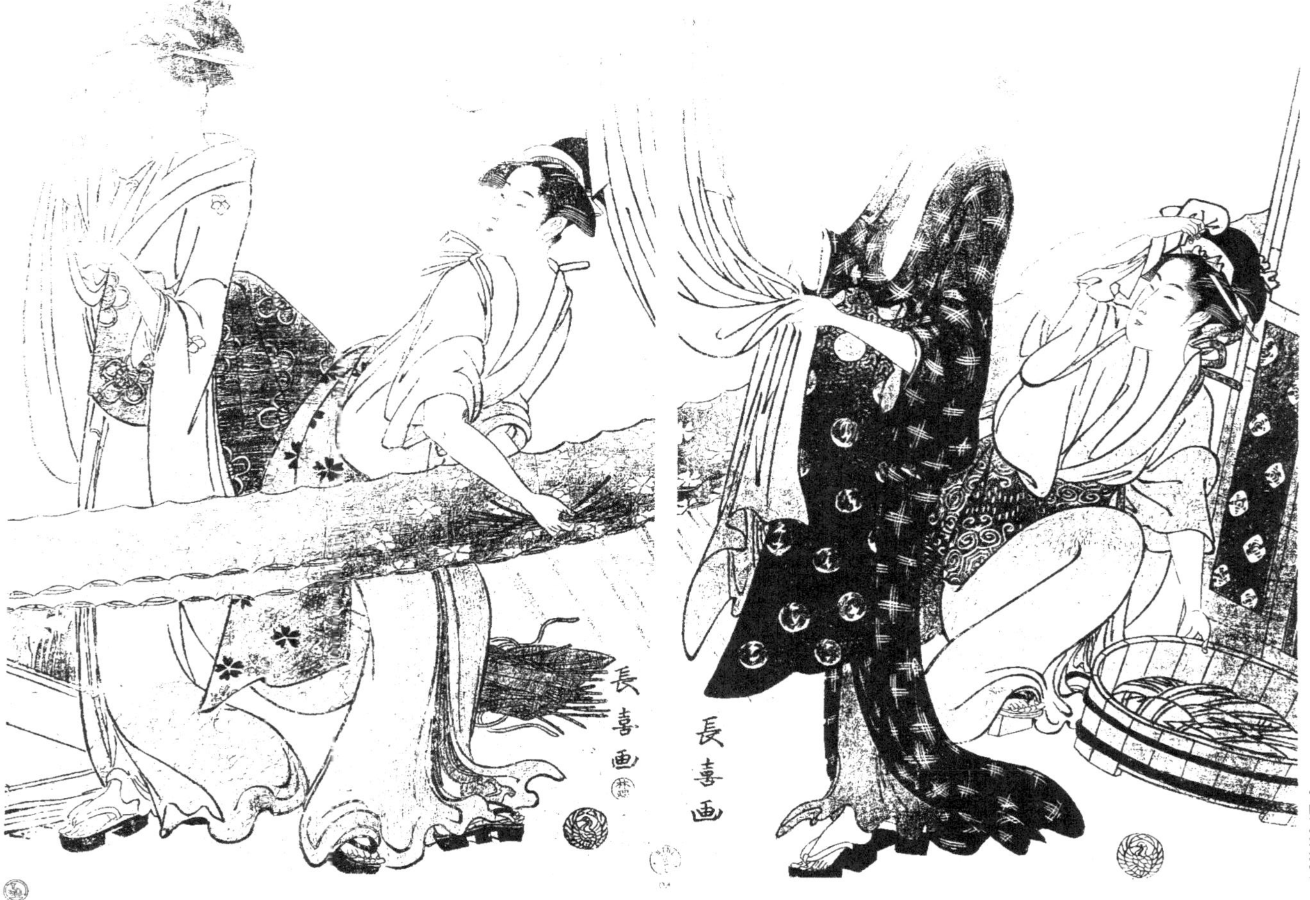
長喜画
長喜画

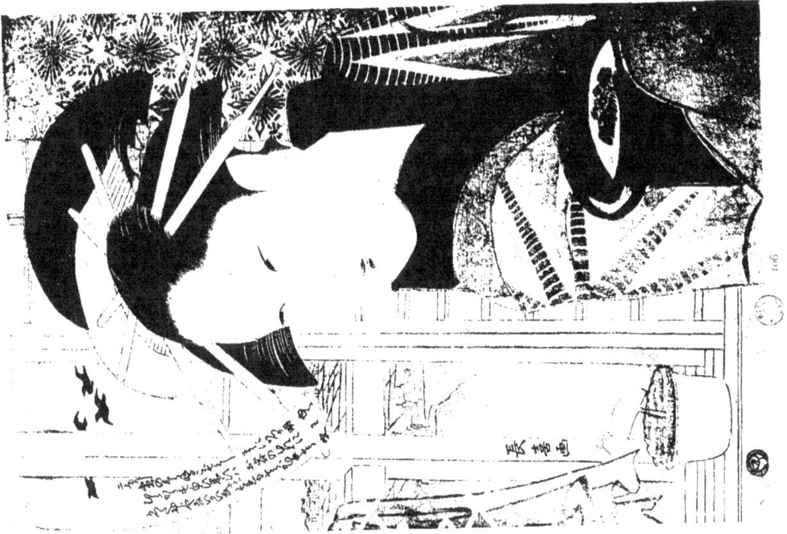

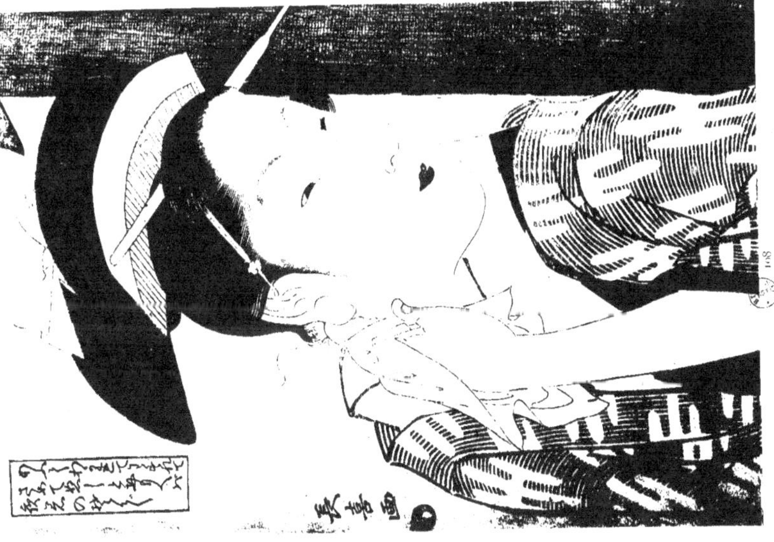

YEISHI. CHOKI. HOKUSAI

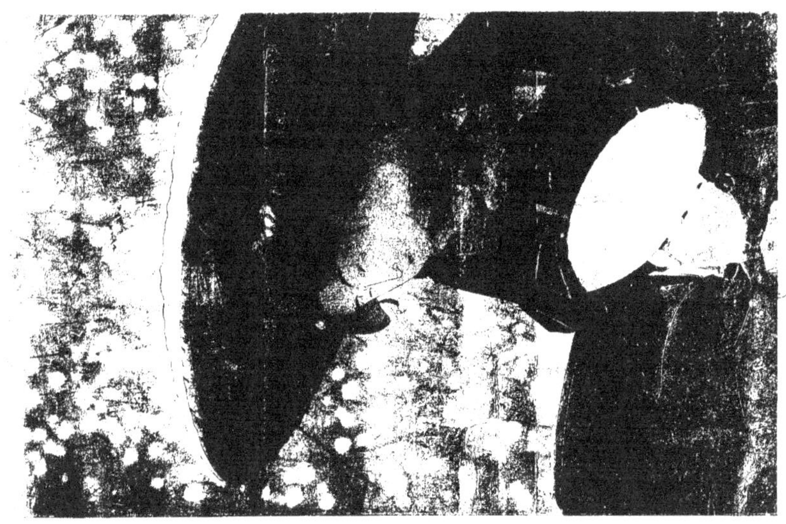

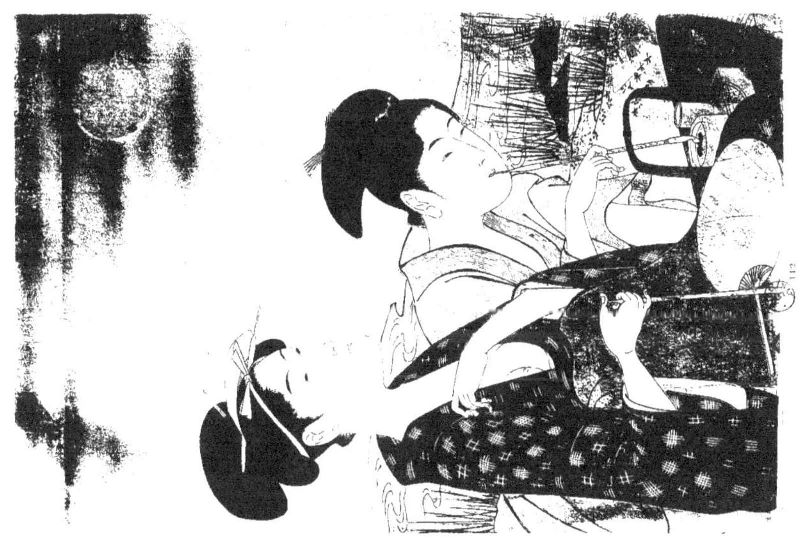

PL. XXXVII

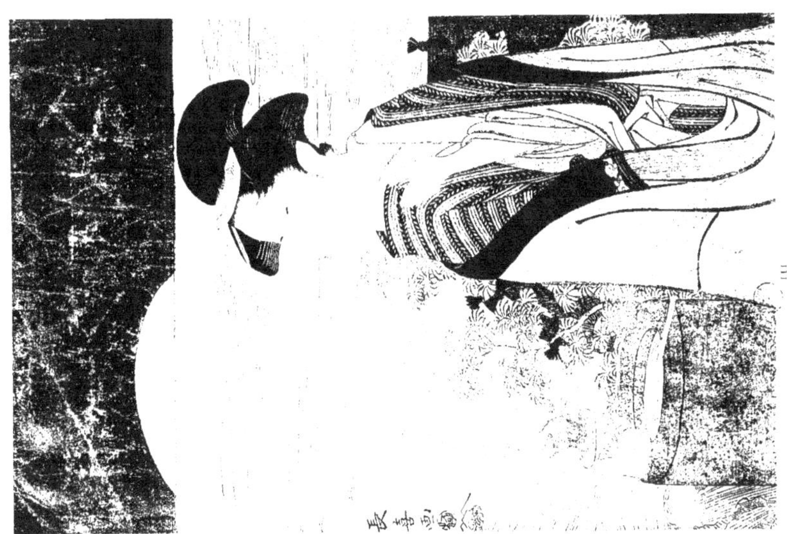

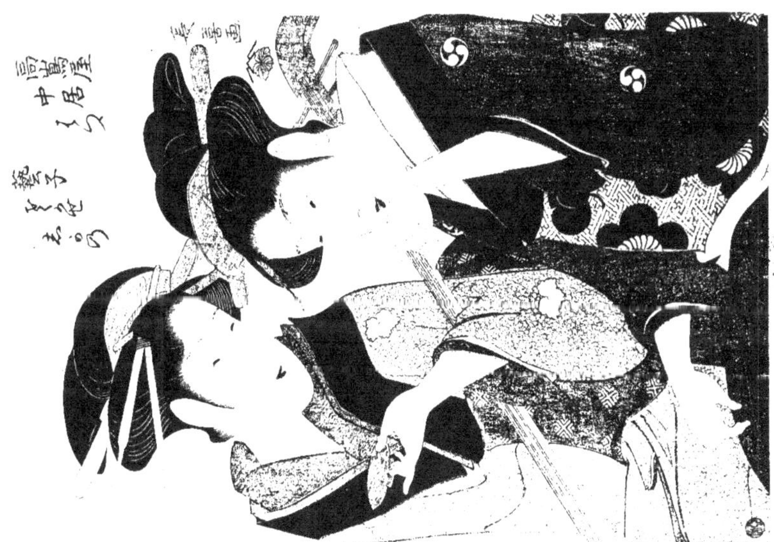

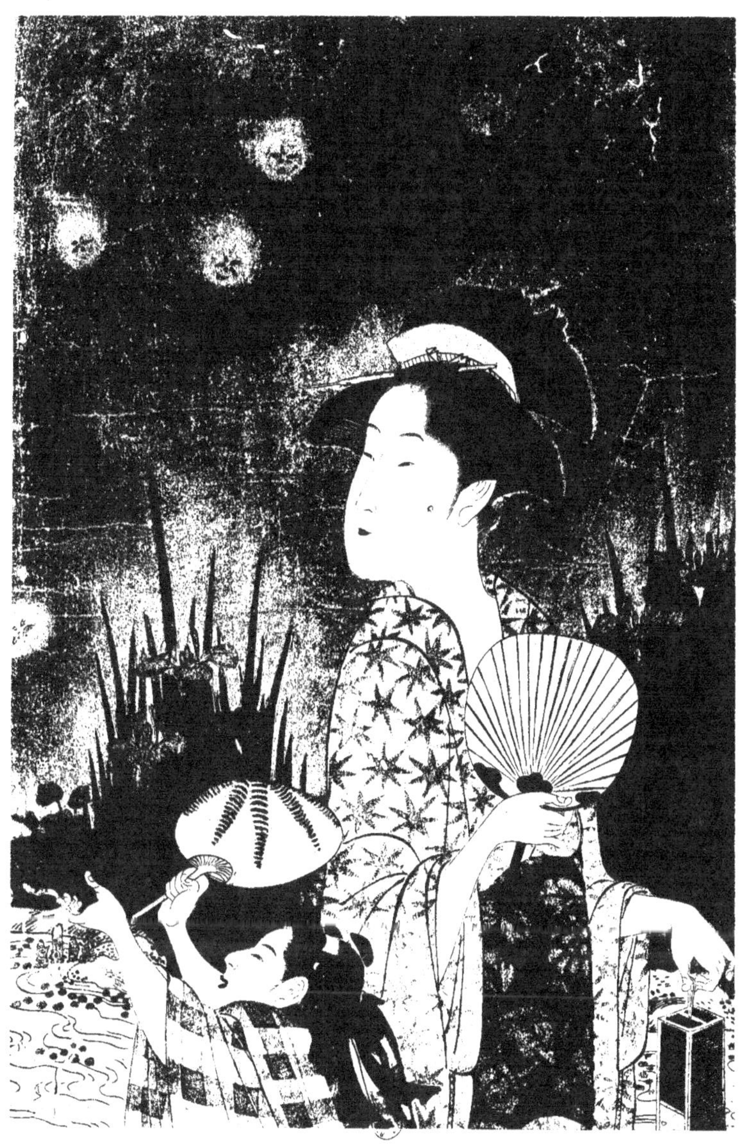

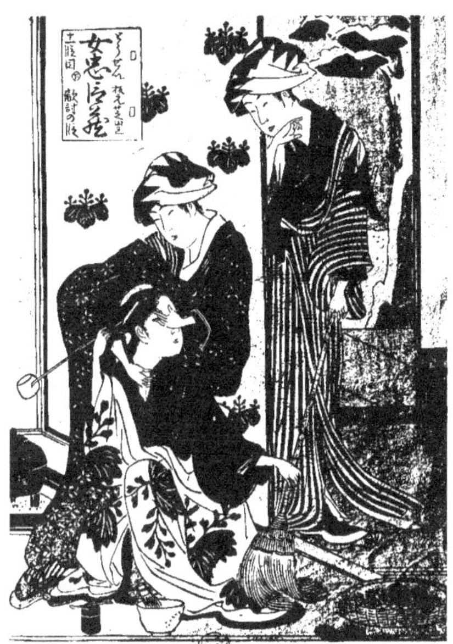 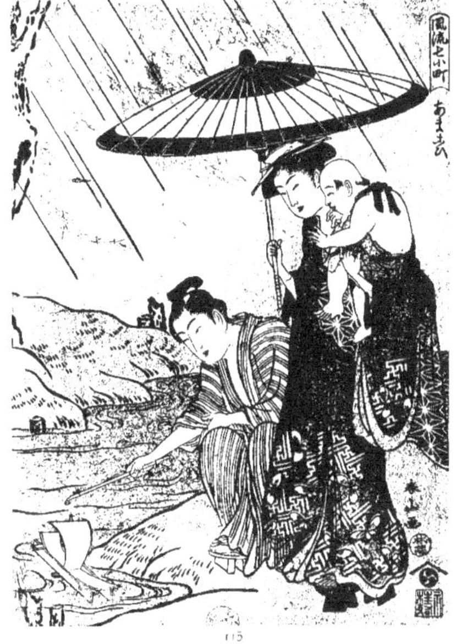

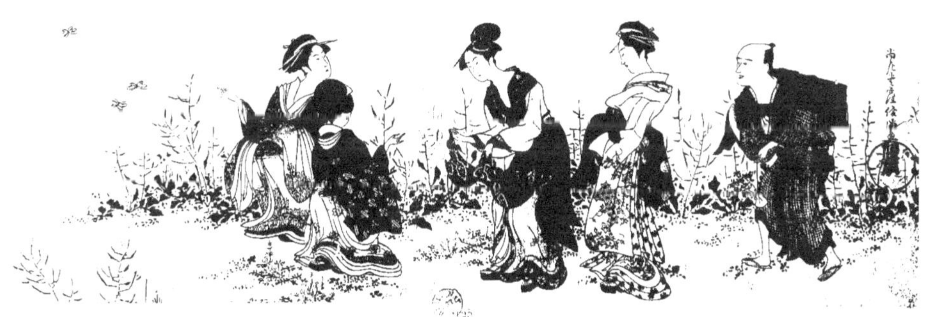

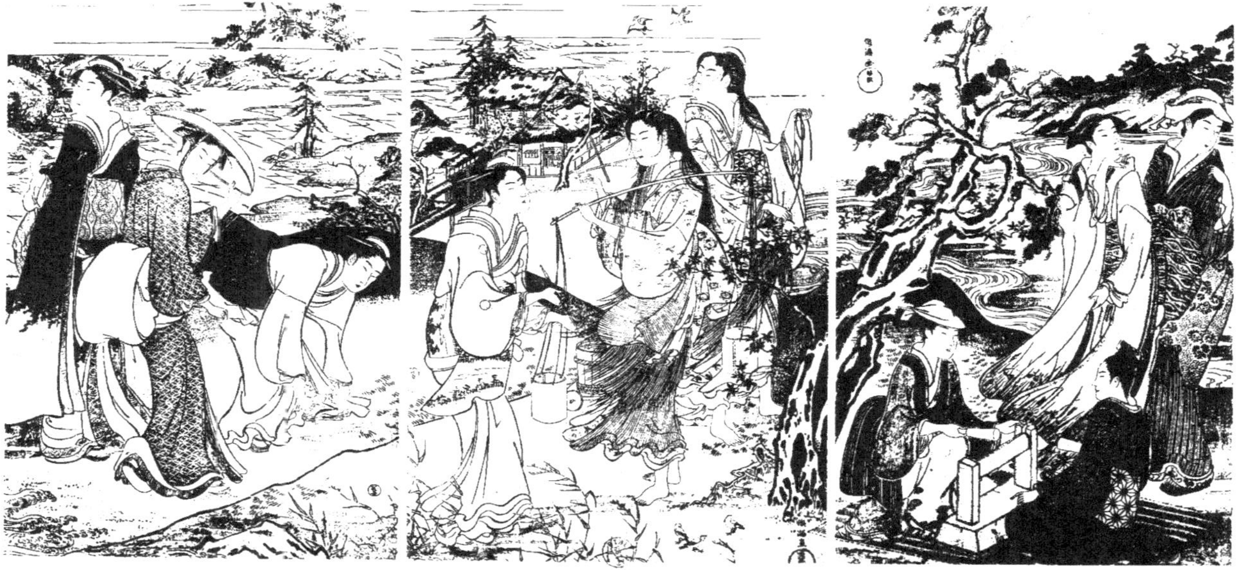

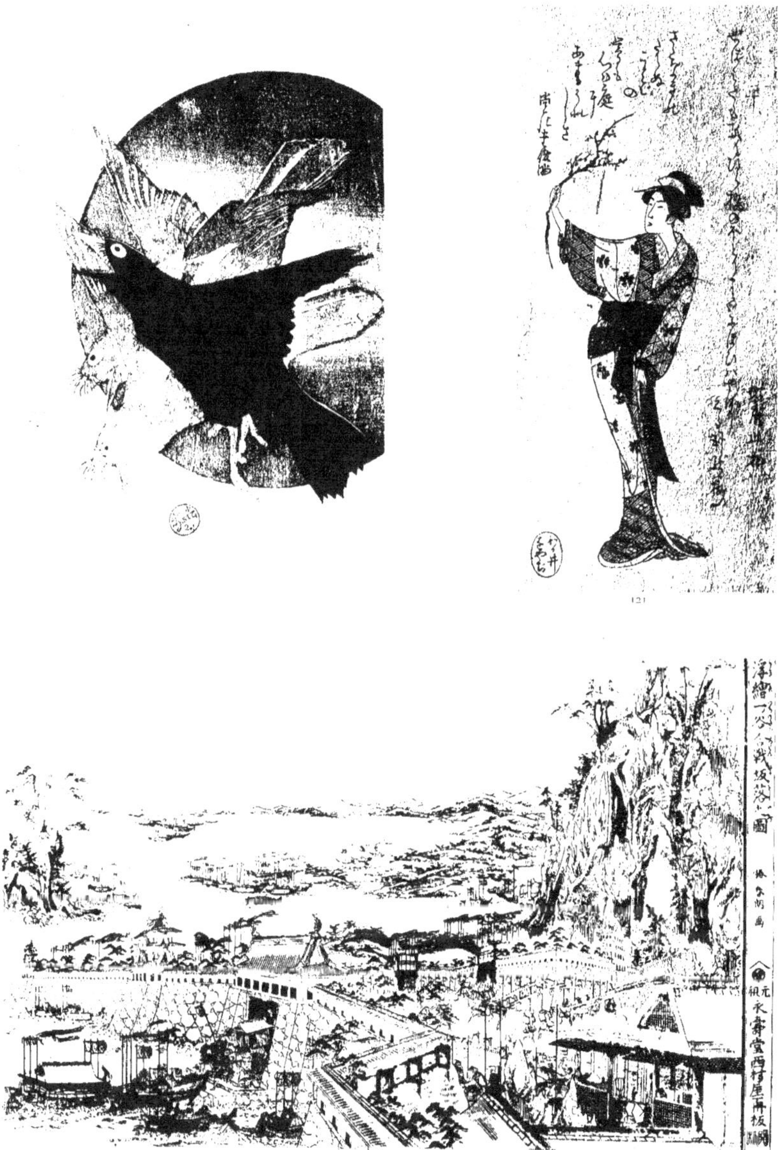

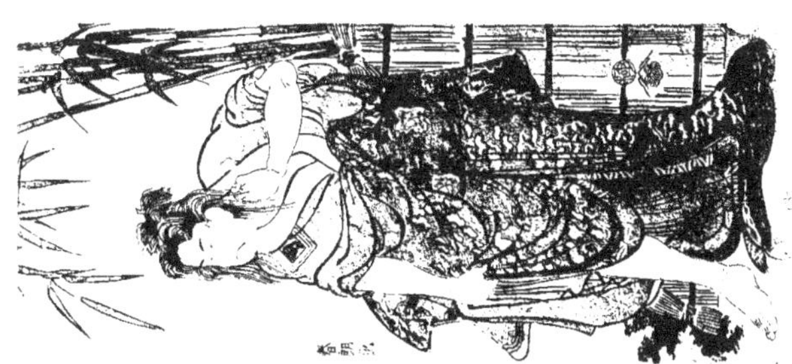

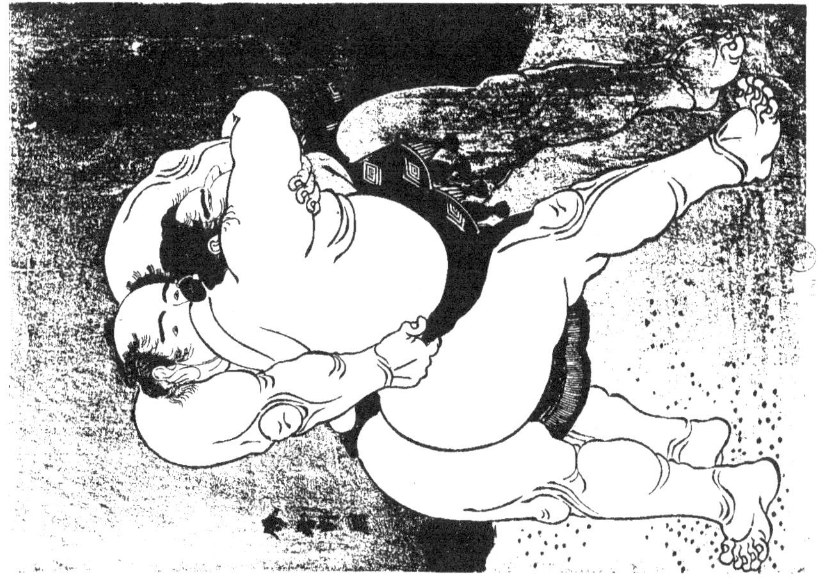

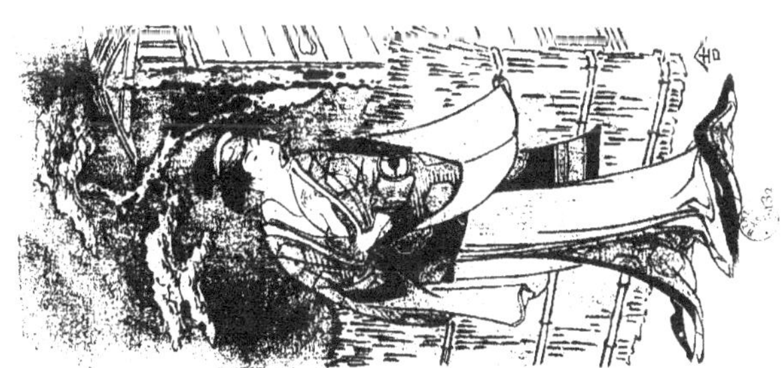

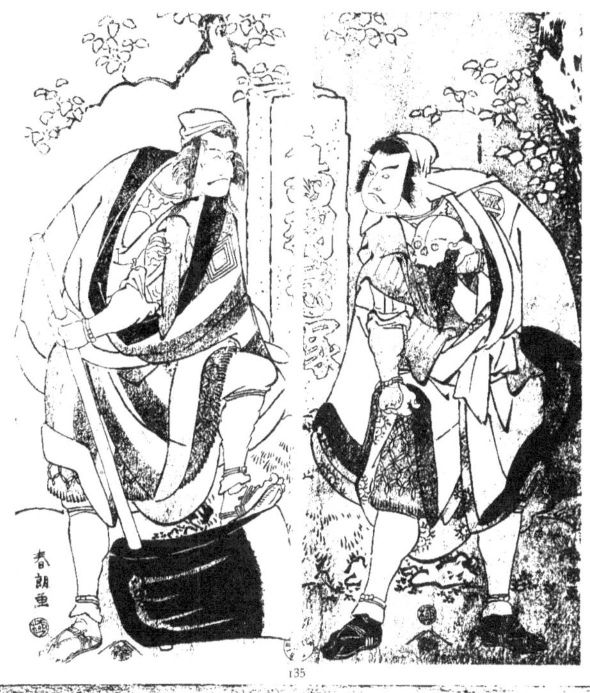

135

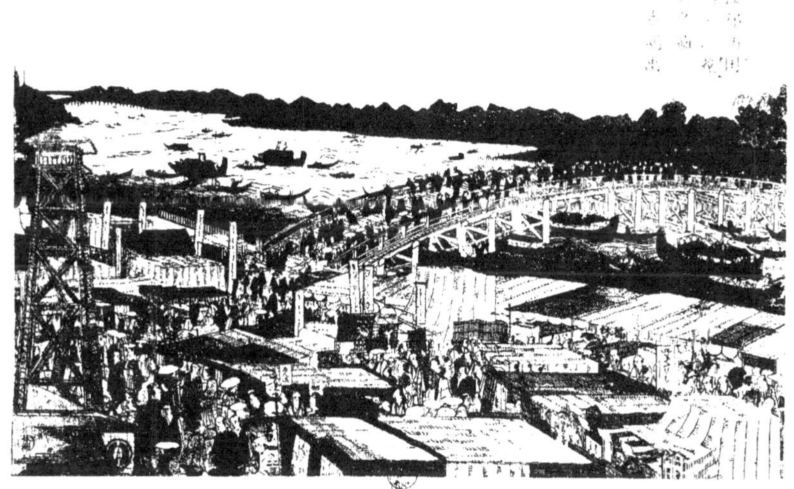

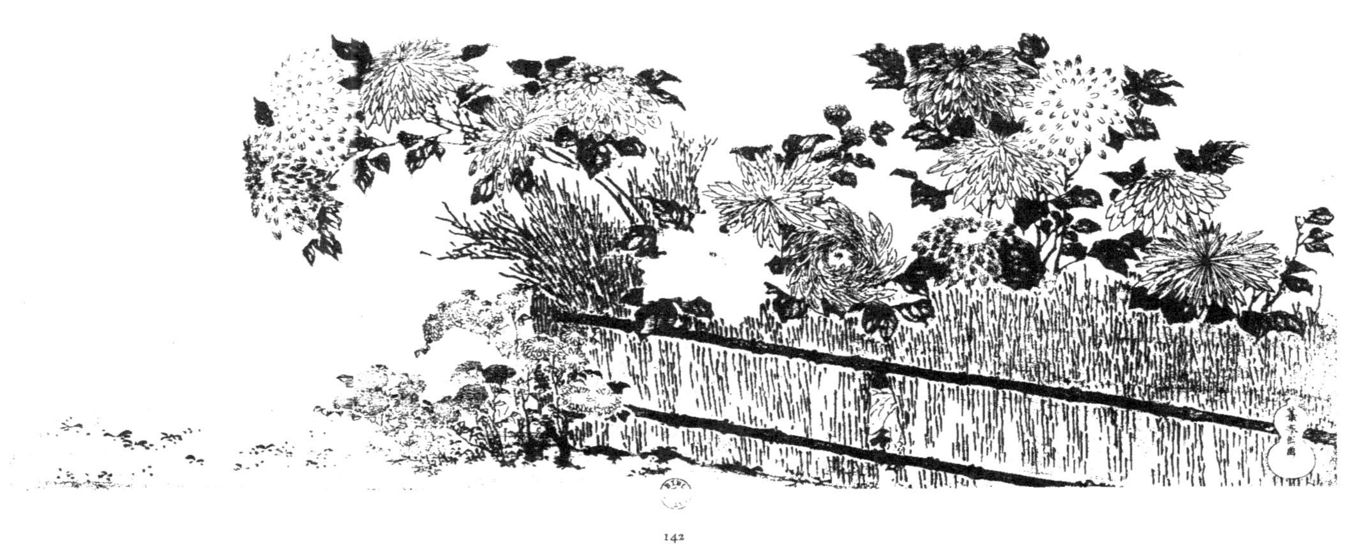

YEISHI, CHOKI, HOKUSAI

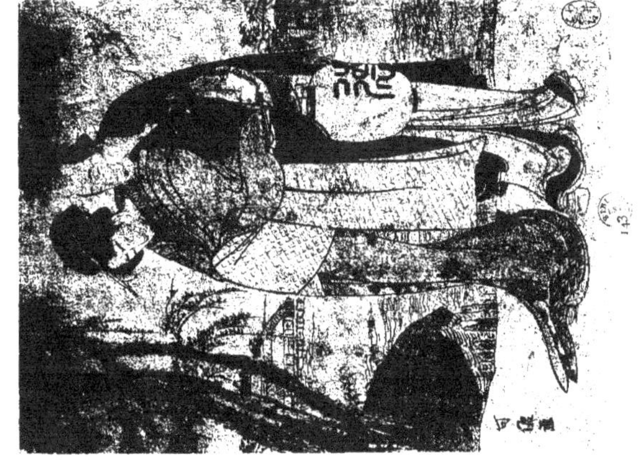

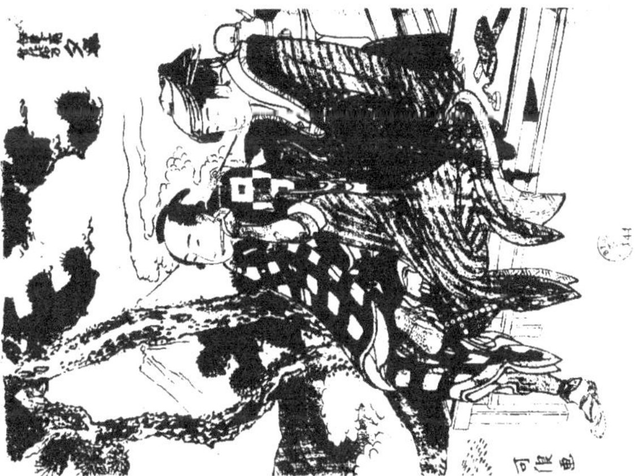

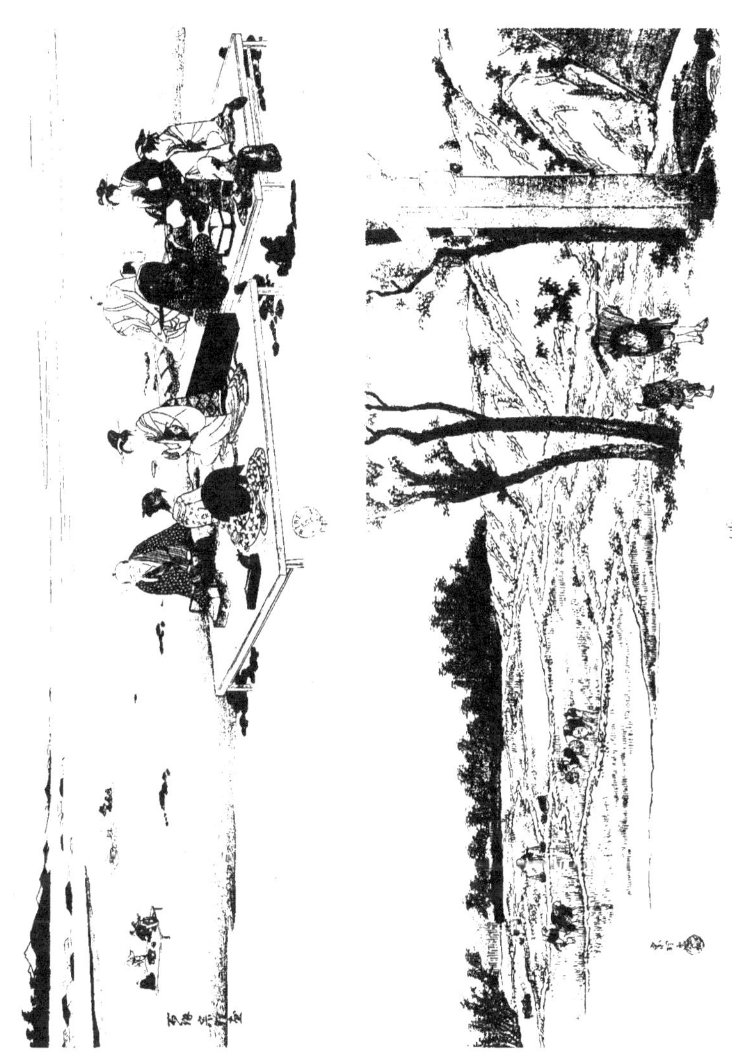

YEISHI, CHOKI, HOKUSAI

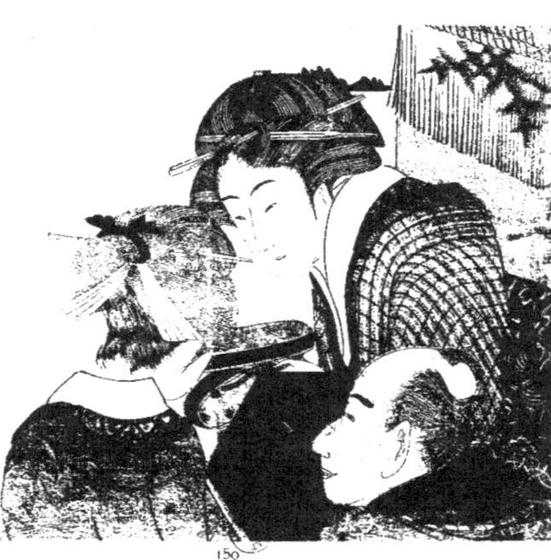

150

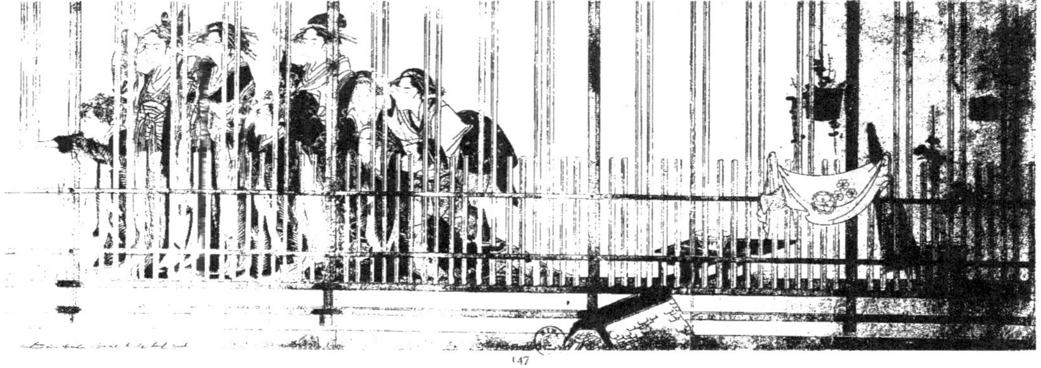

147

YEISHI, CHOKI, HOKUSAI

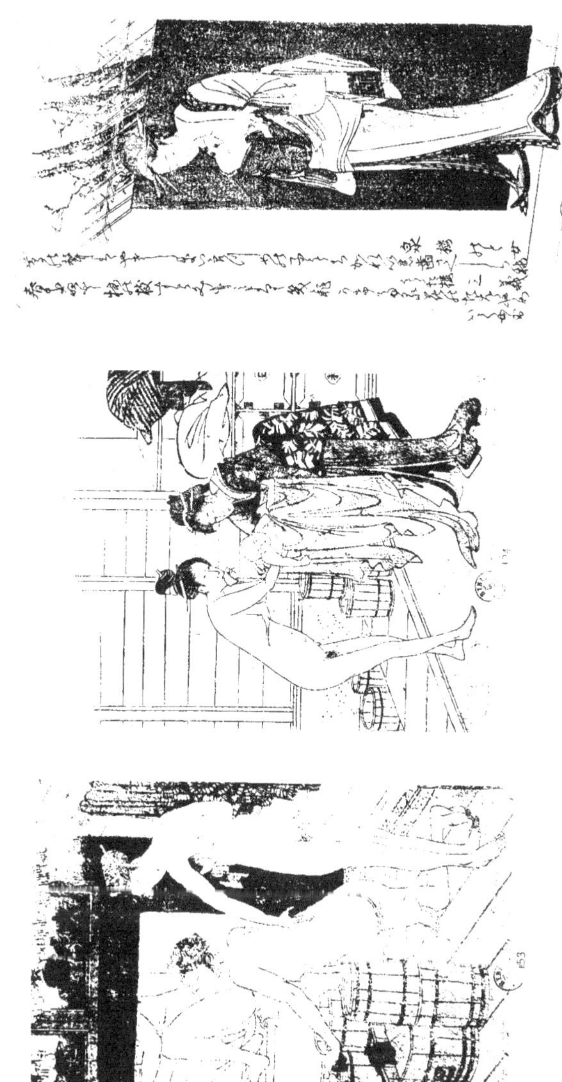

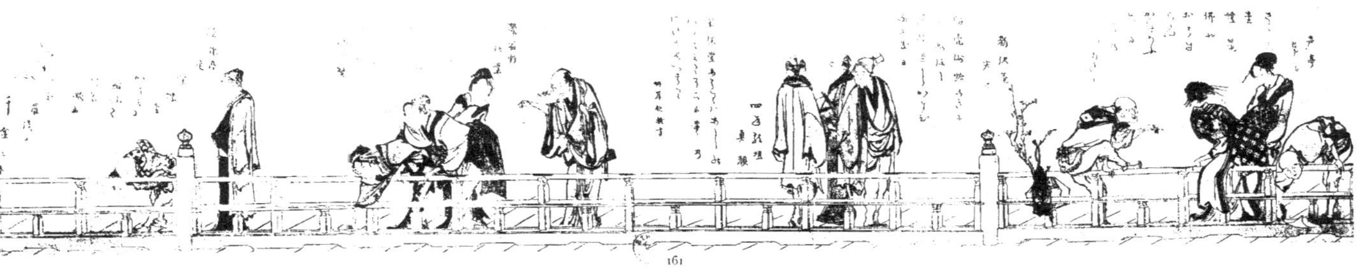

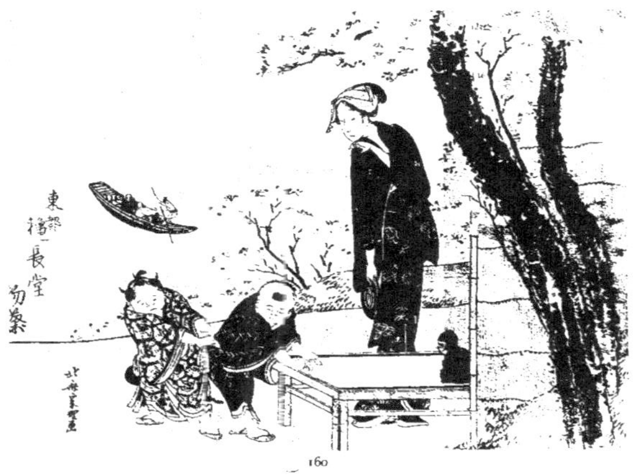

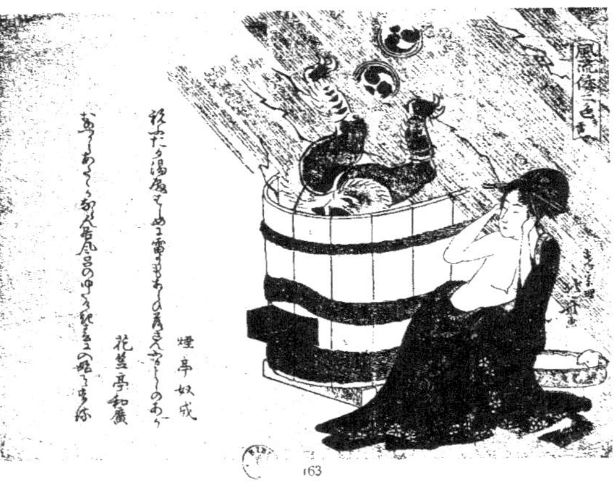

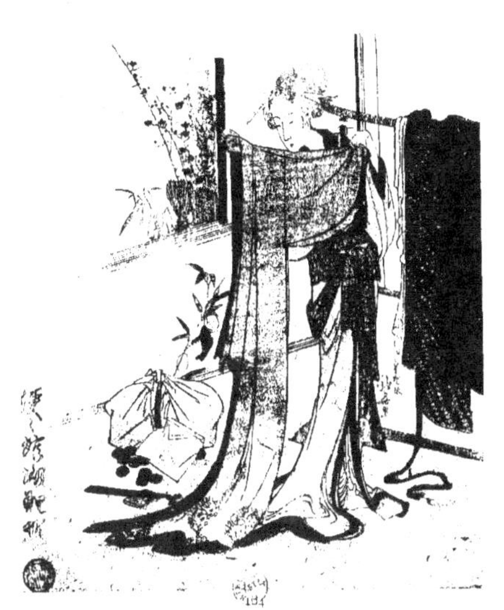

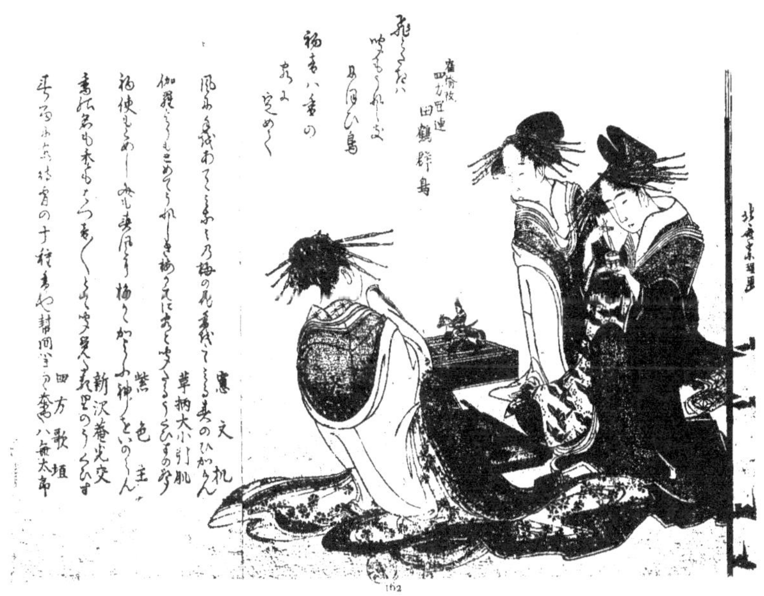

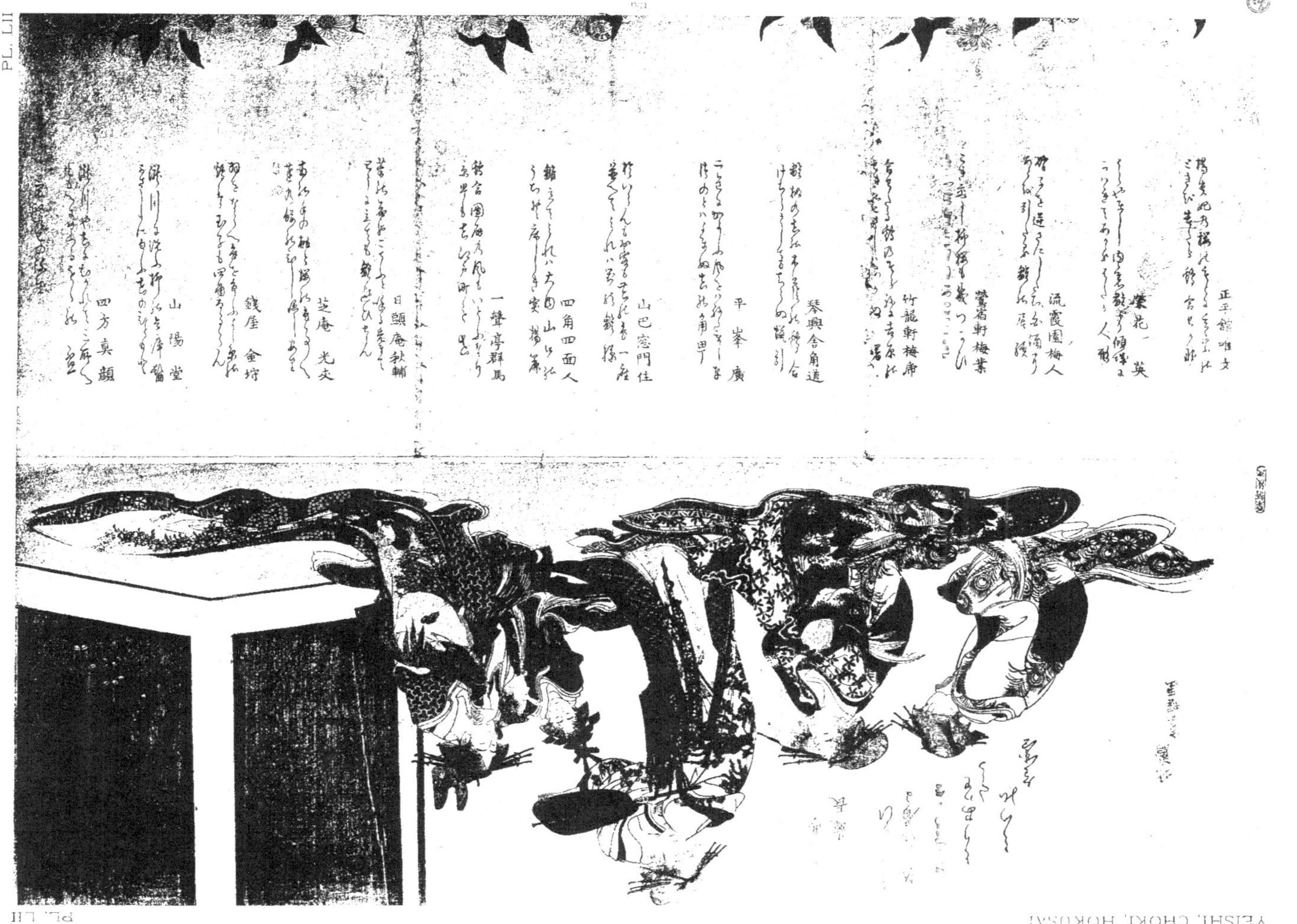
正平館唯文
蝶花一英
流霞園梅人
鷺蕉軒梅葉
竹龍軒梅席
琴興舎角道
平峯廣
山巴窓門住
四角四面人
一聲亭群馬
日頭庵秋輔
芝庵　光夾
錢屋　金玲
山陽堂
四方真顔

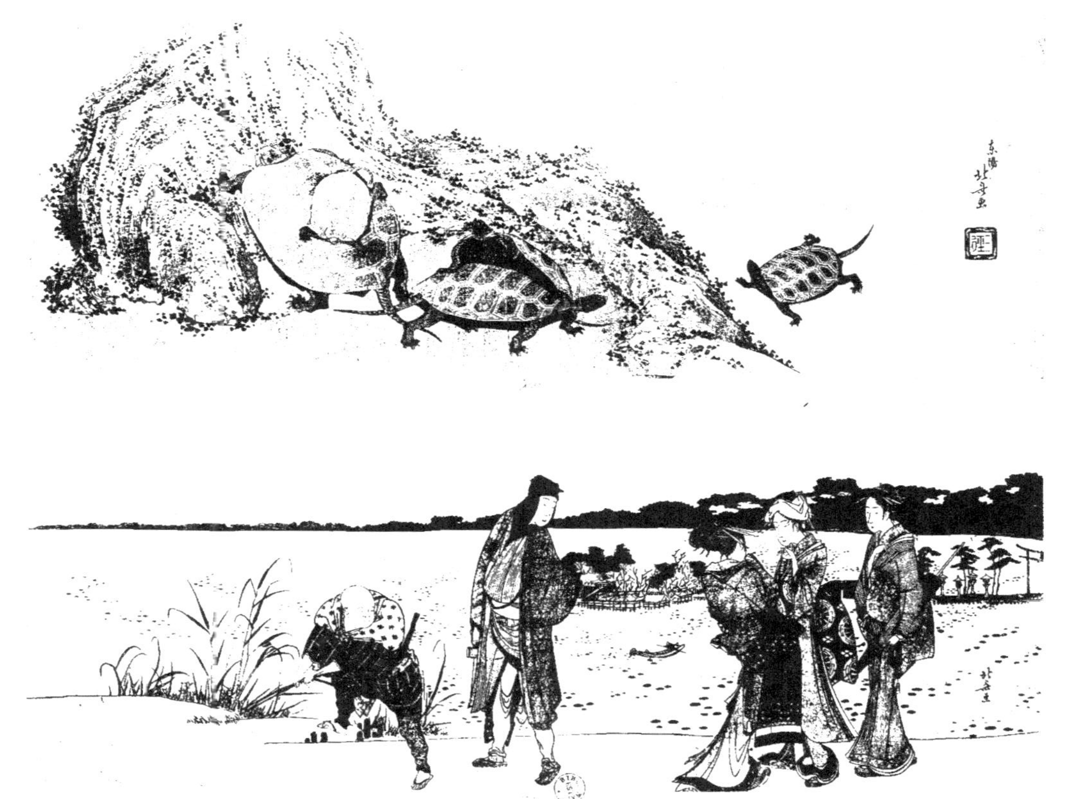

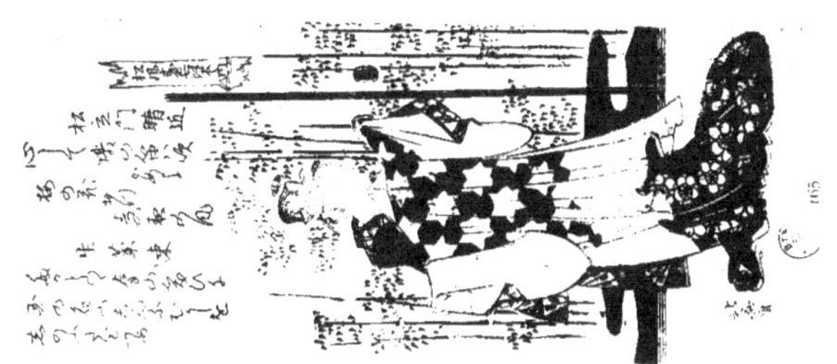

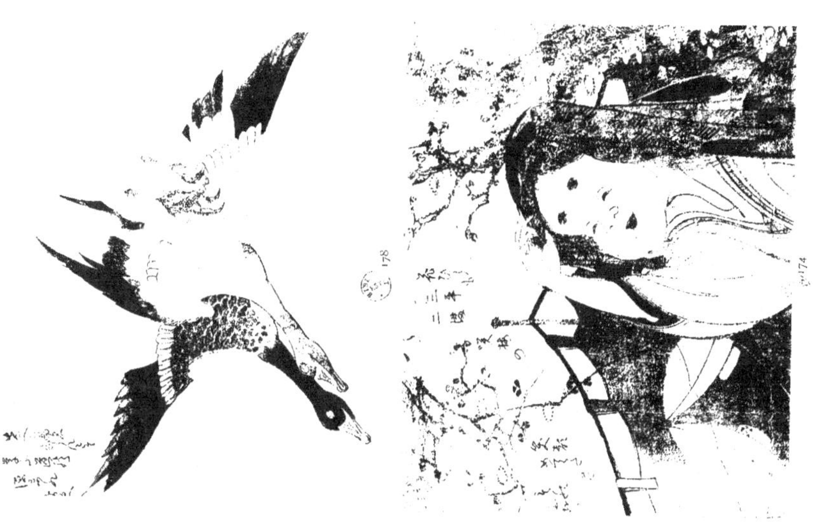

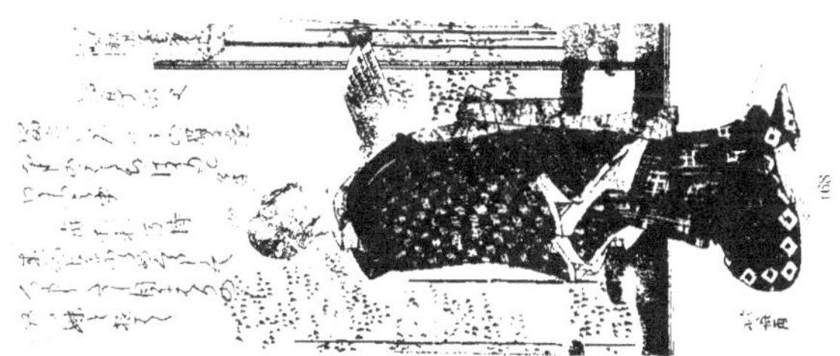

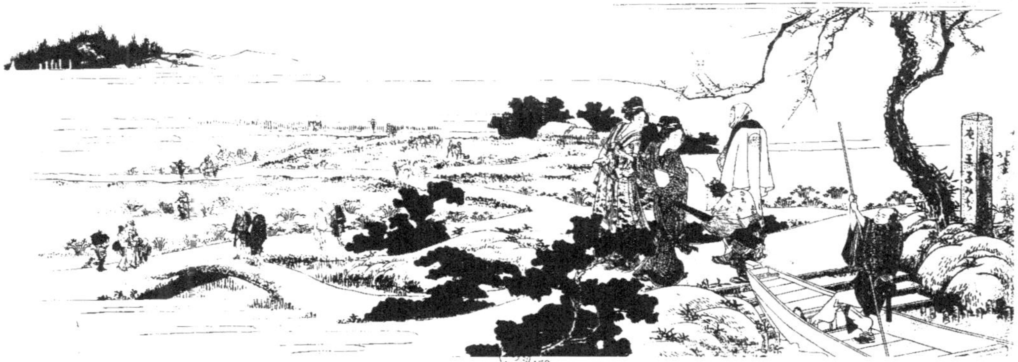

PL. LV

YEISHI. CHOKI. HOKUSAI

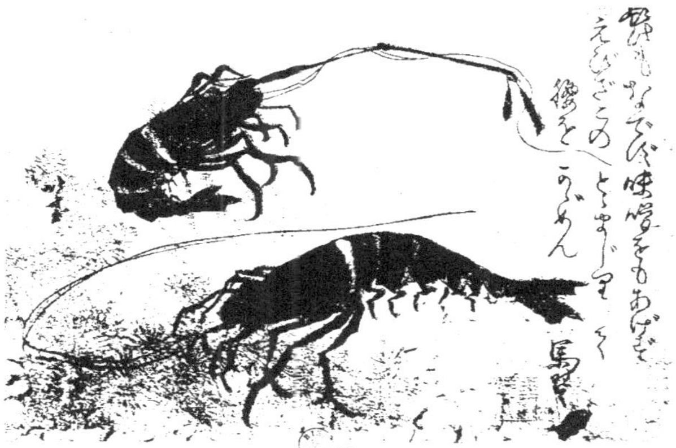

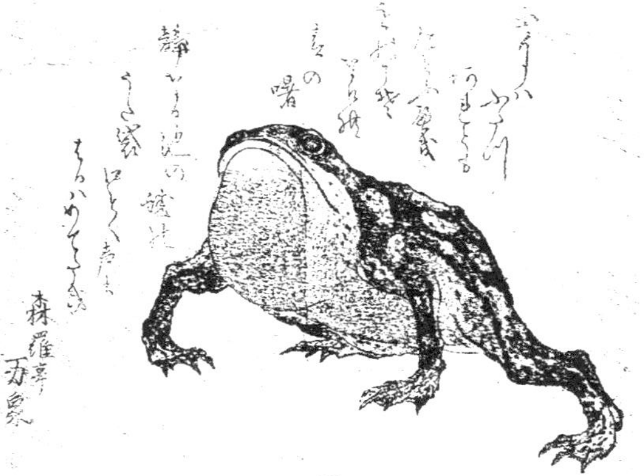

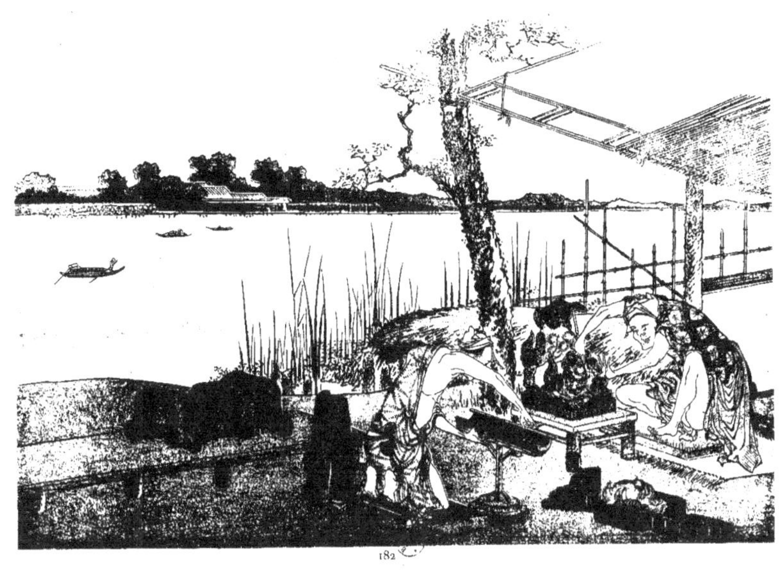

182

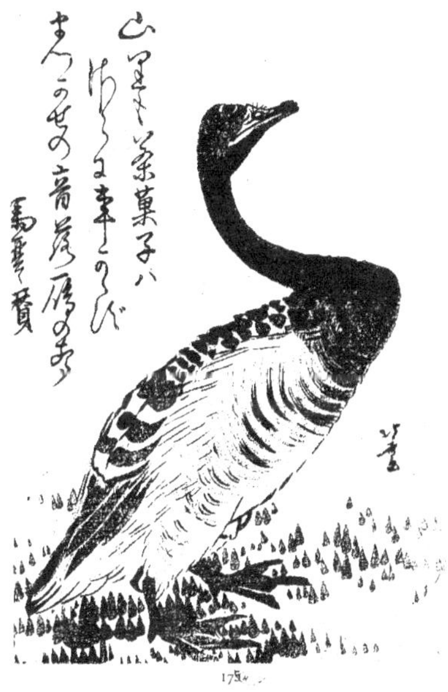

175

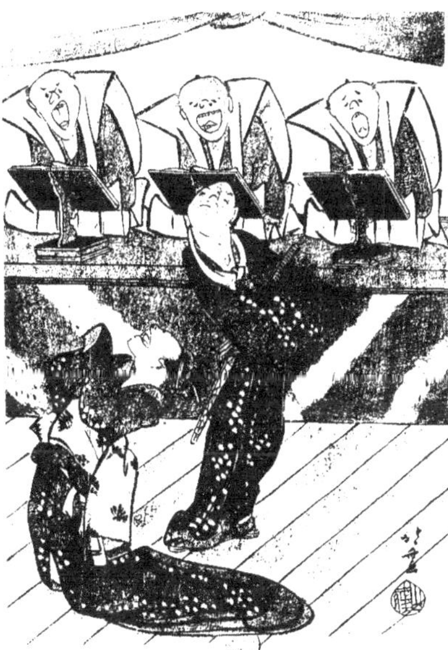

189

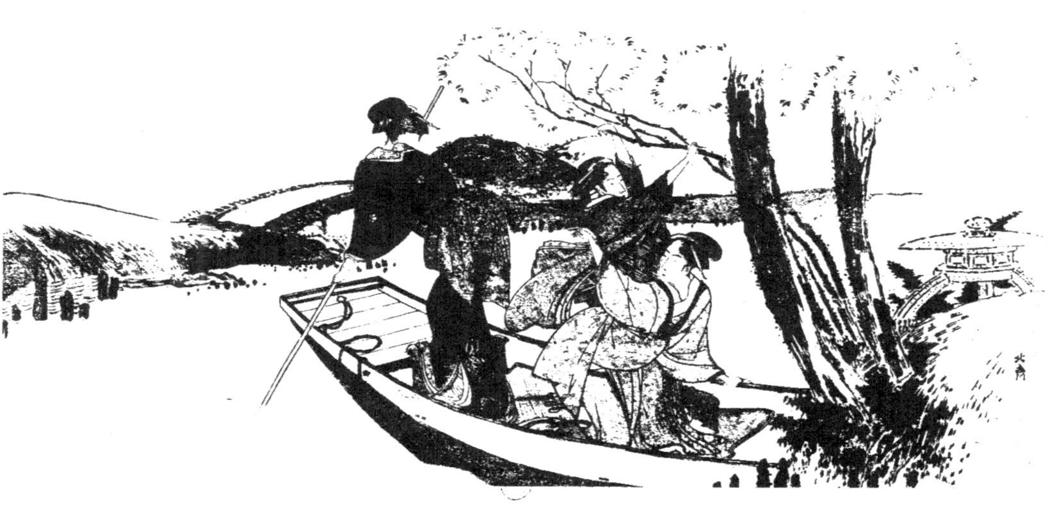

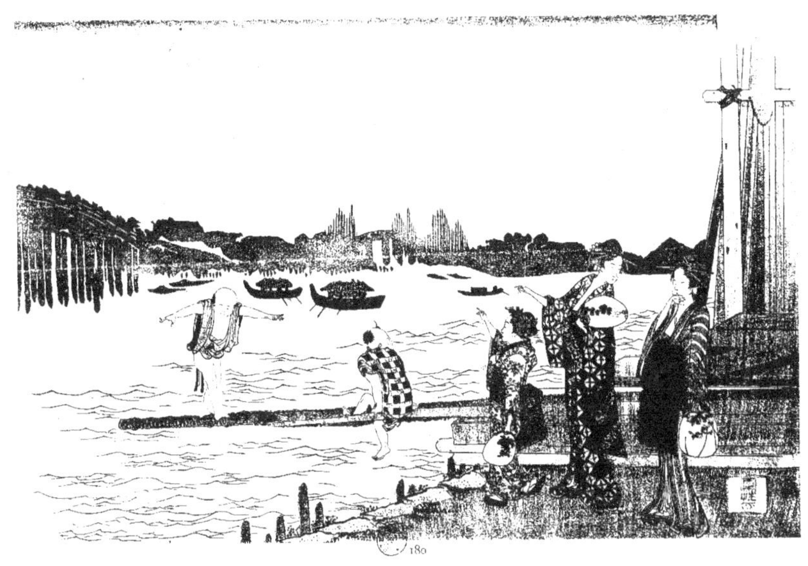

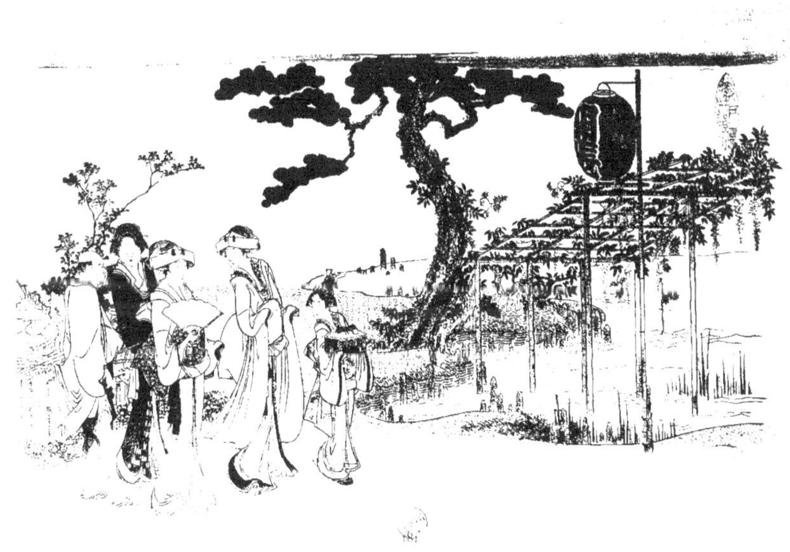

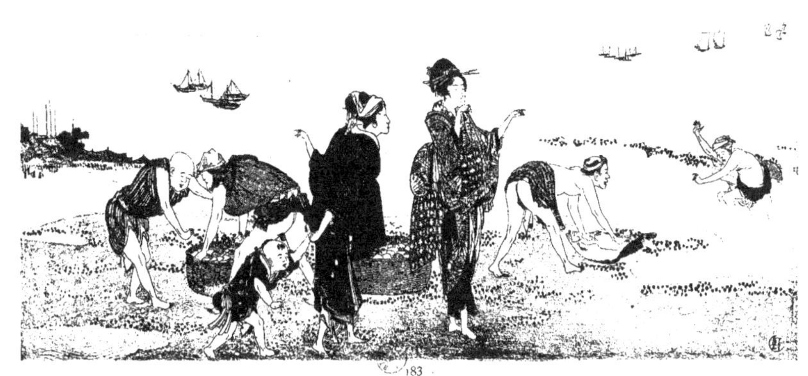

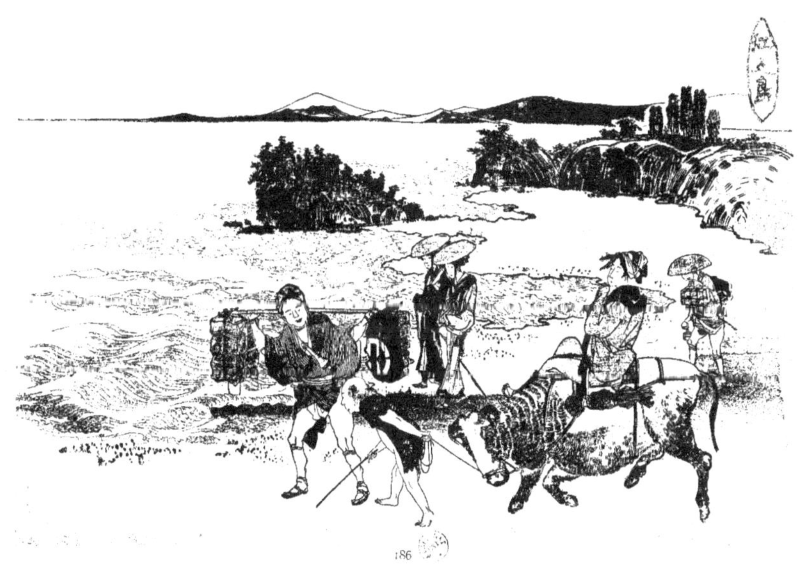

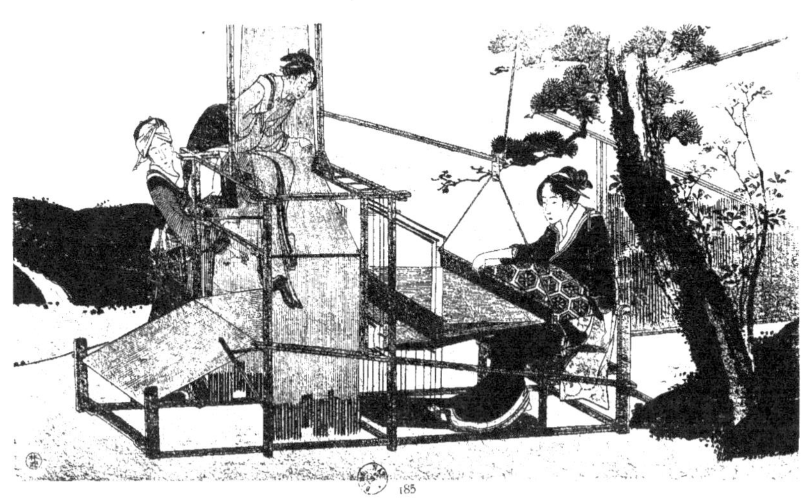

185

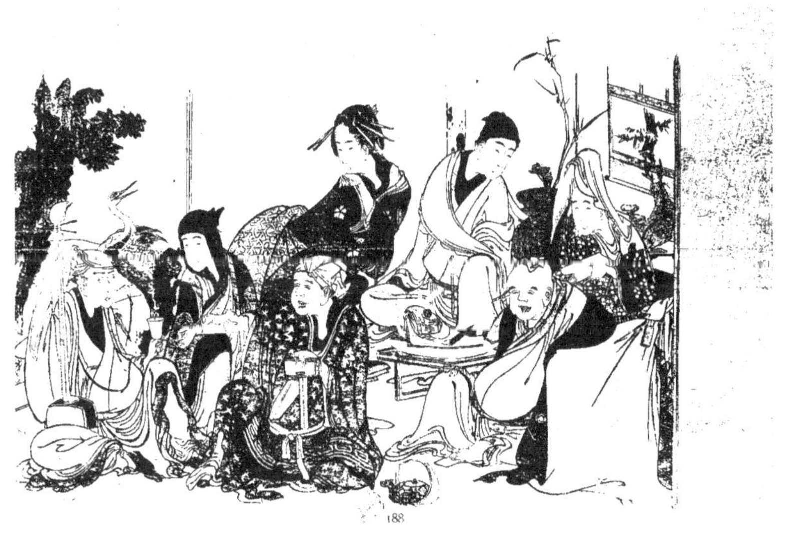

188

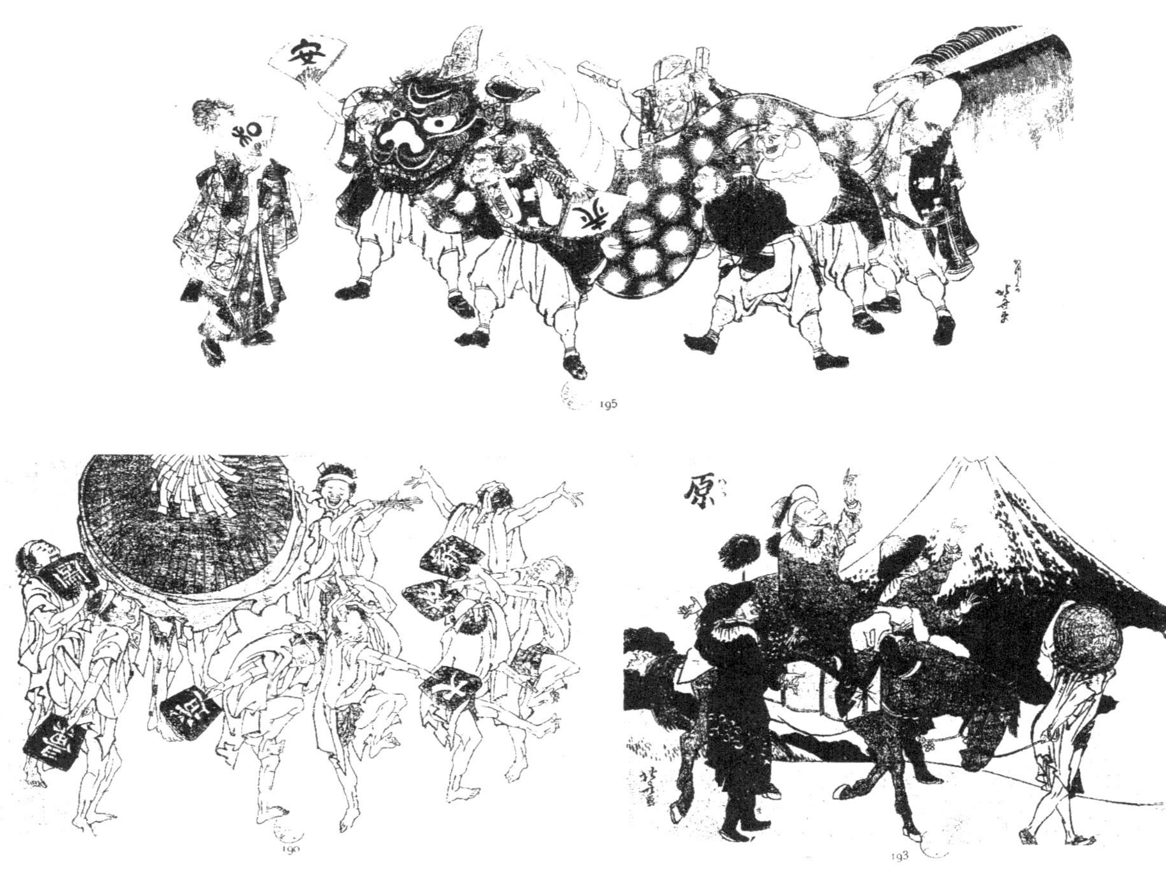

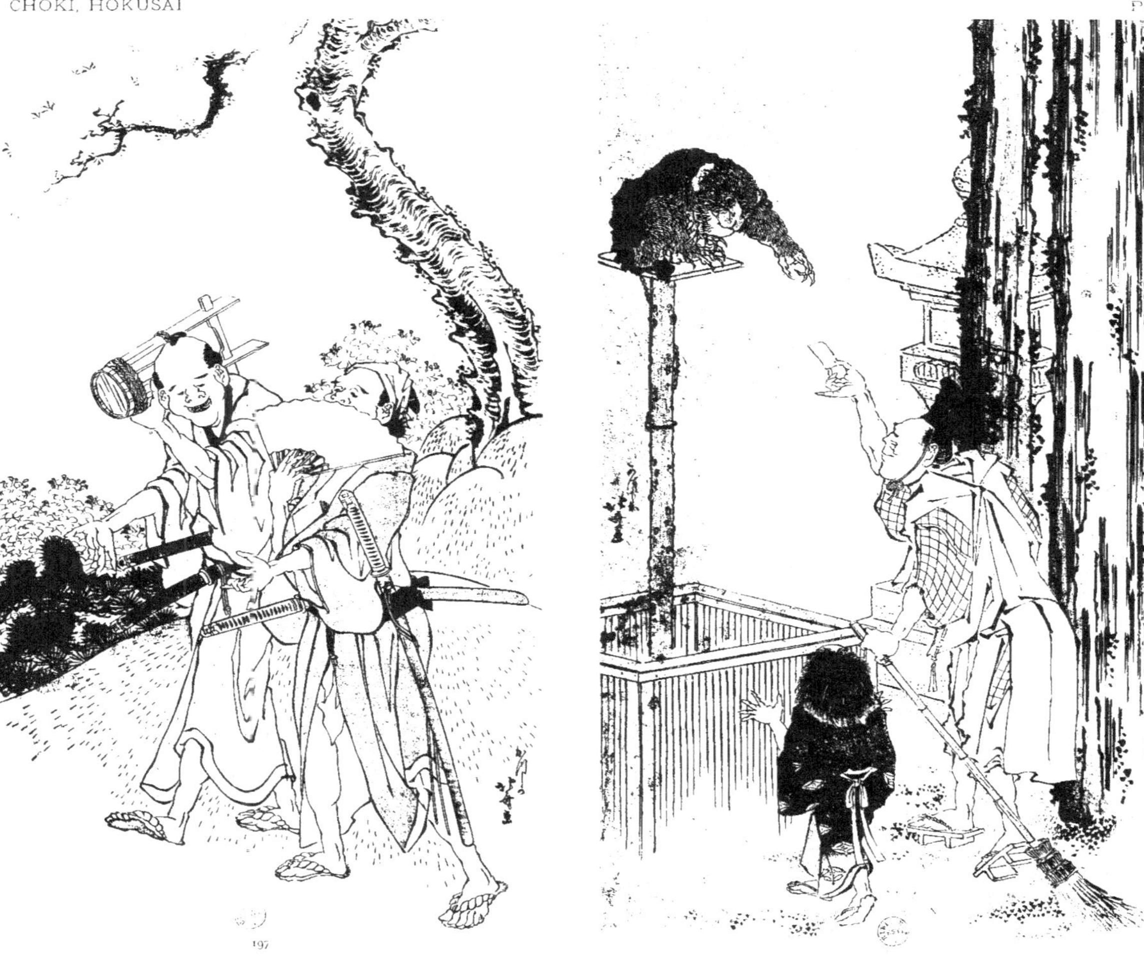

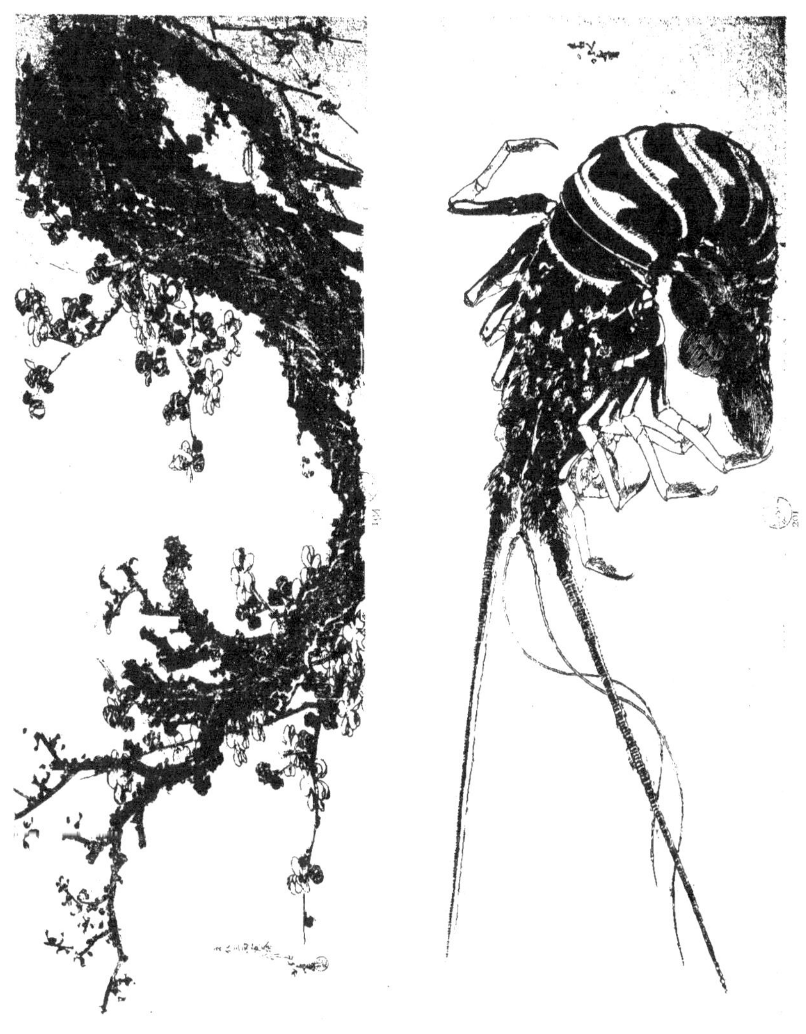

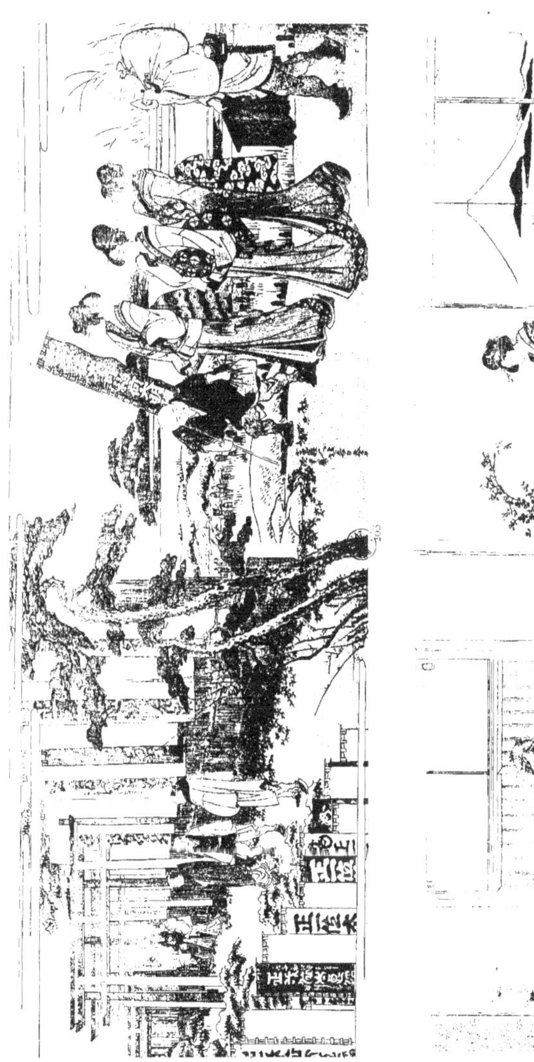
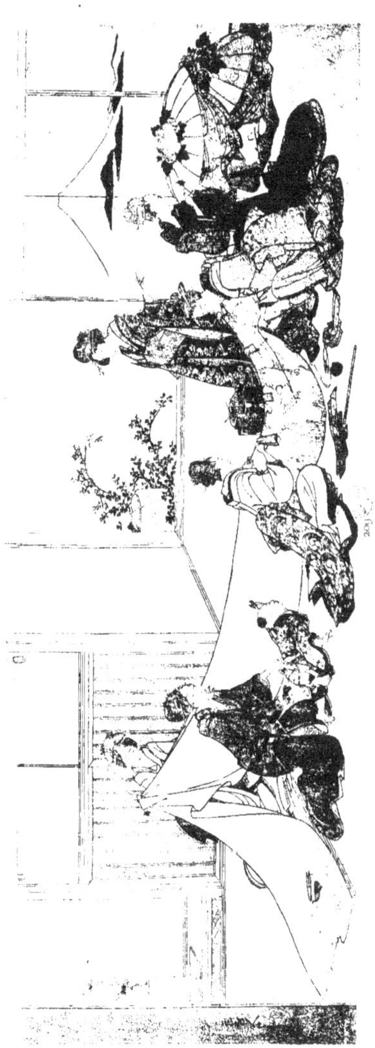

YEISHI, CHOKI, HOKUSAI

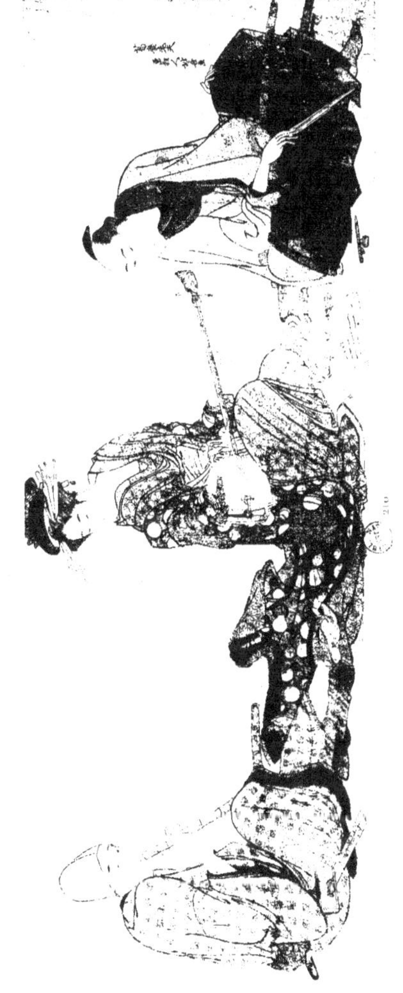

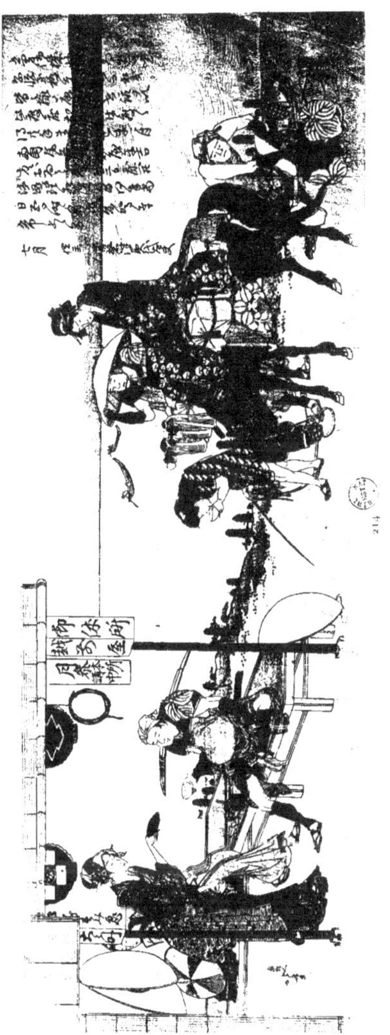

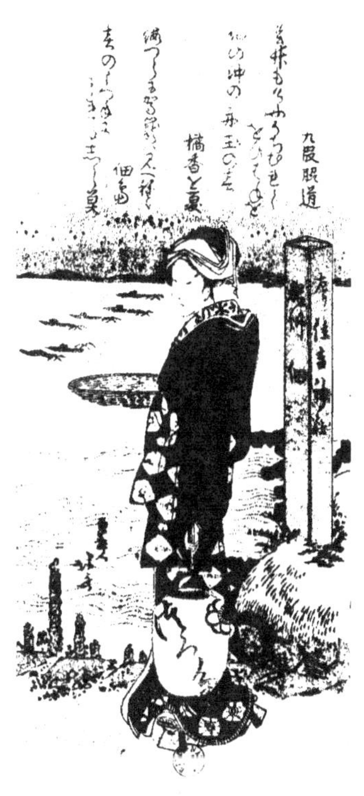

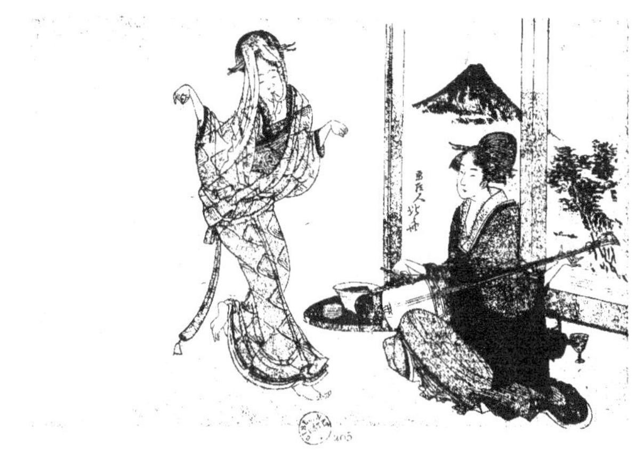

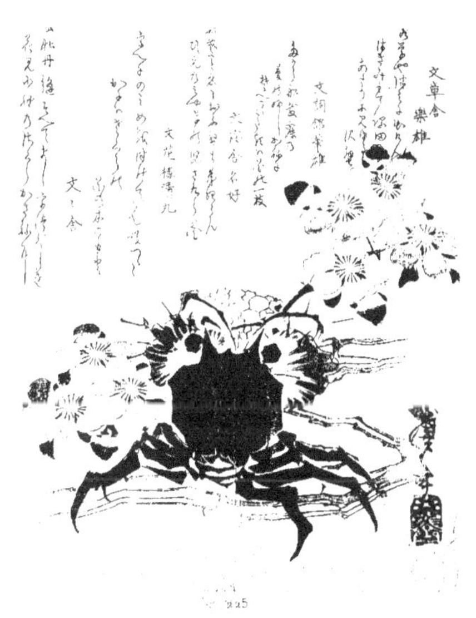

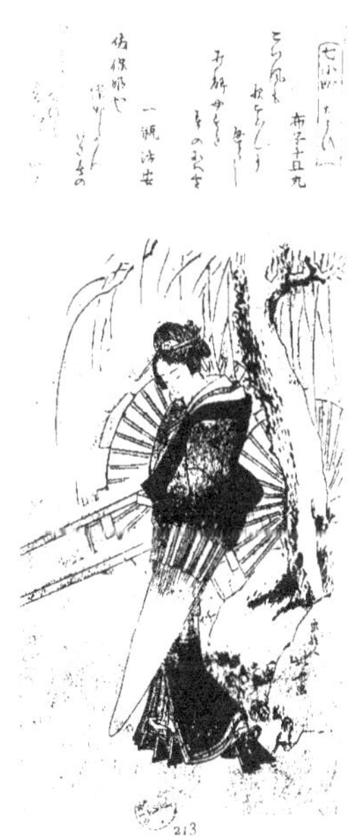

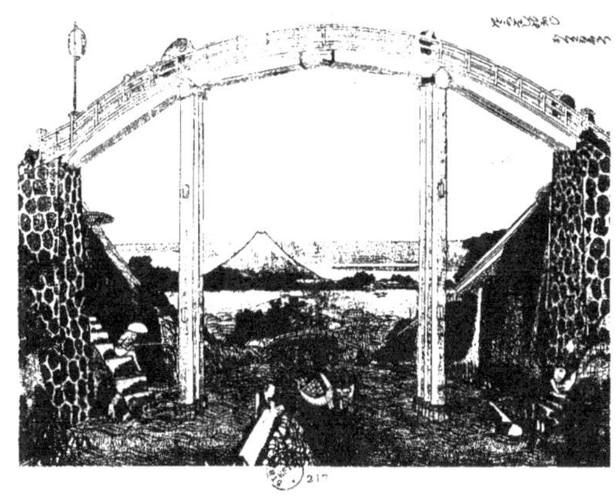

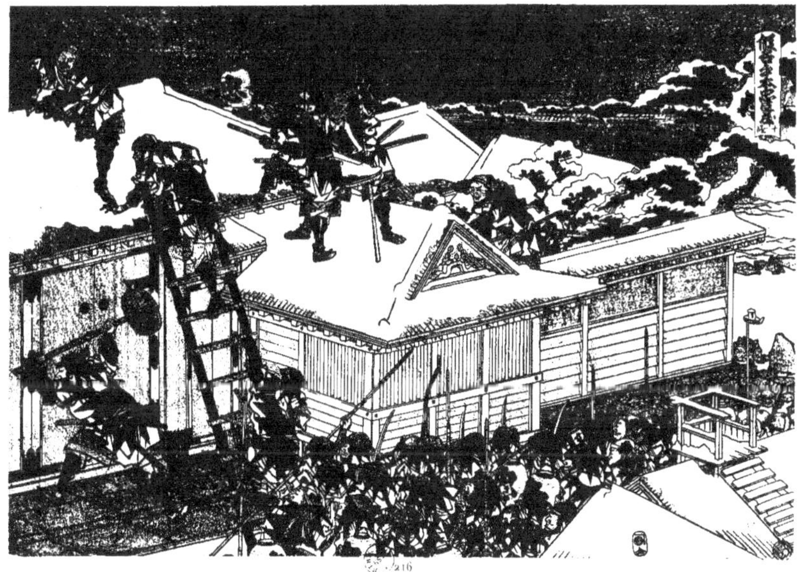

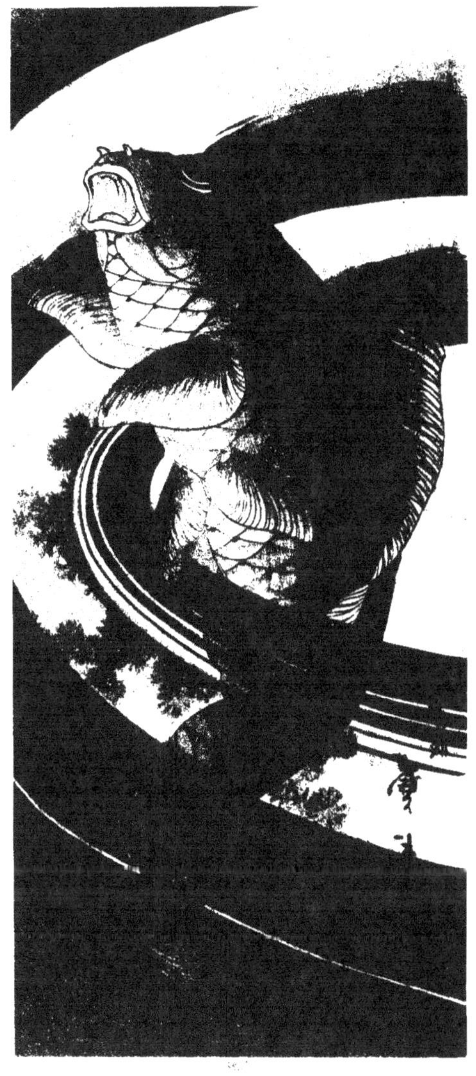

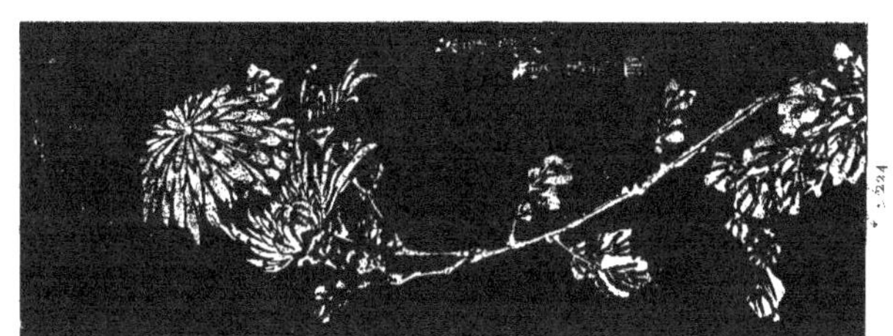

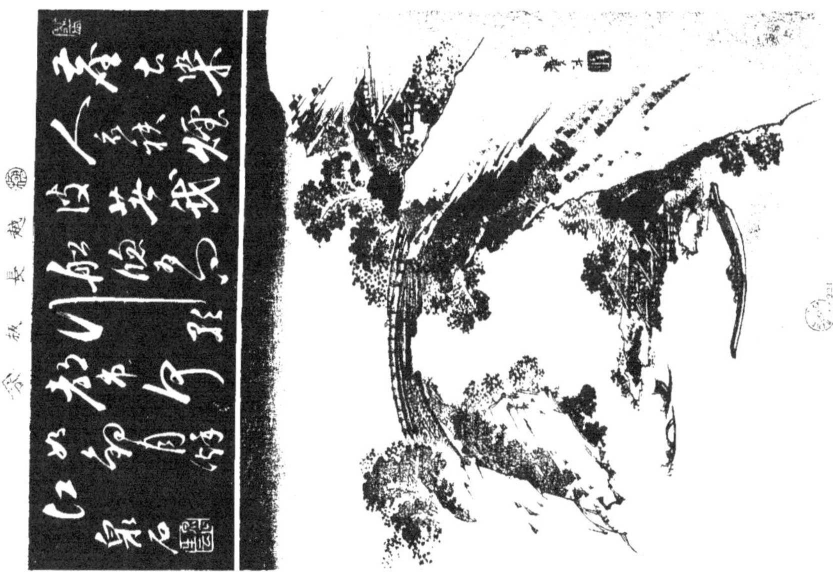

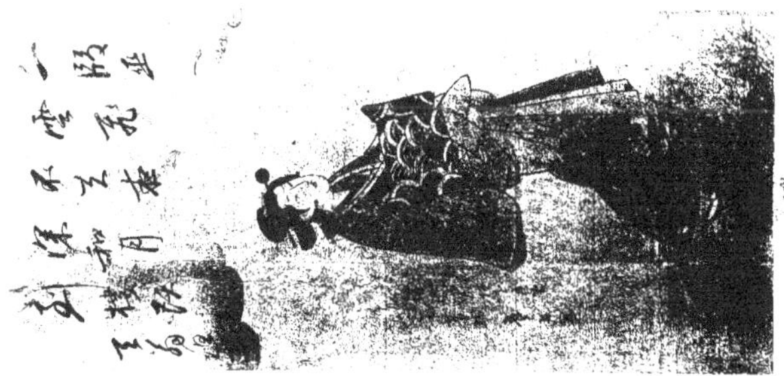

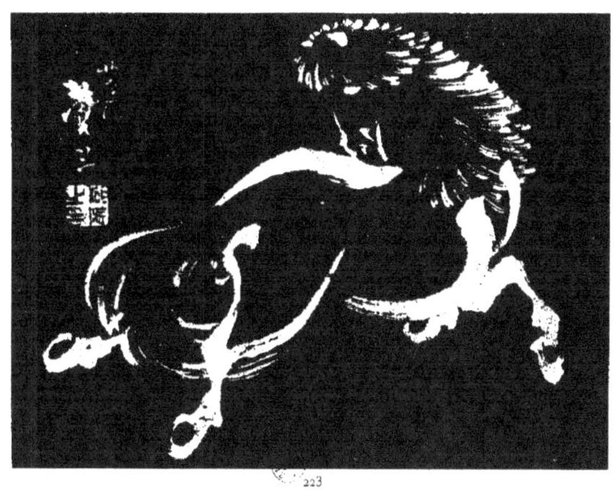

223

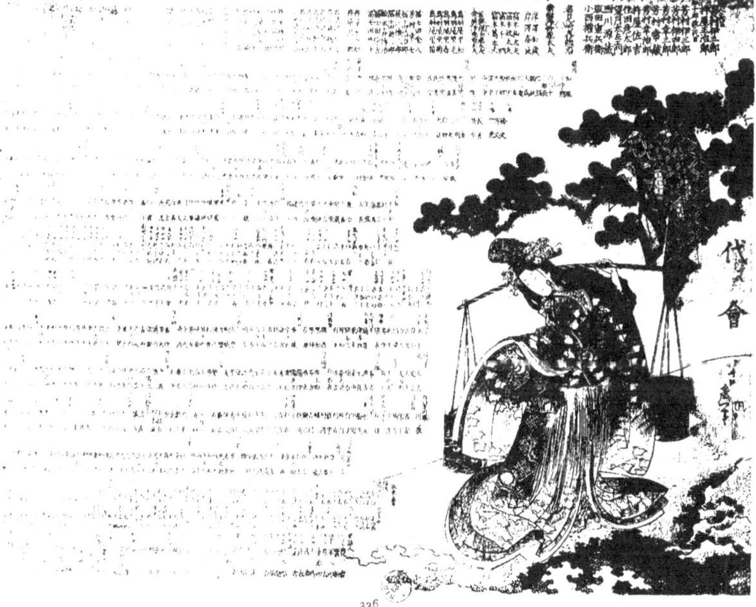

226

PL. LXXII

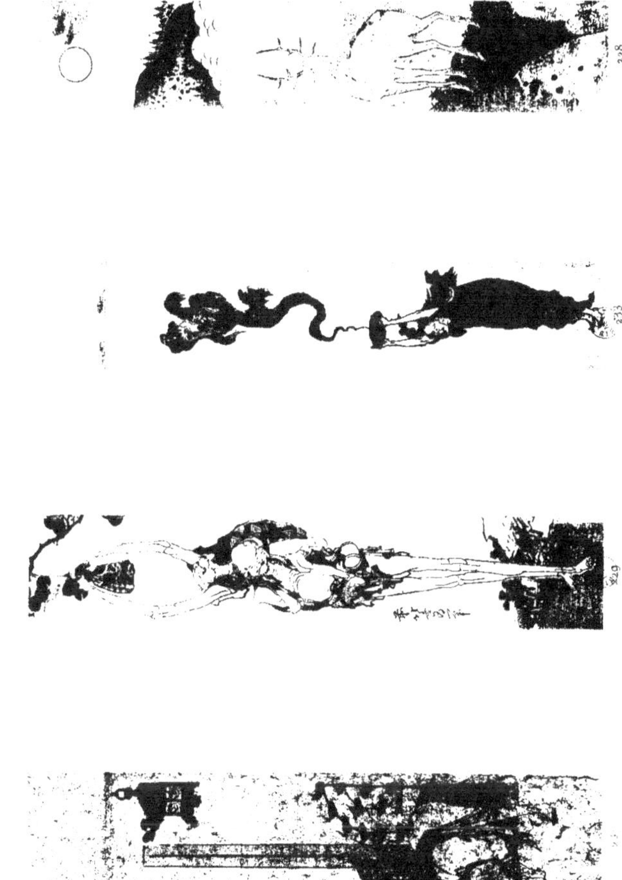

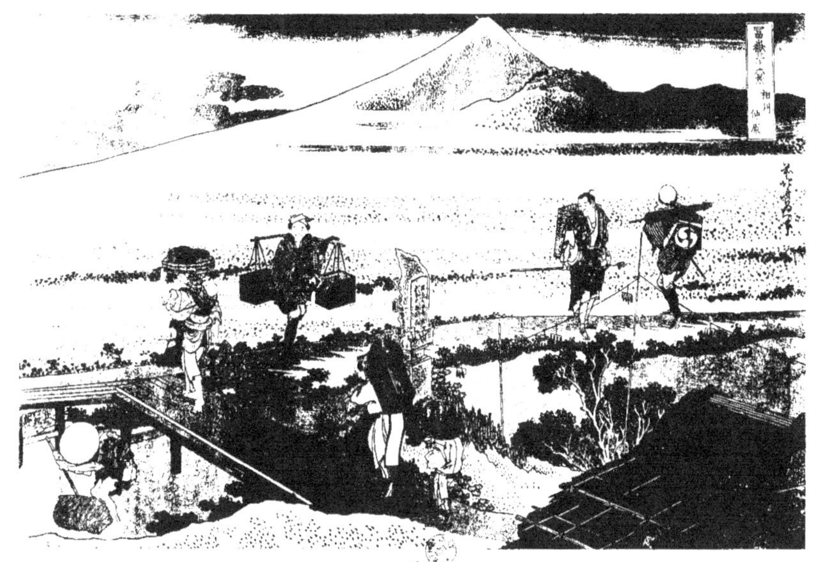

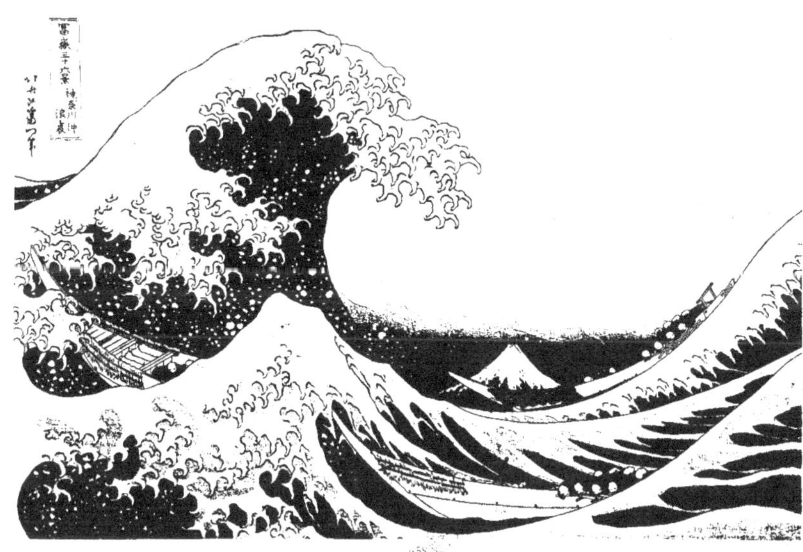

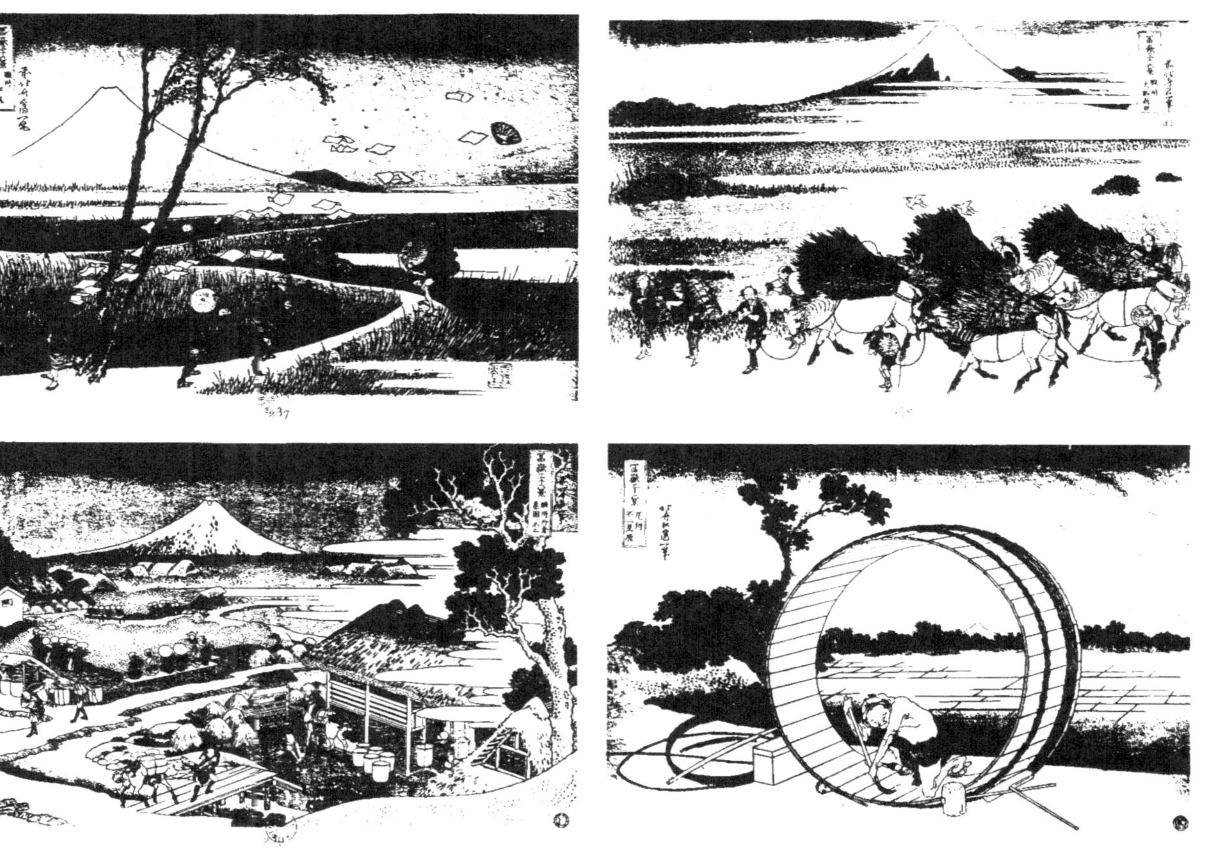

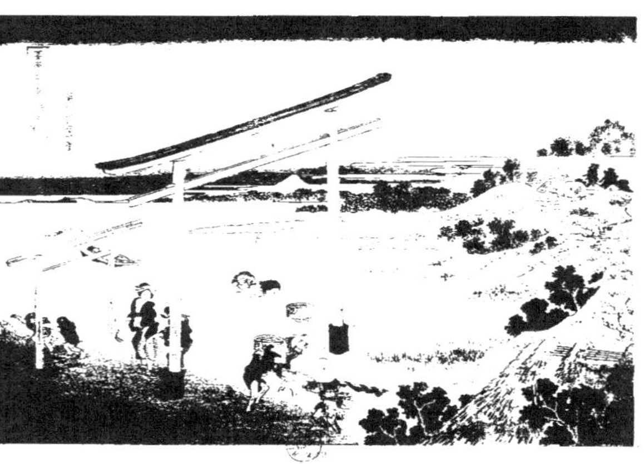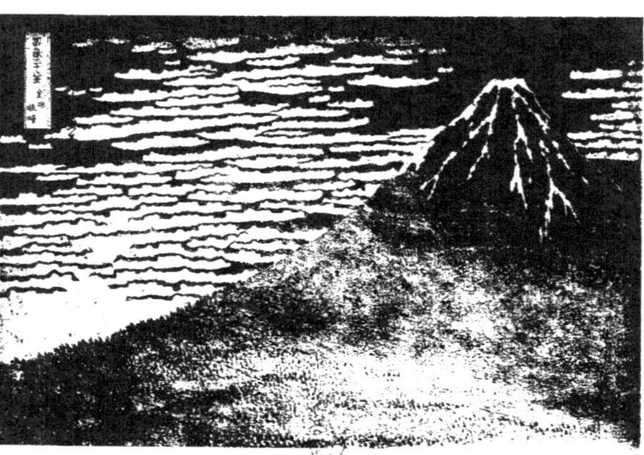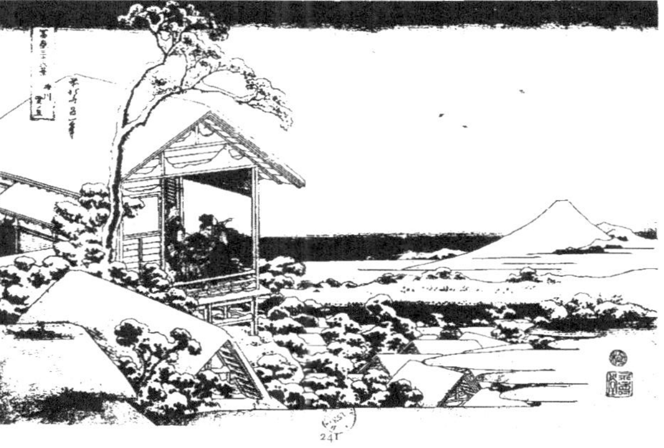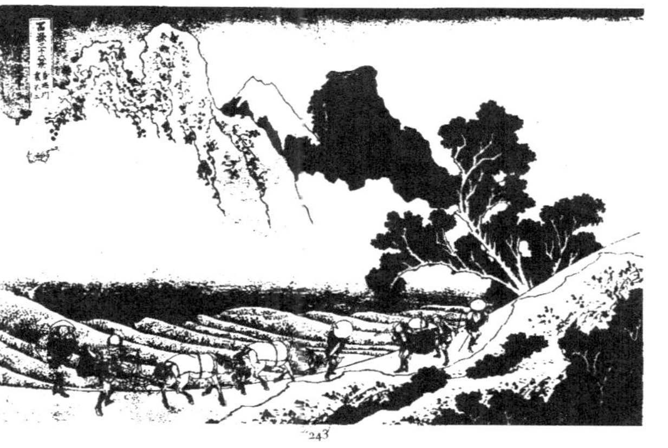

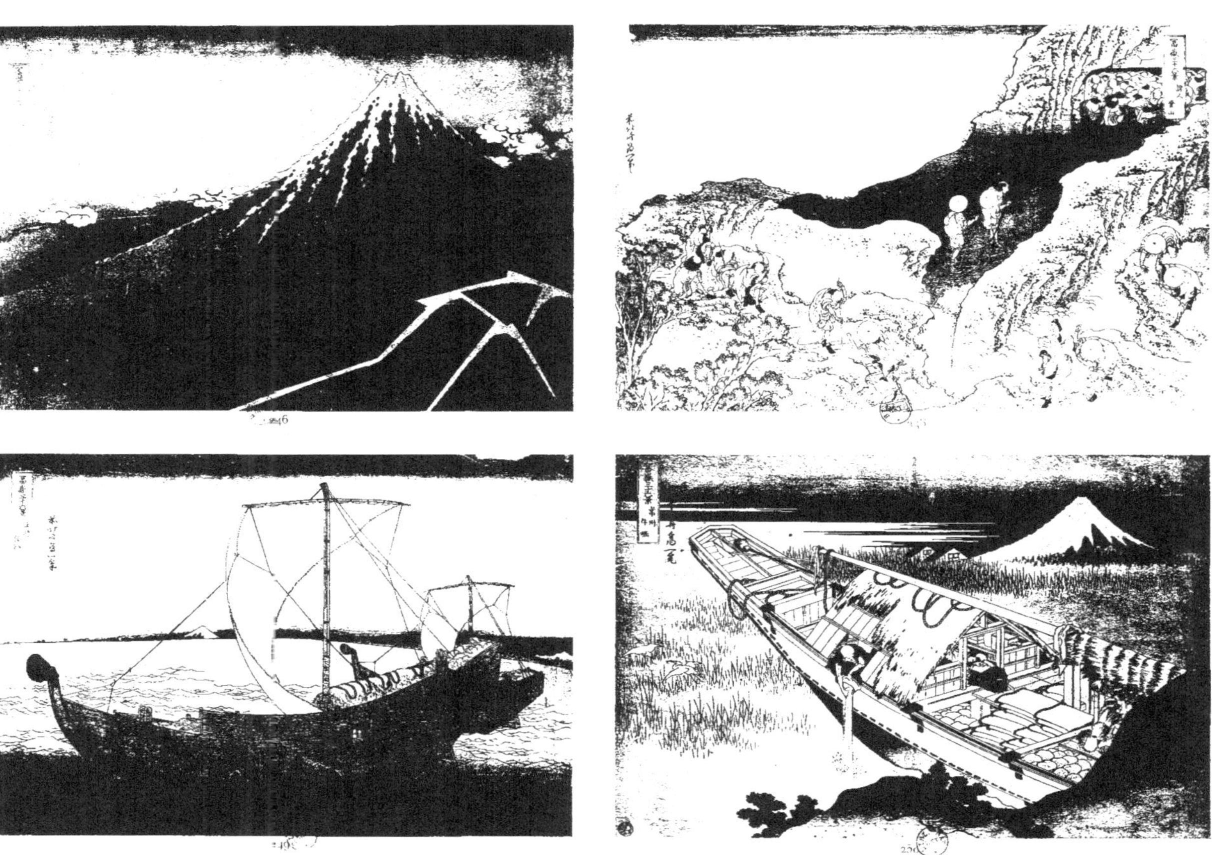

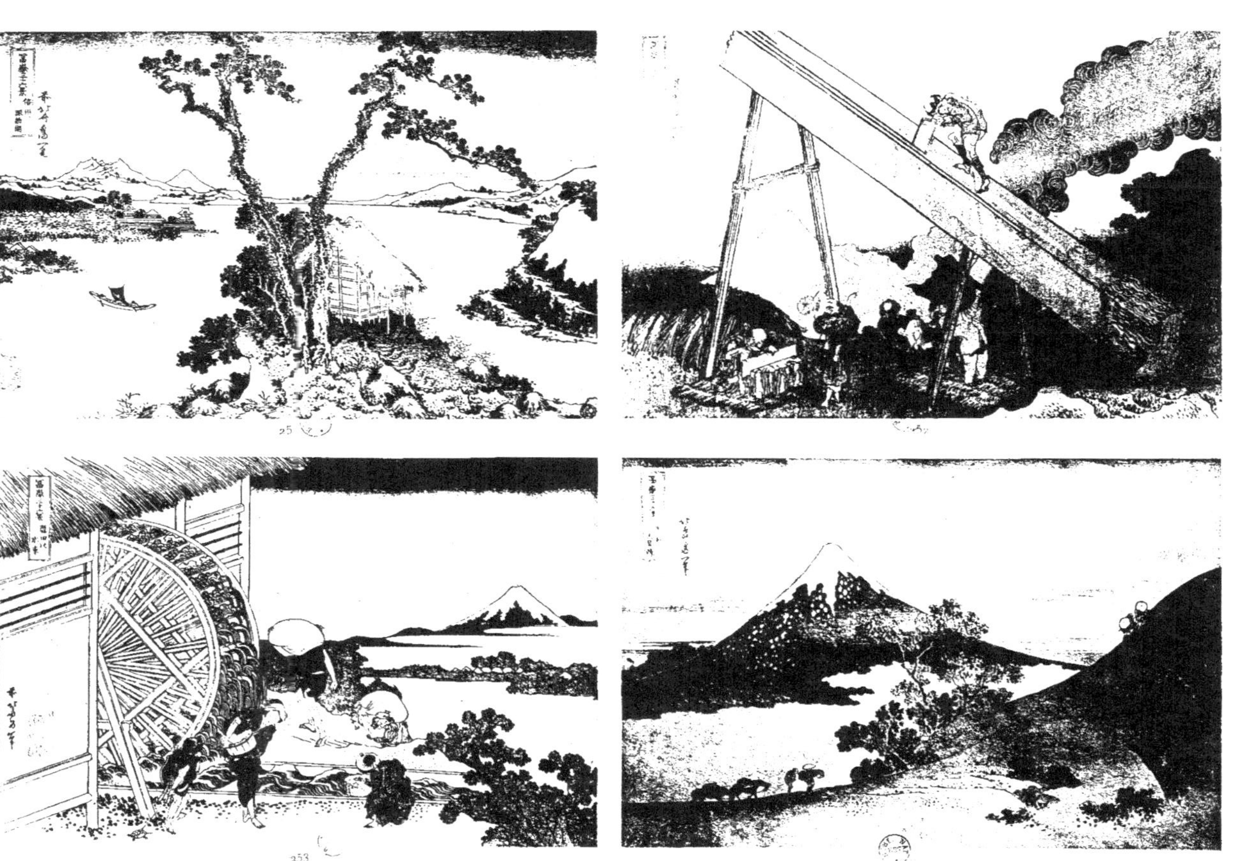

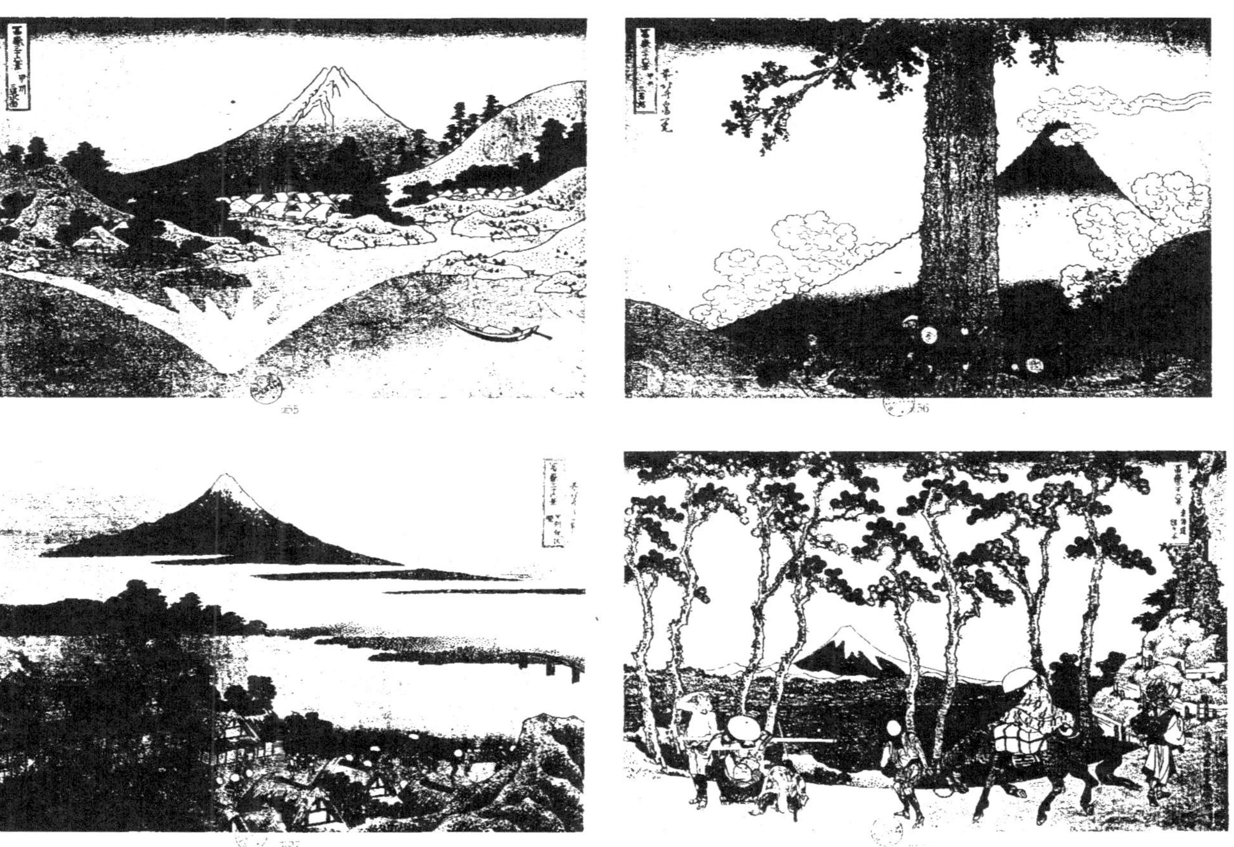

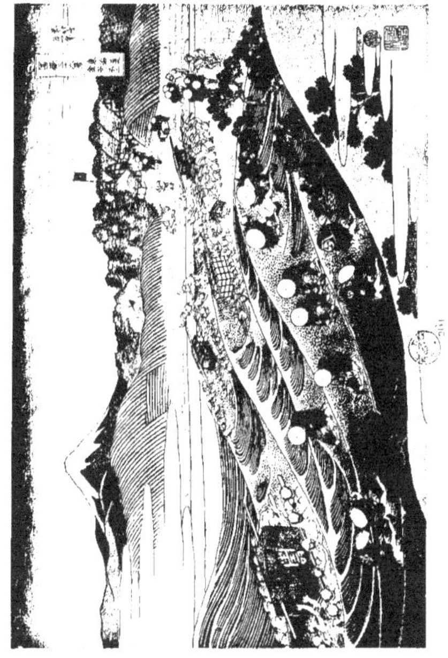

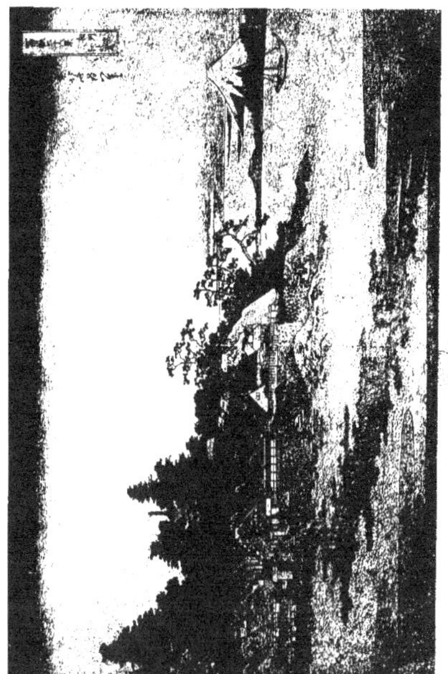

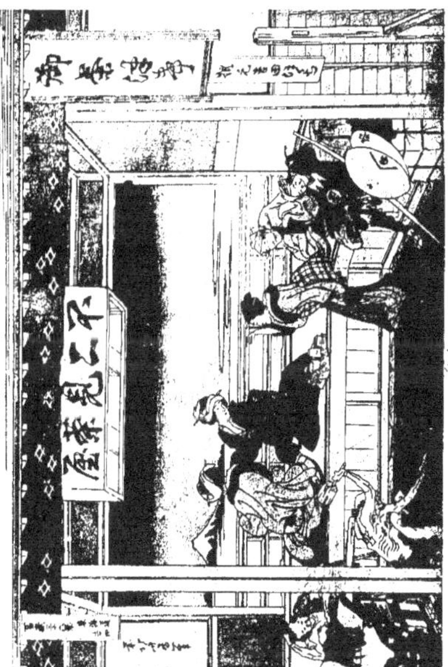

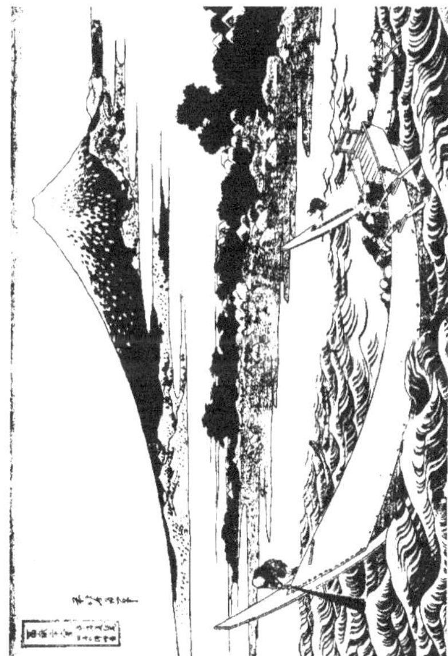

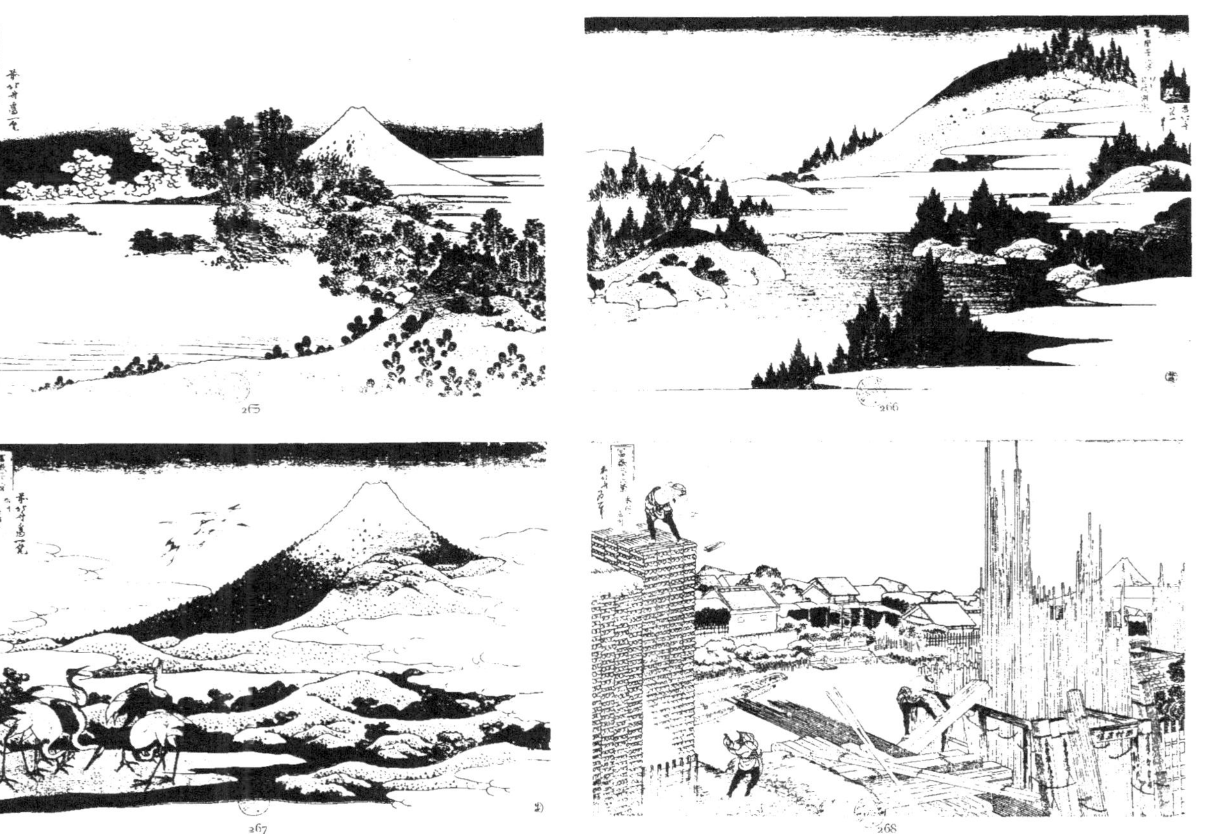

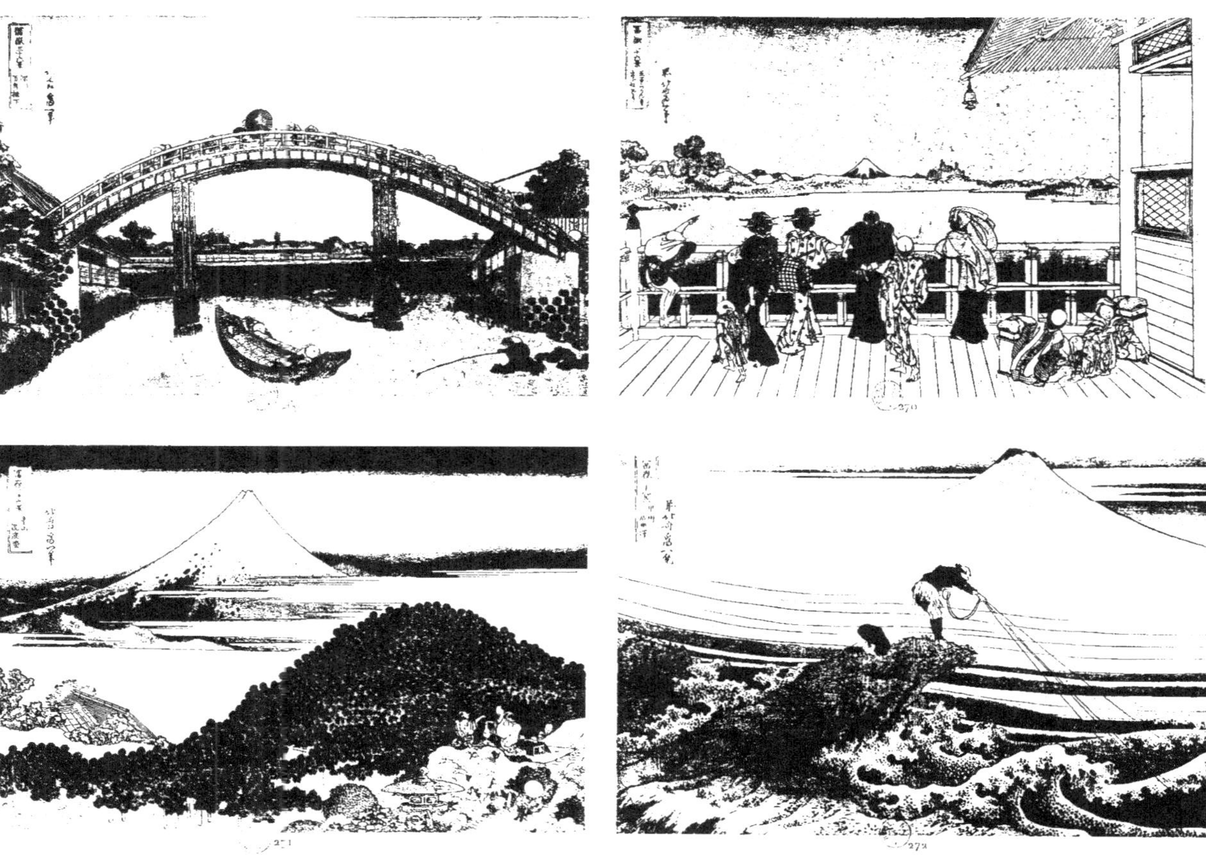

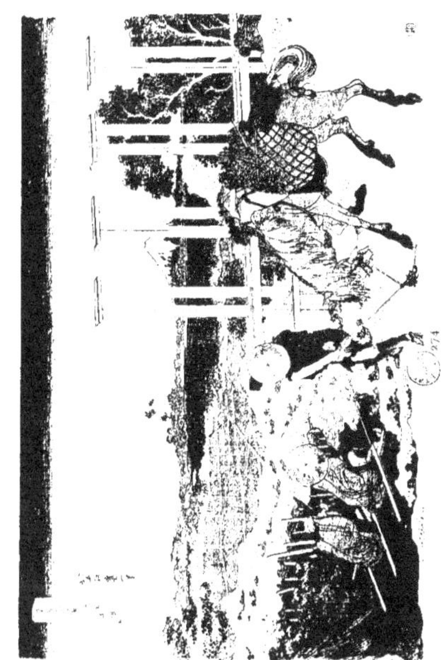

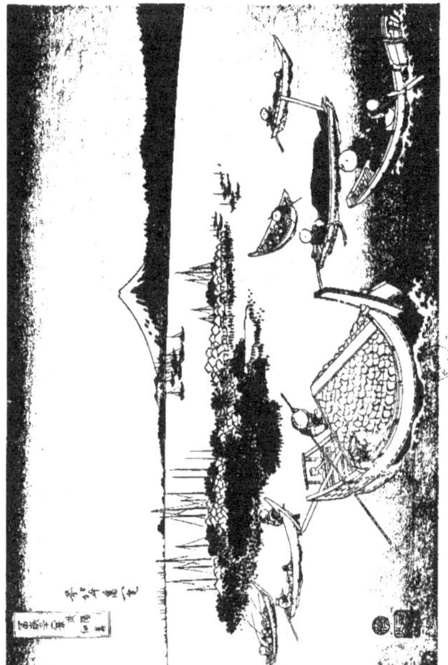

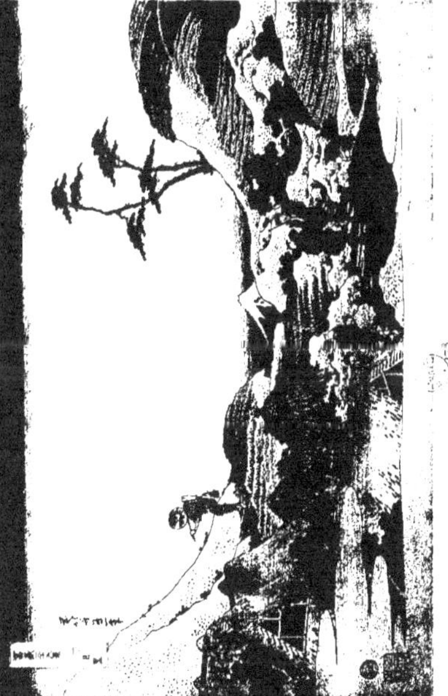

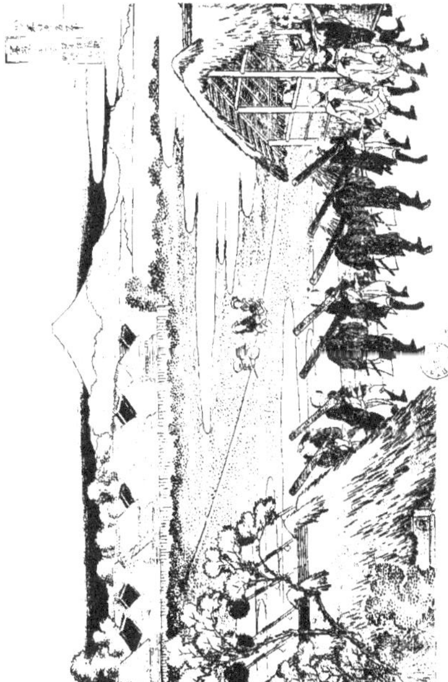

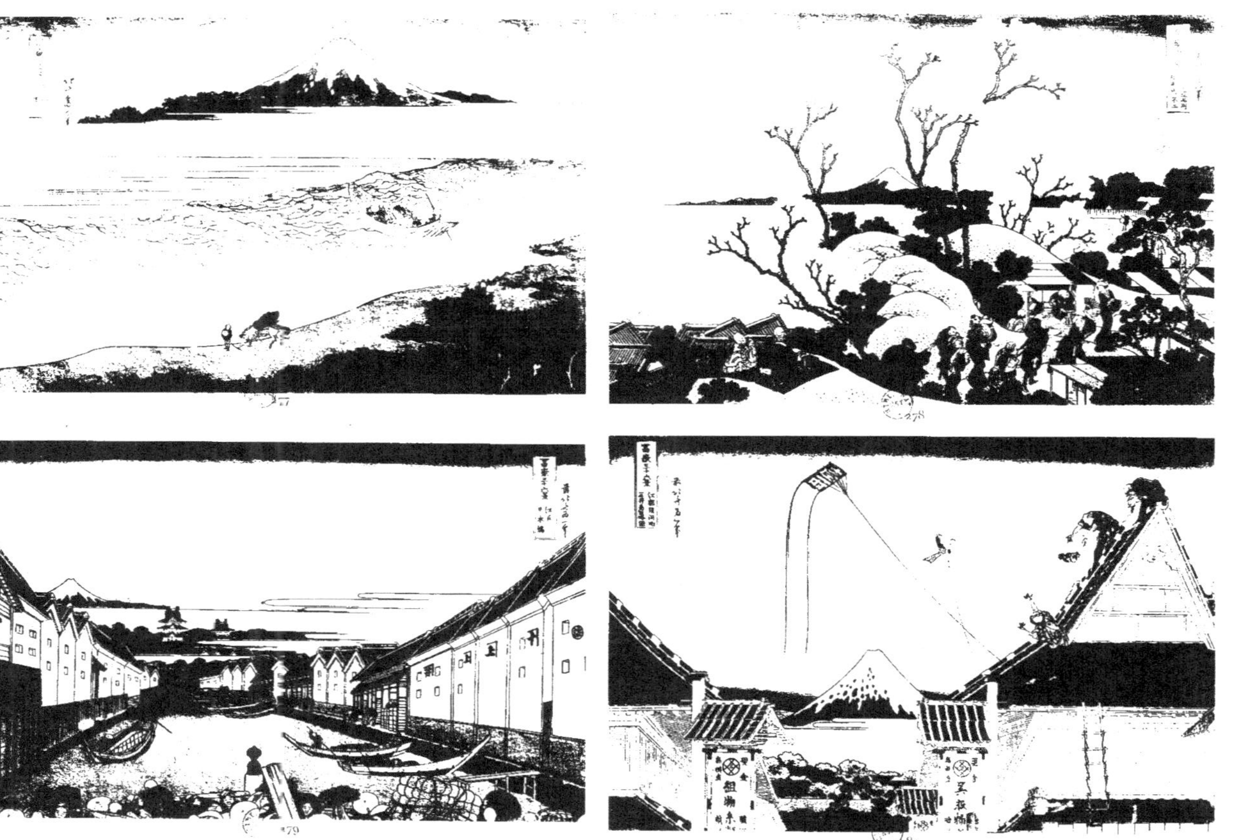

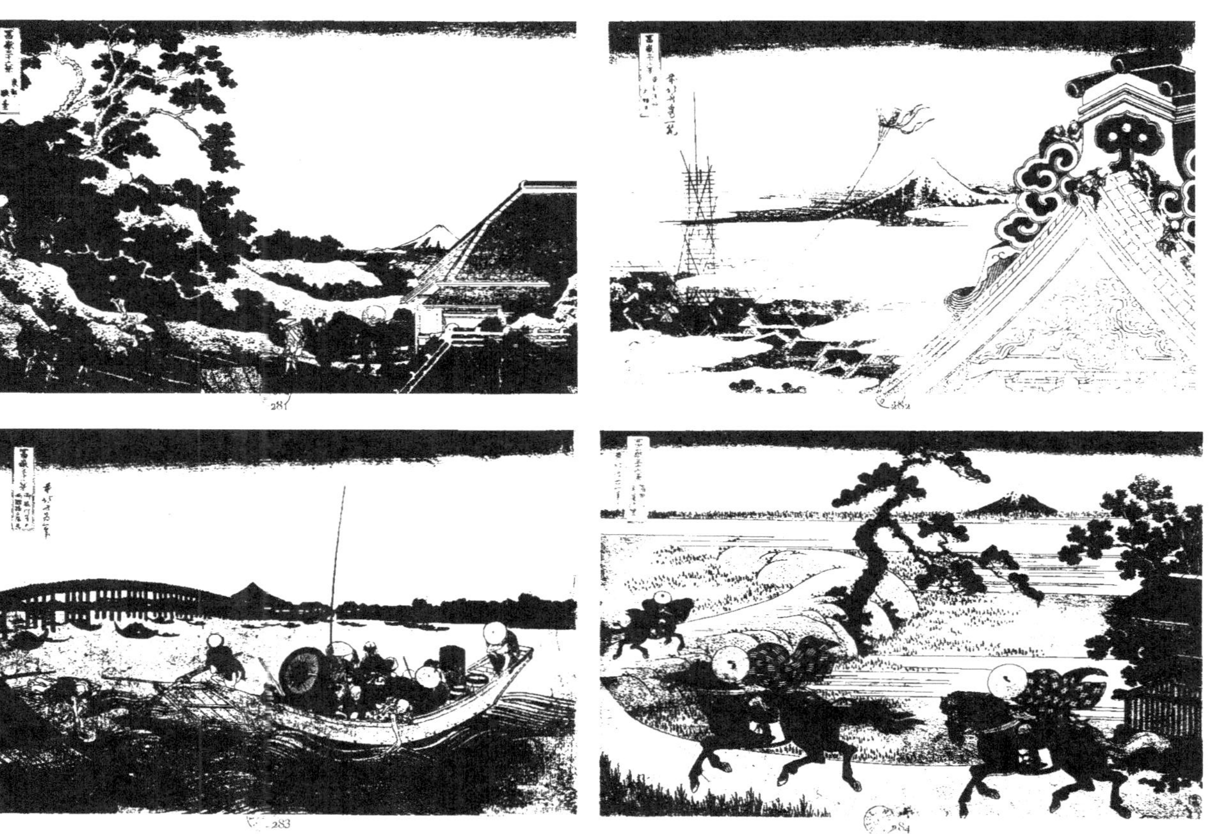

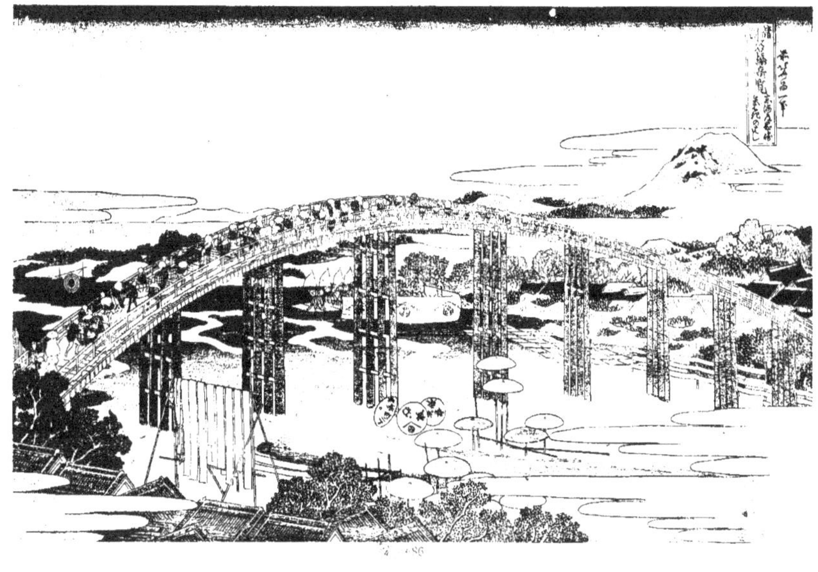

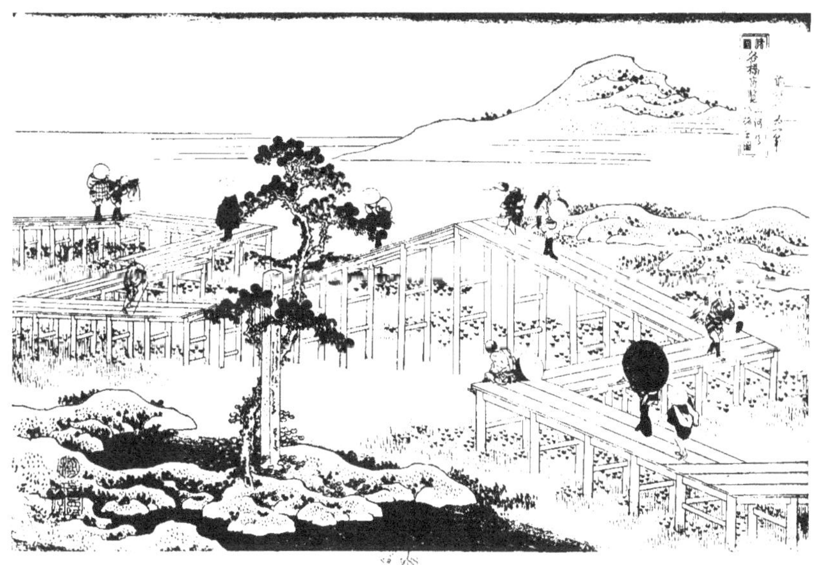

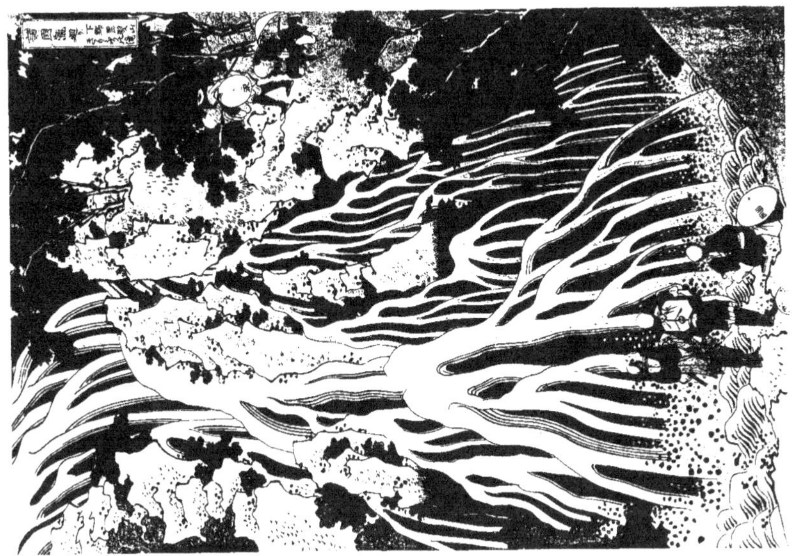

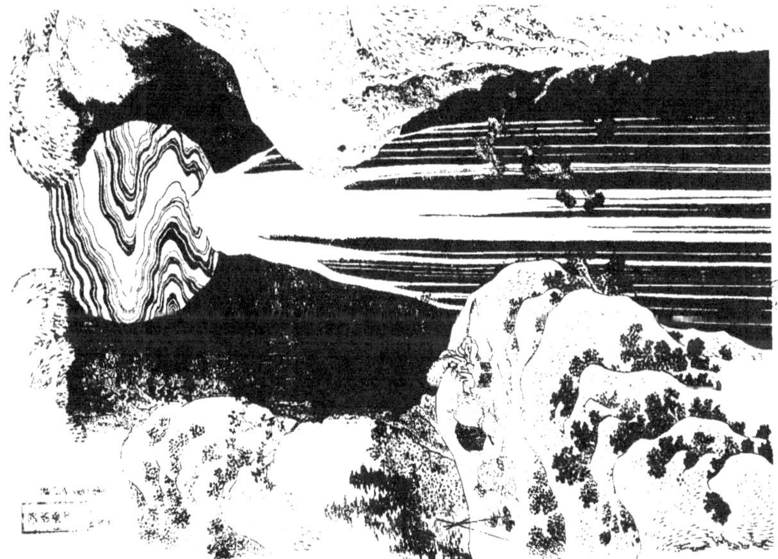

YEISHI. CHOKI. HOKUSAI

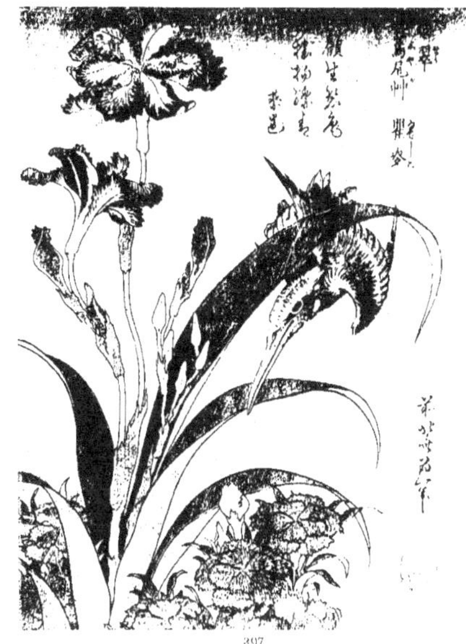

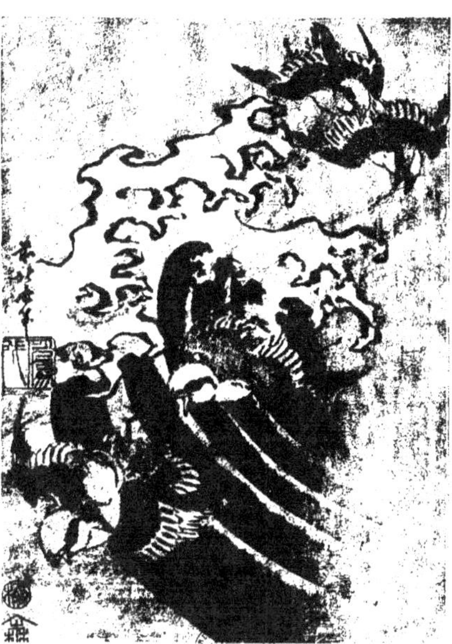

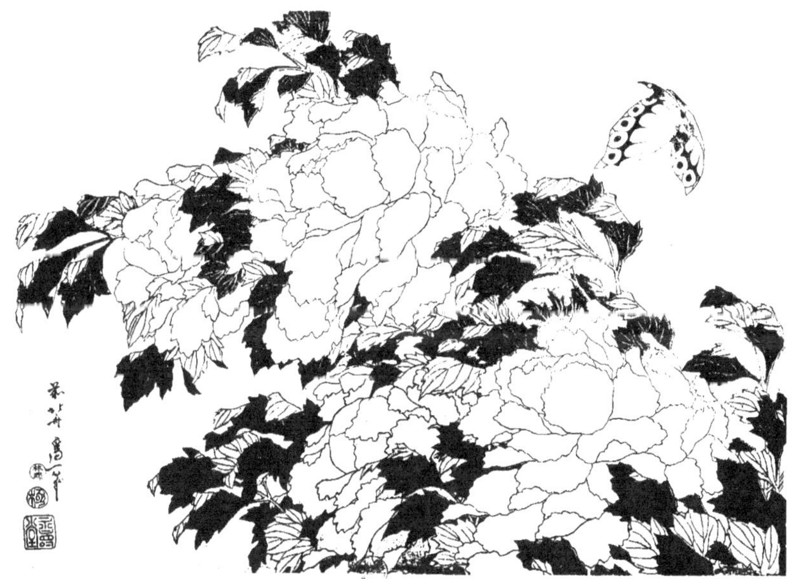

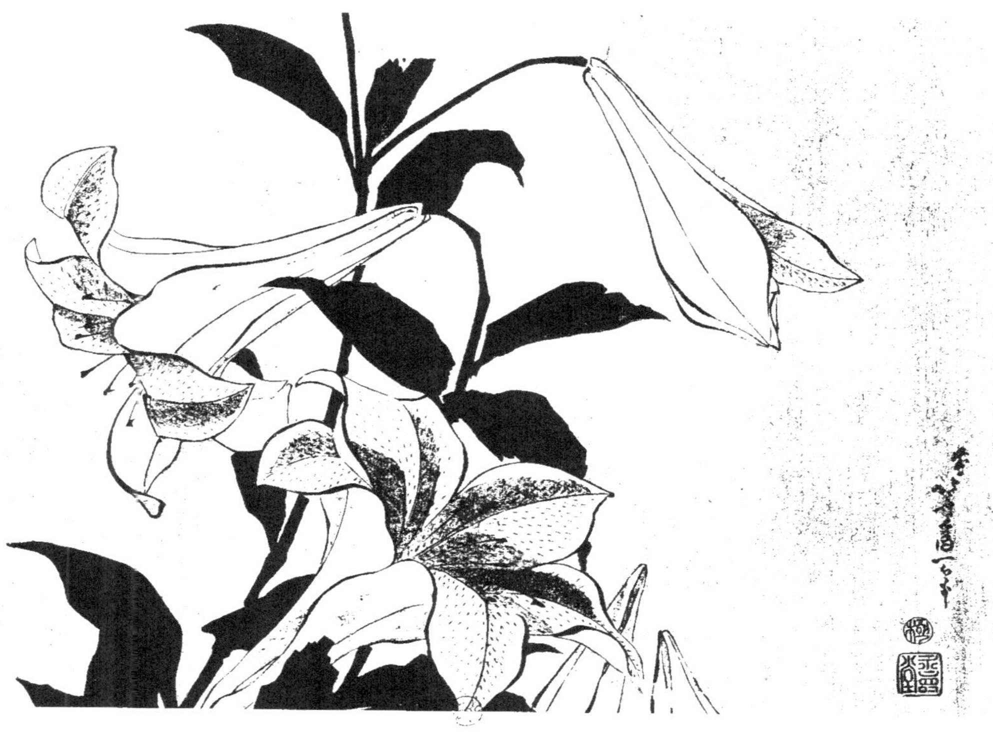

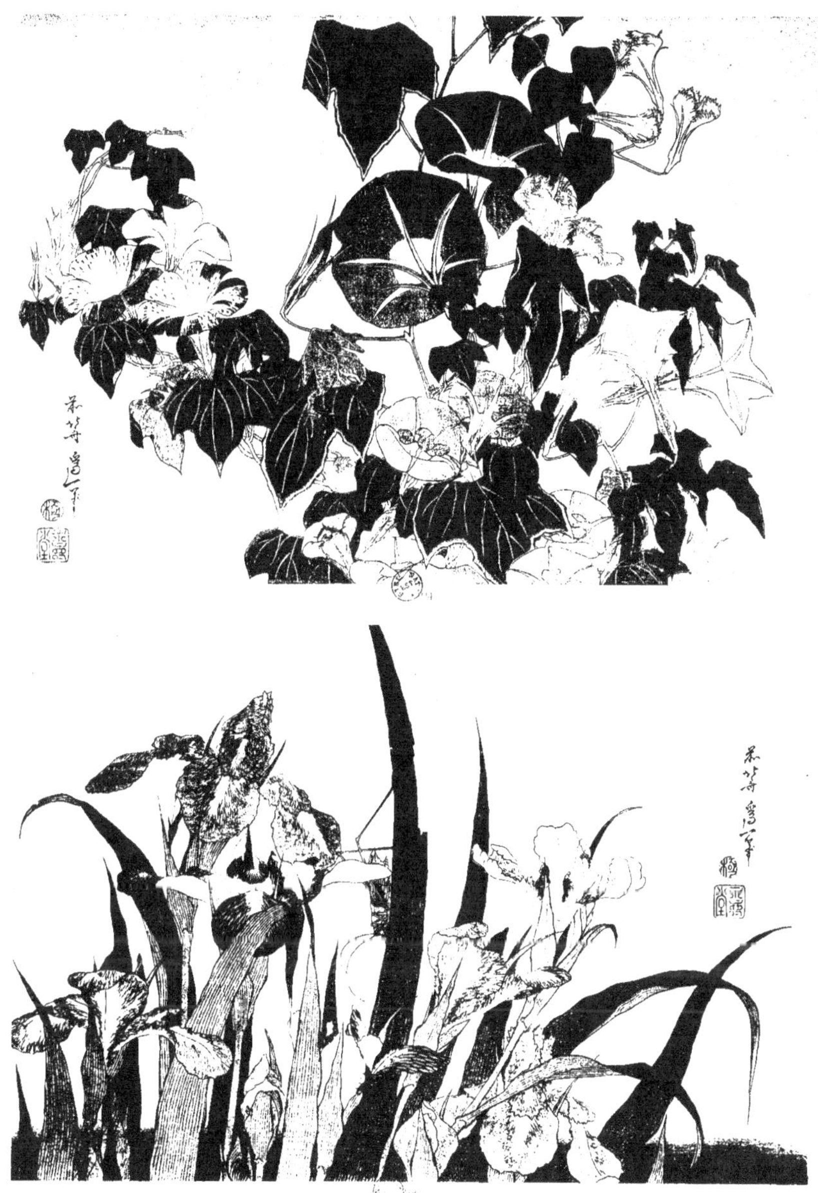

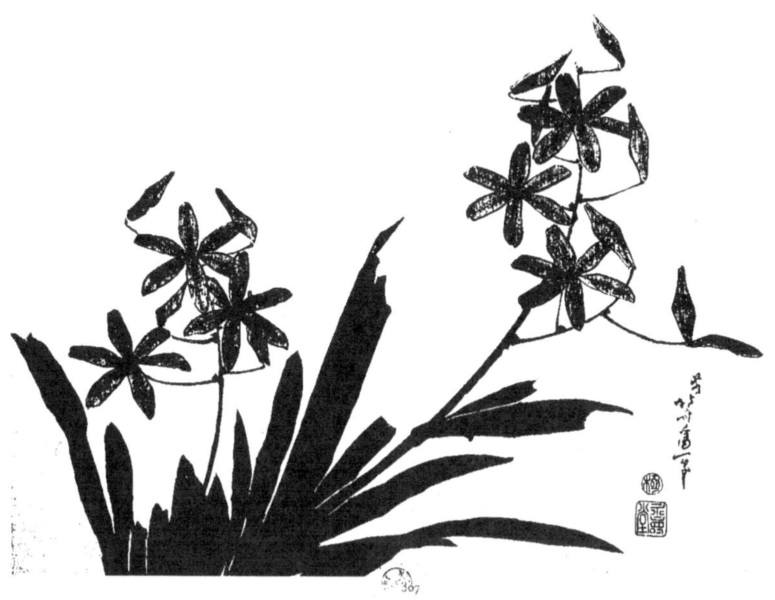

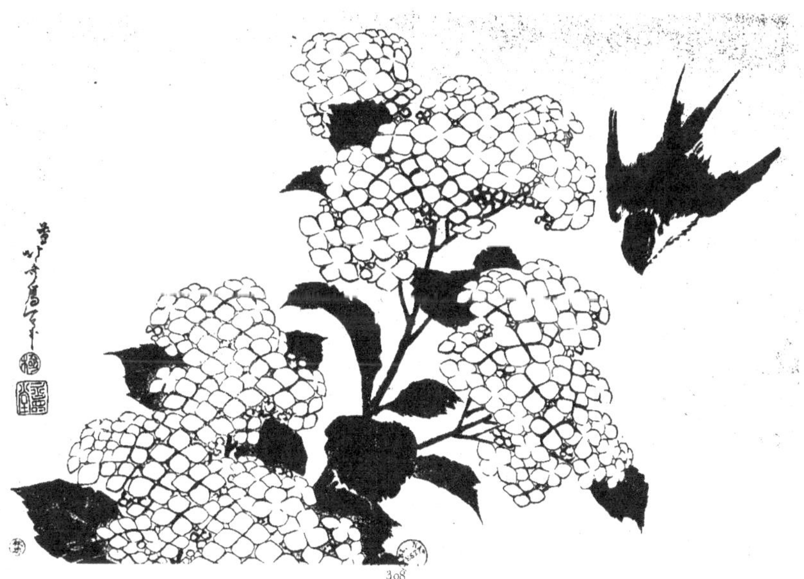

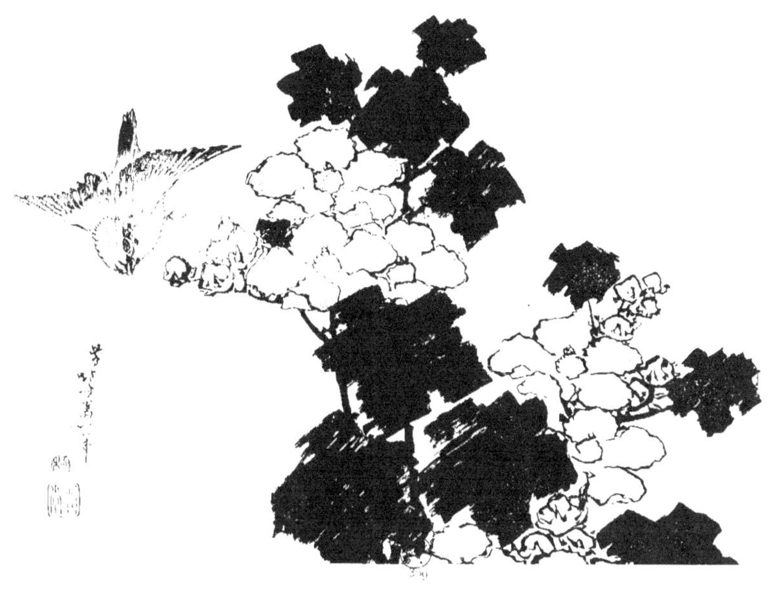

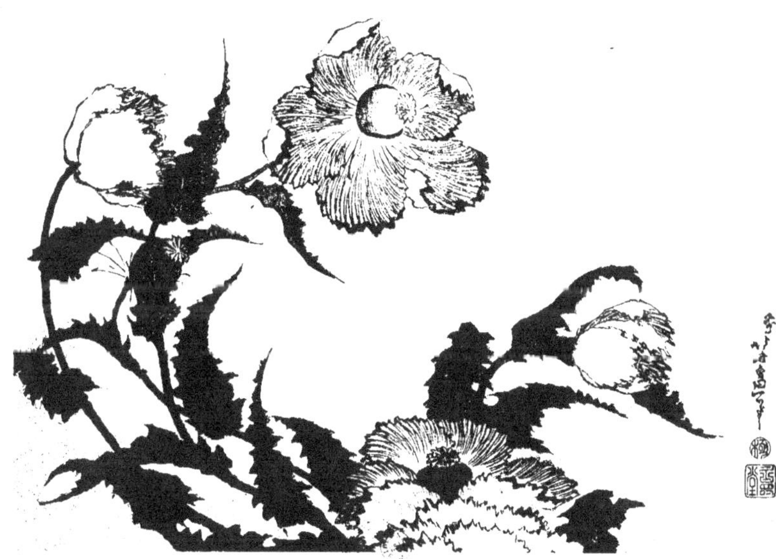

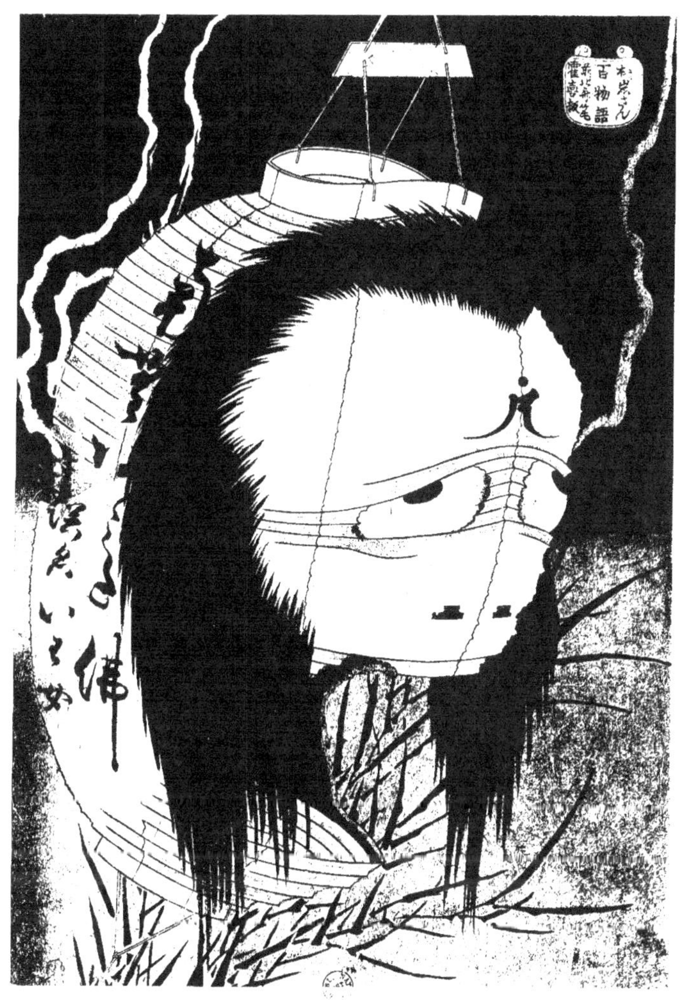

[illegible] FORT HOKUSAI

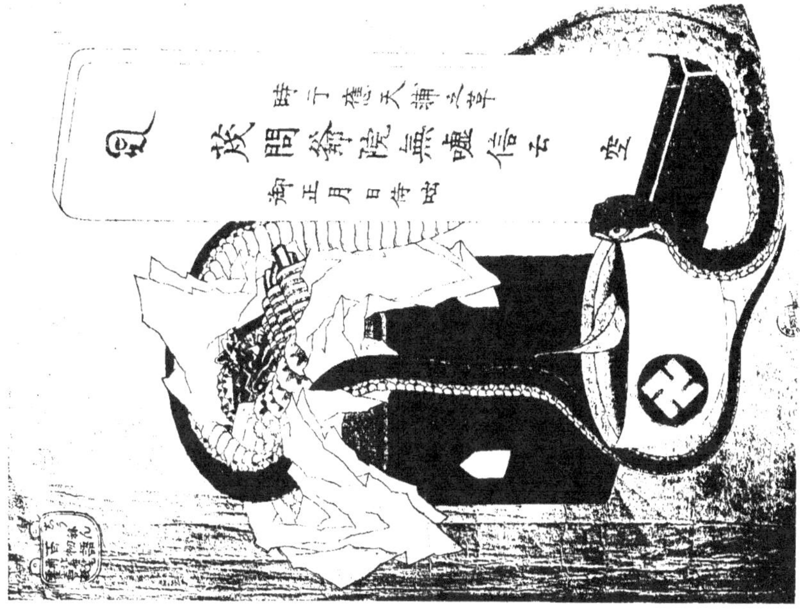

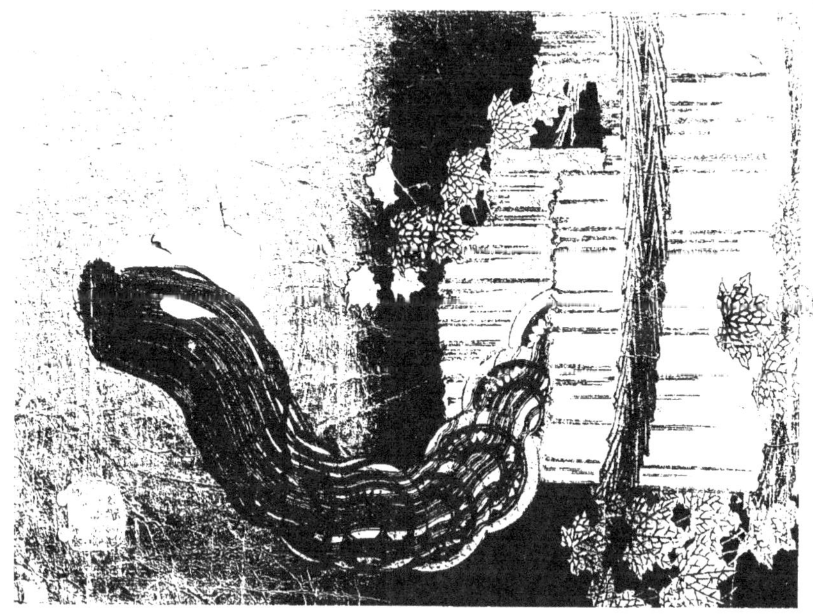

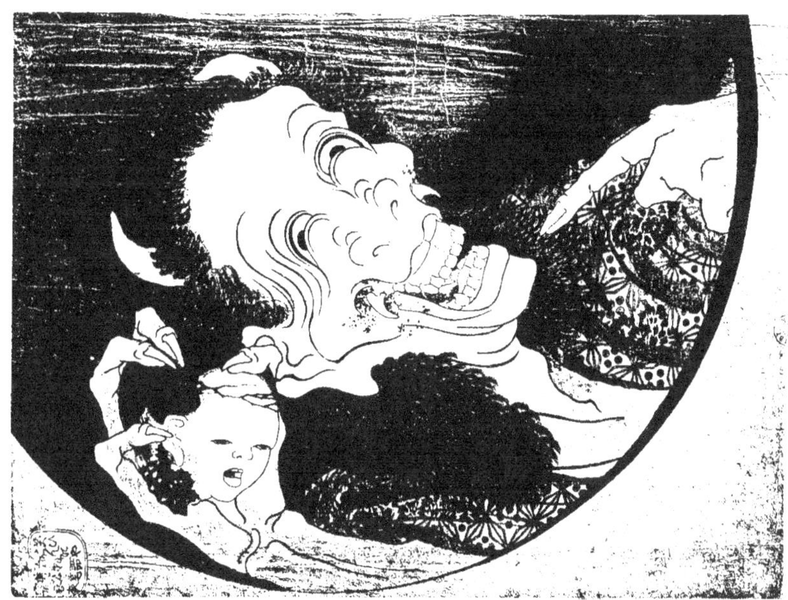

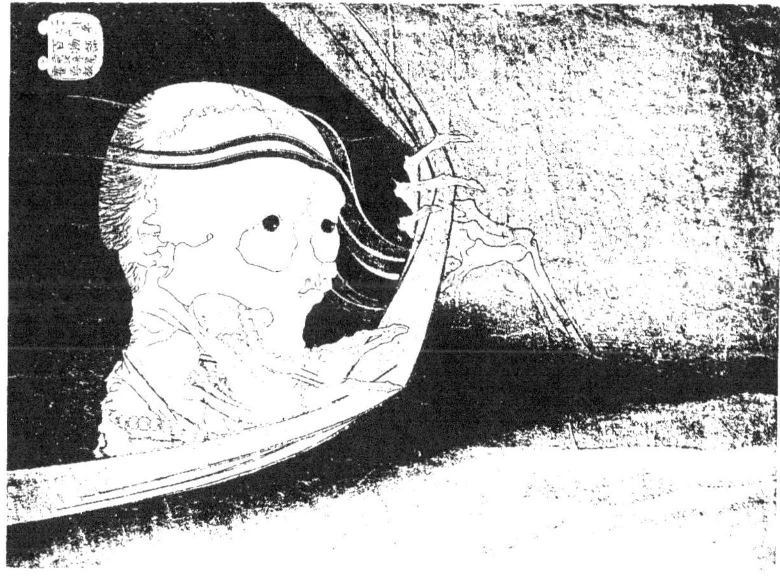

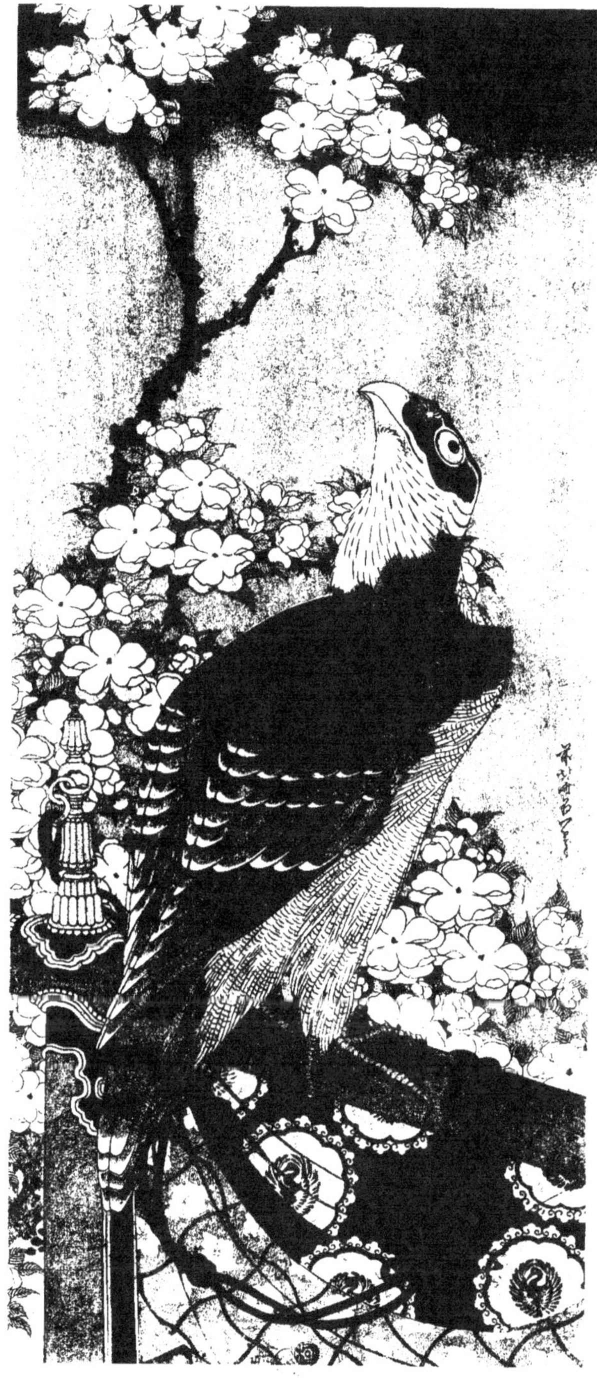

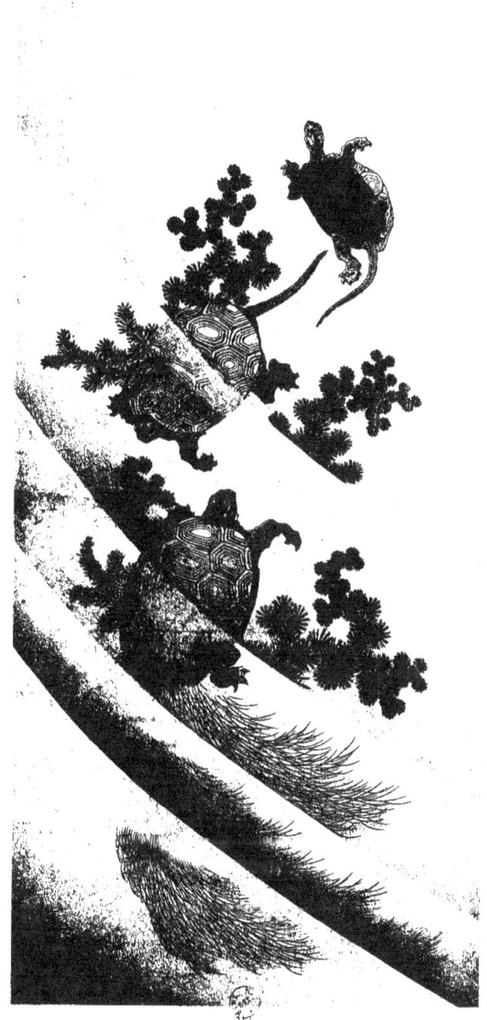

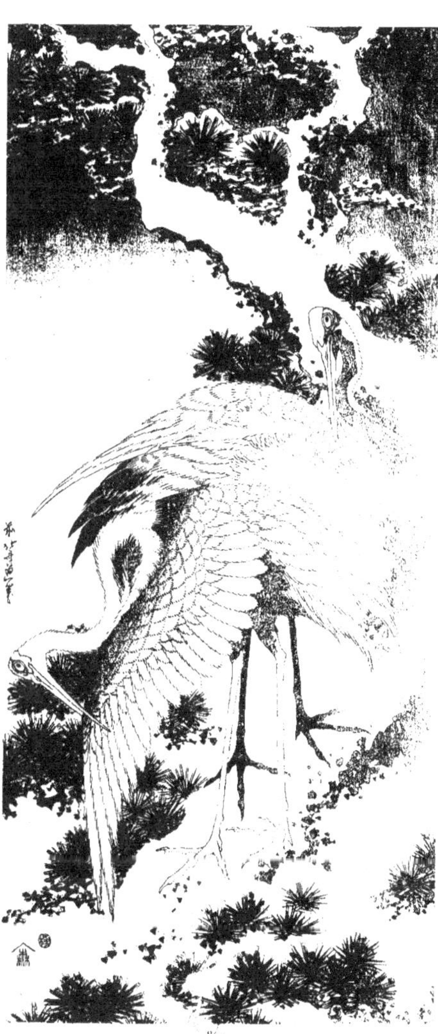

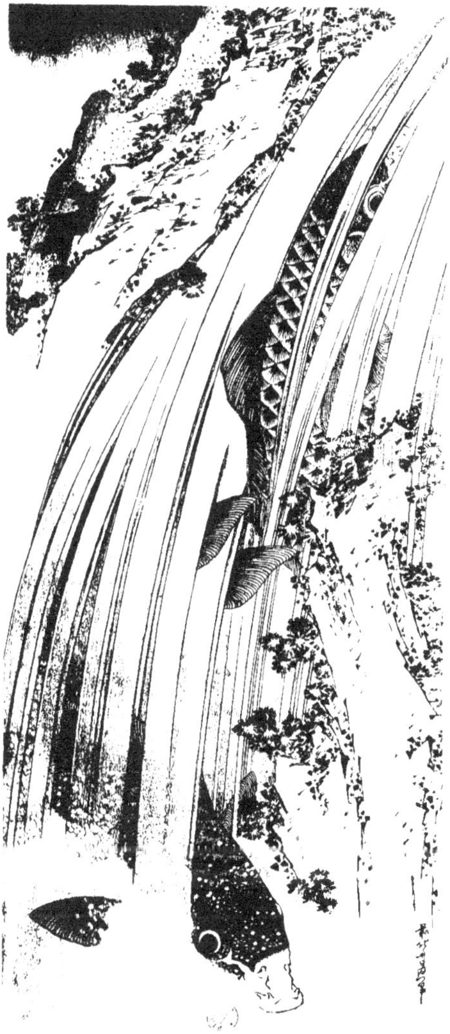

316

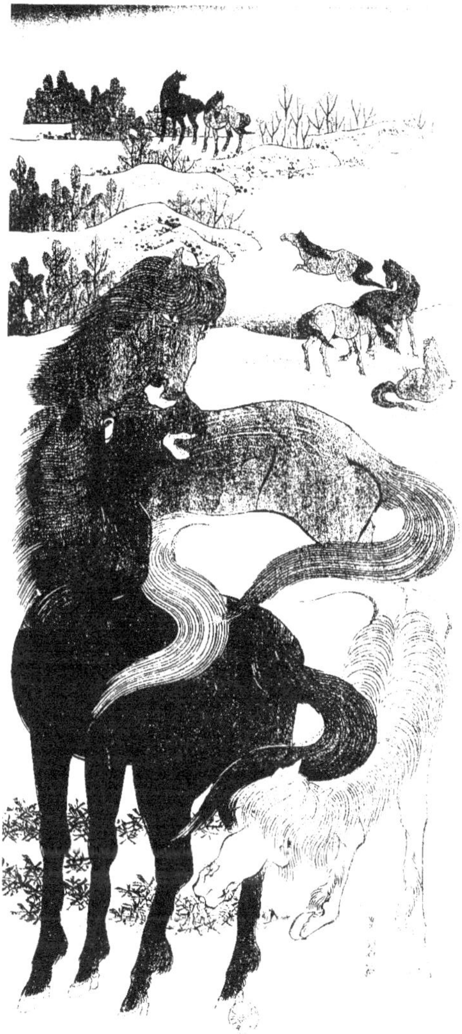

318

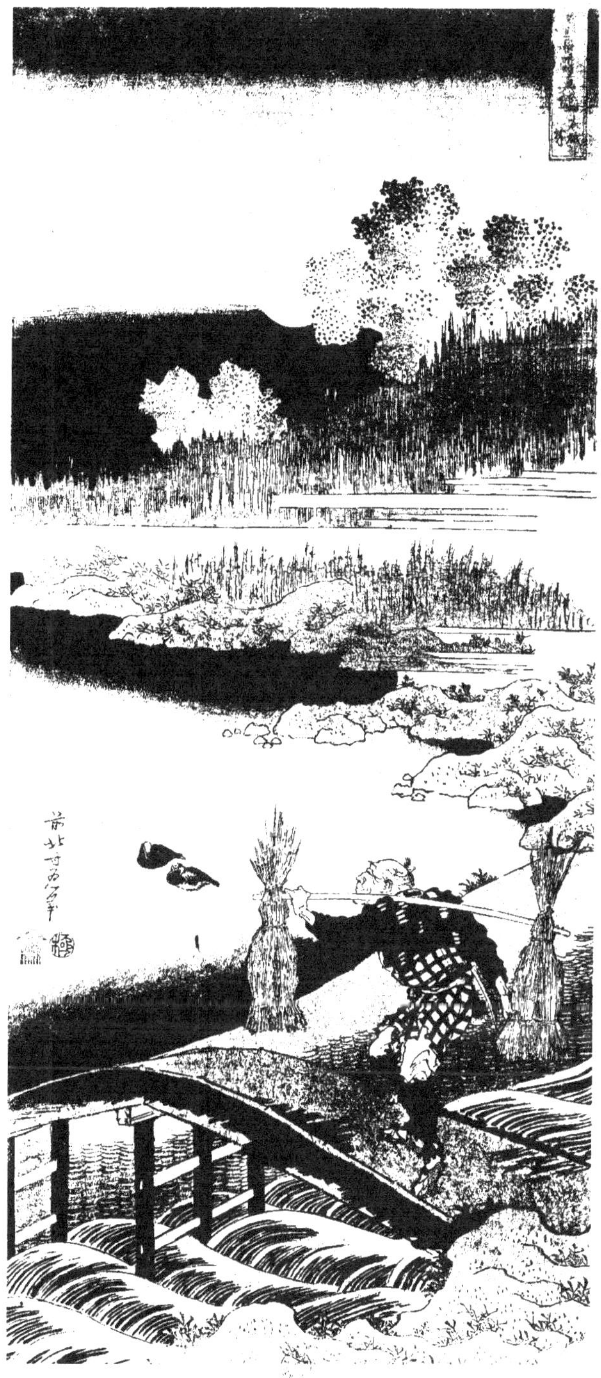

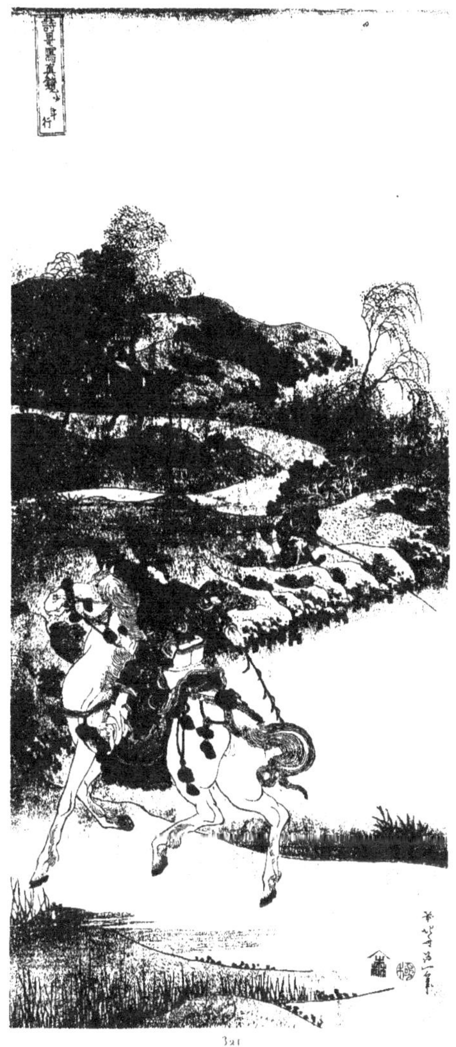

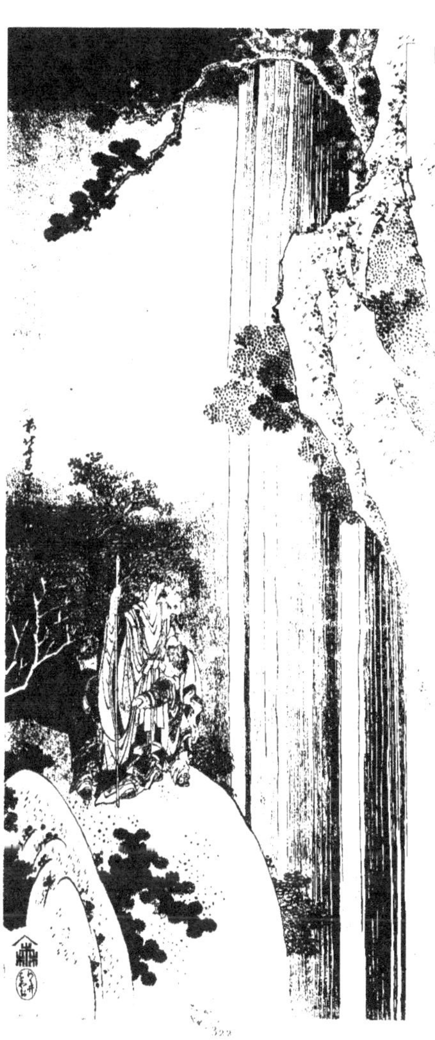

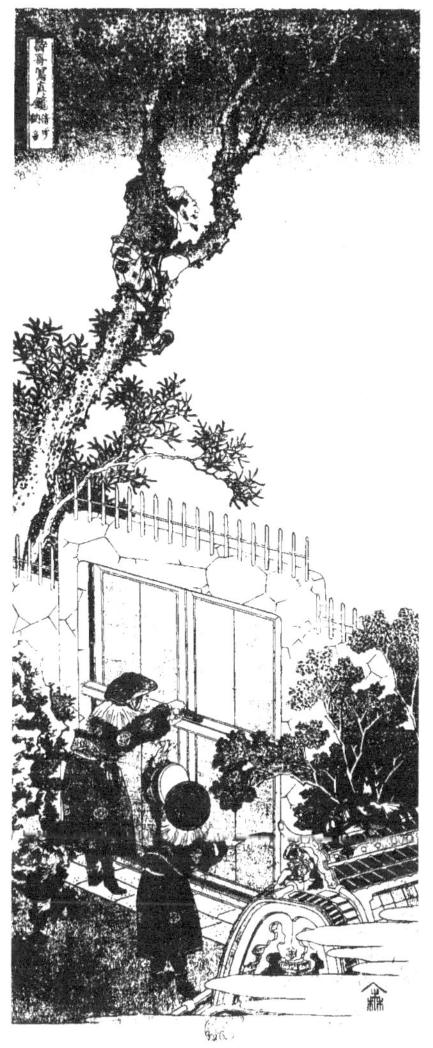 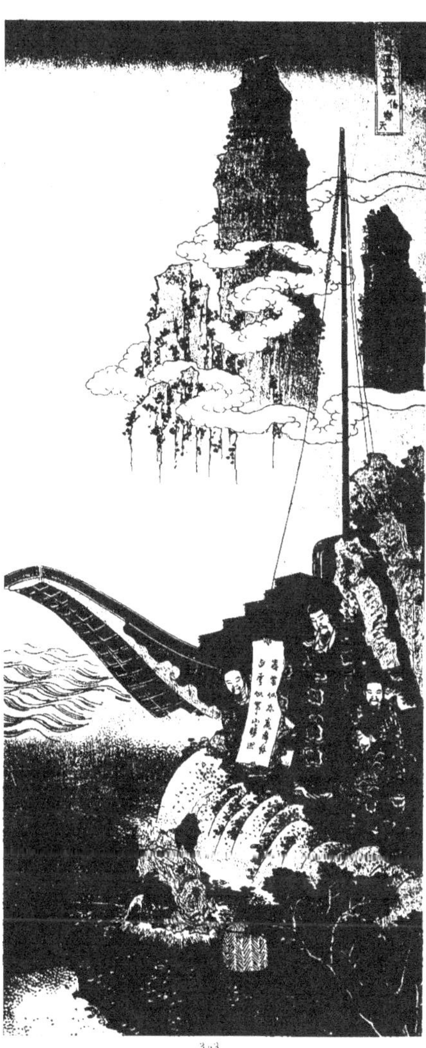

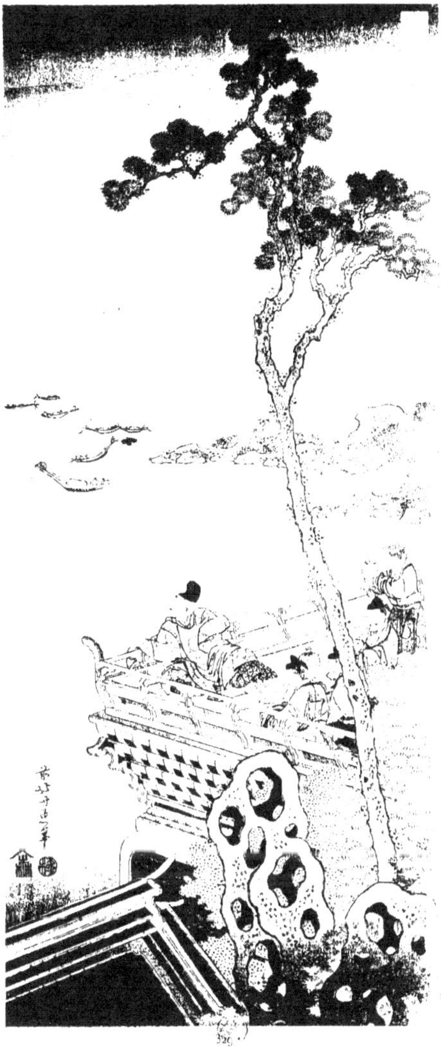

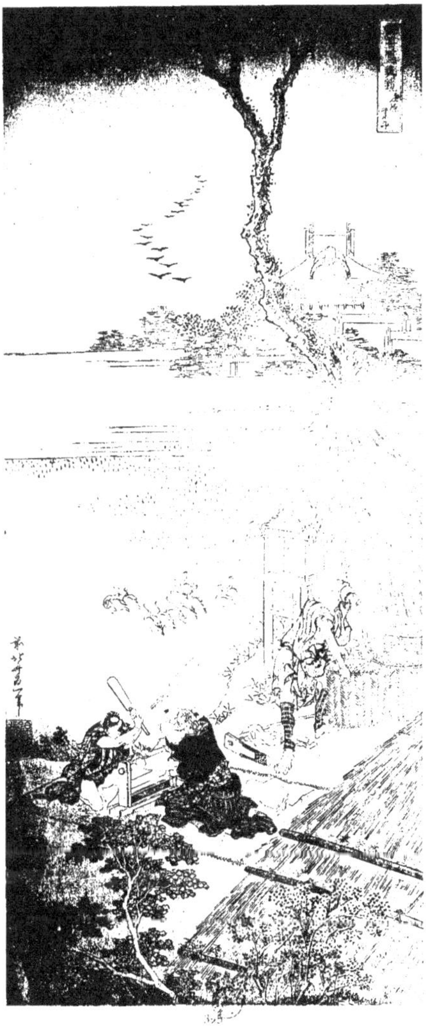

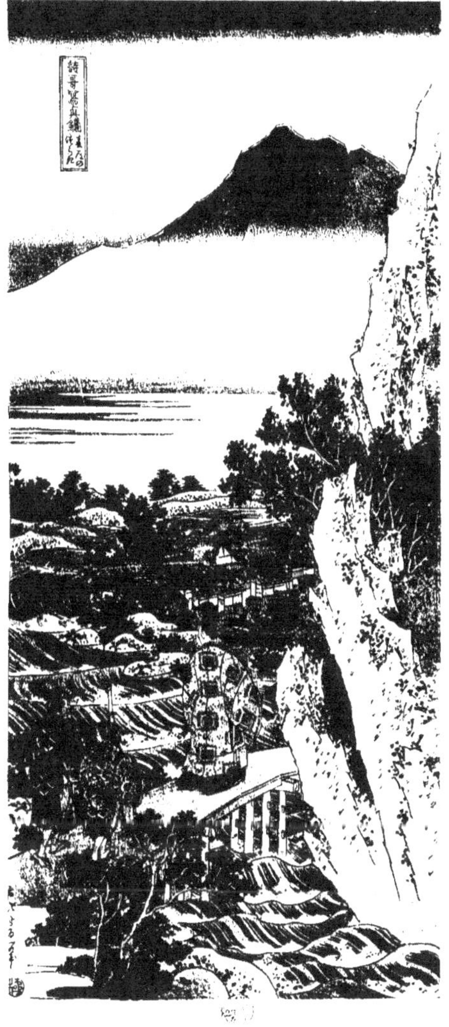

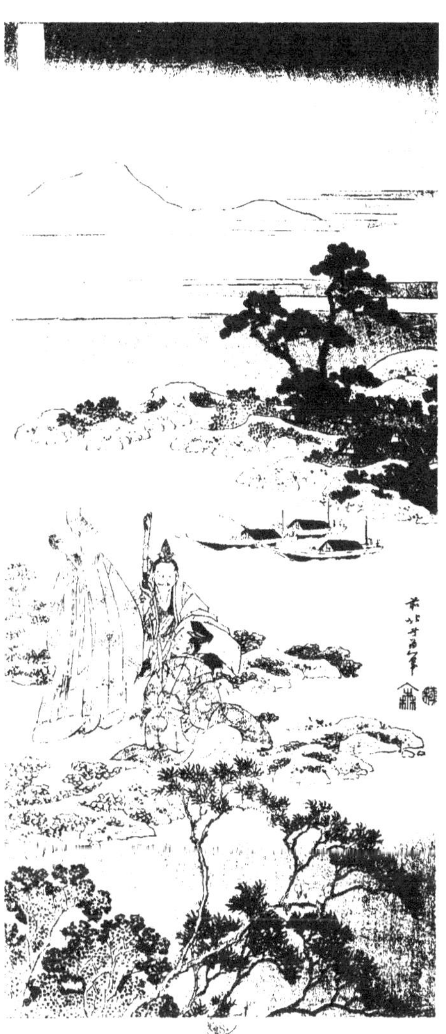

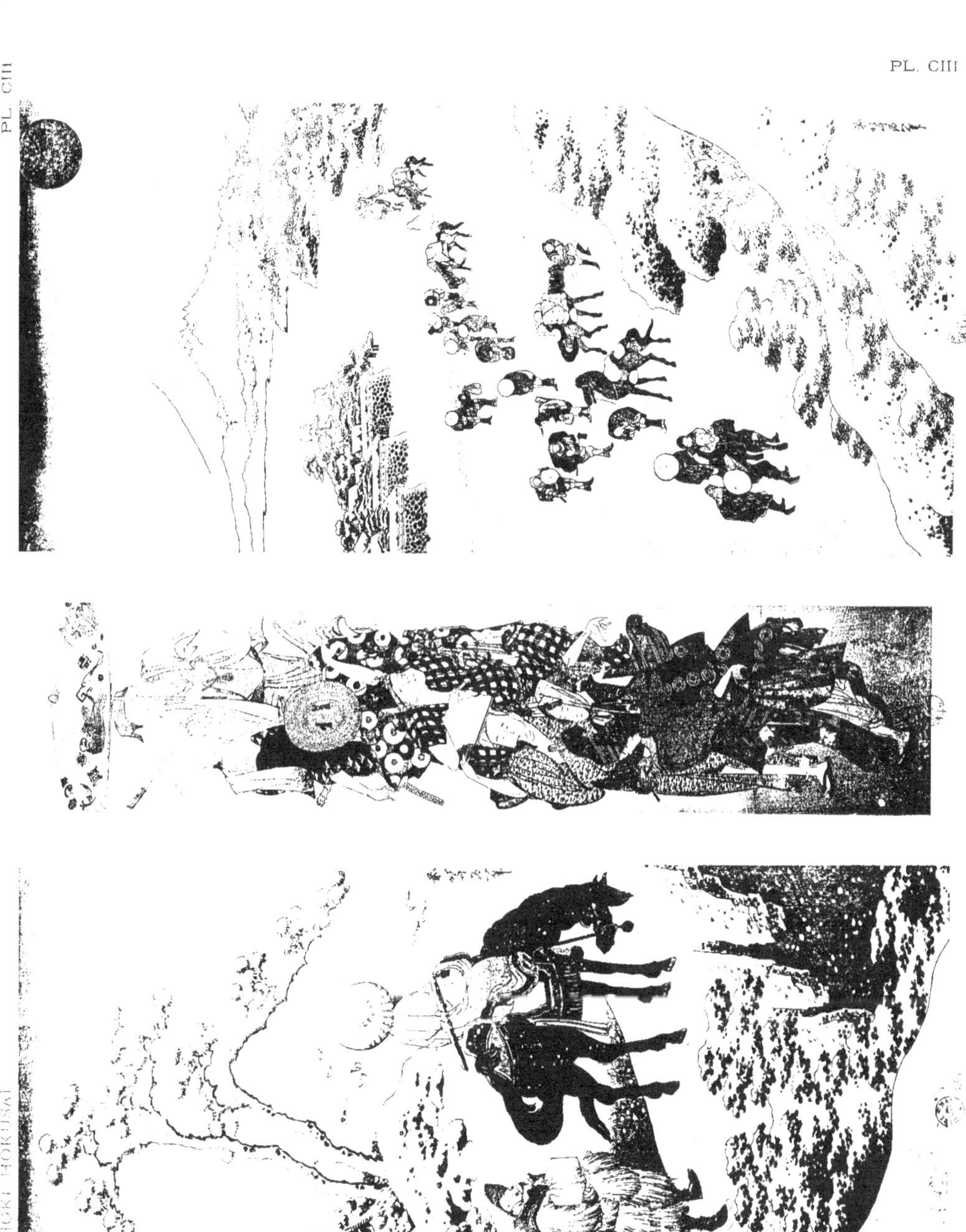

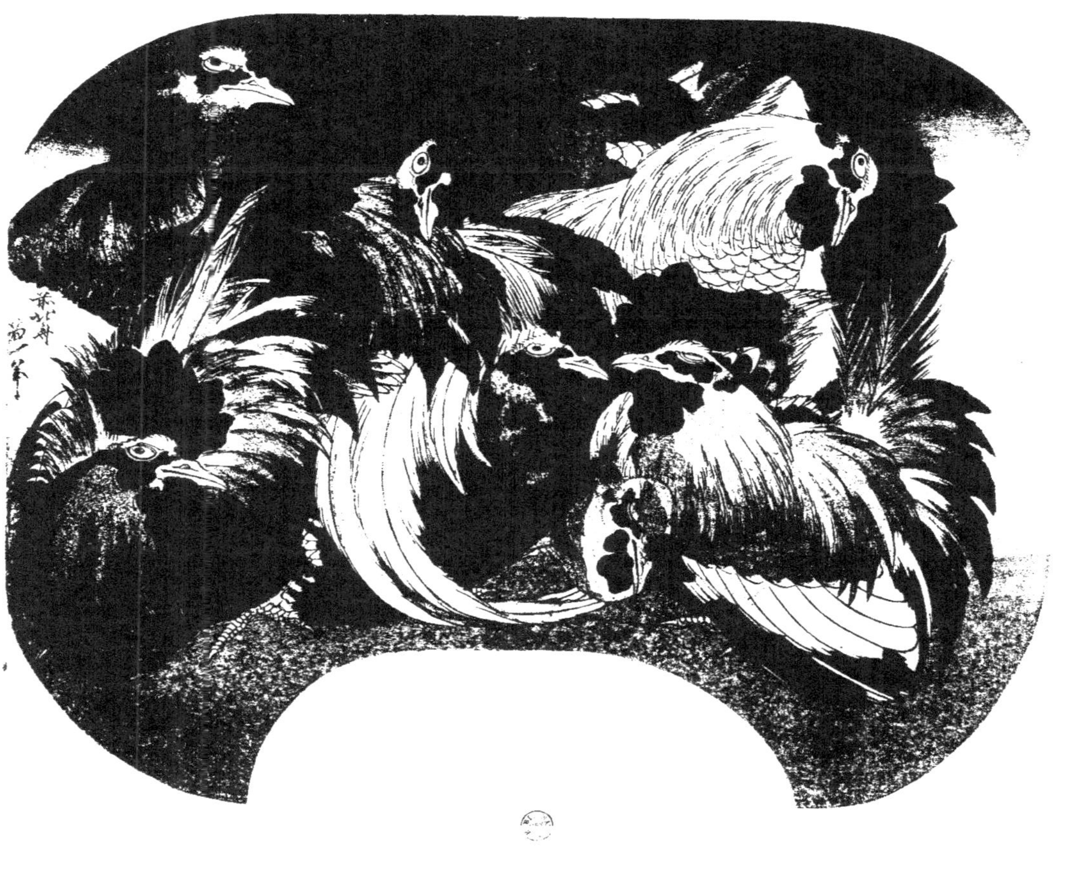

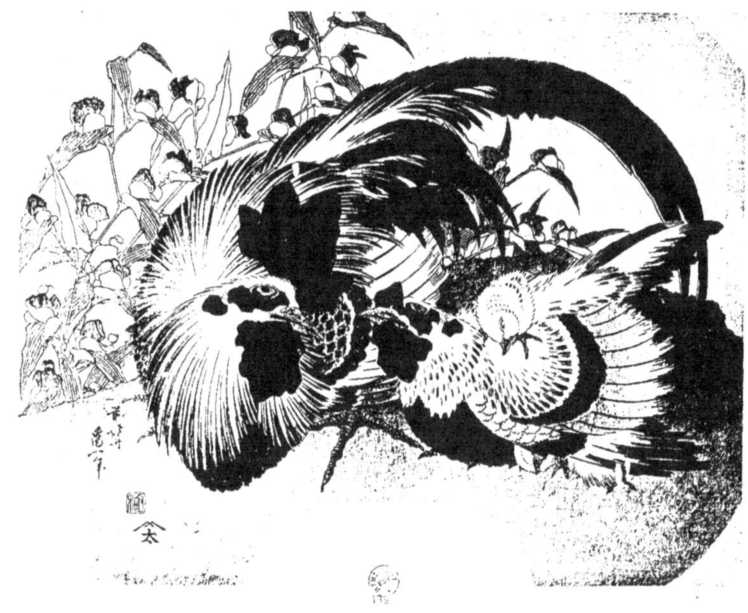

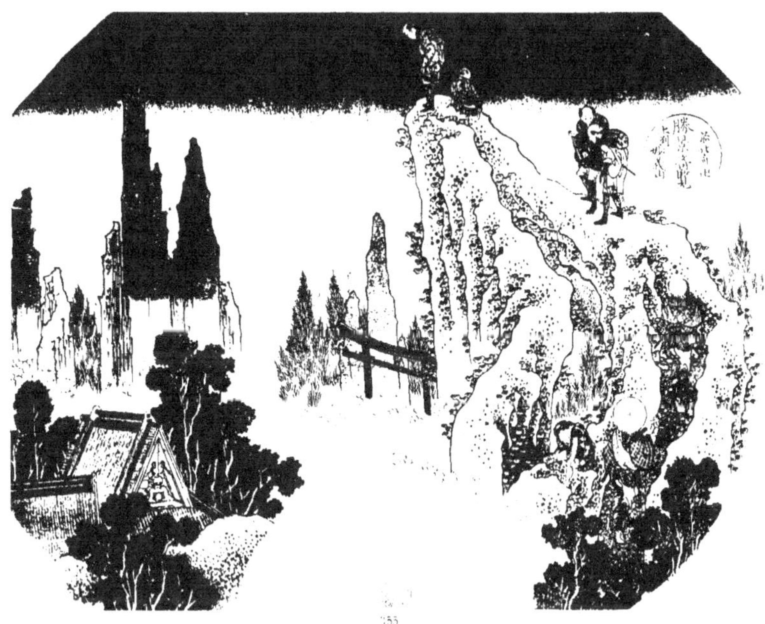

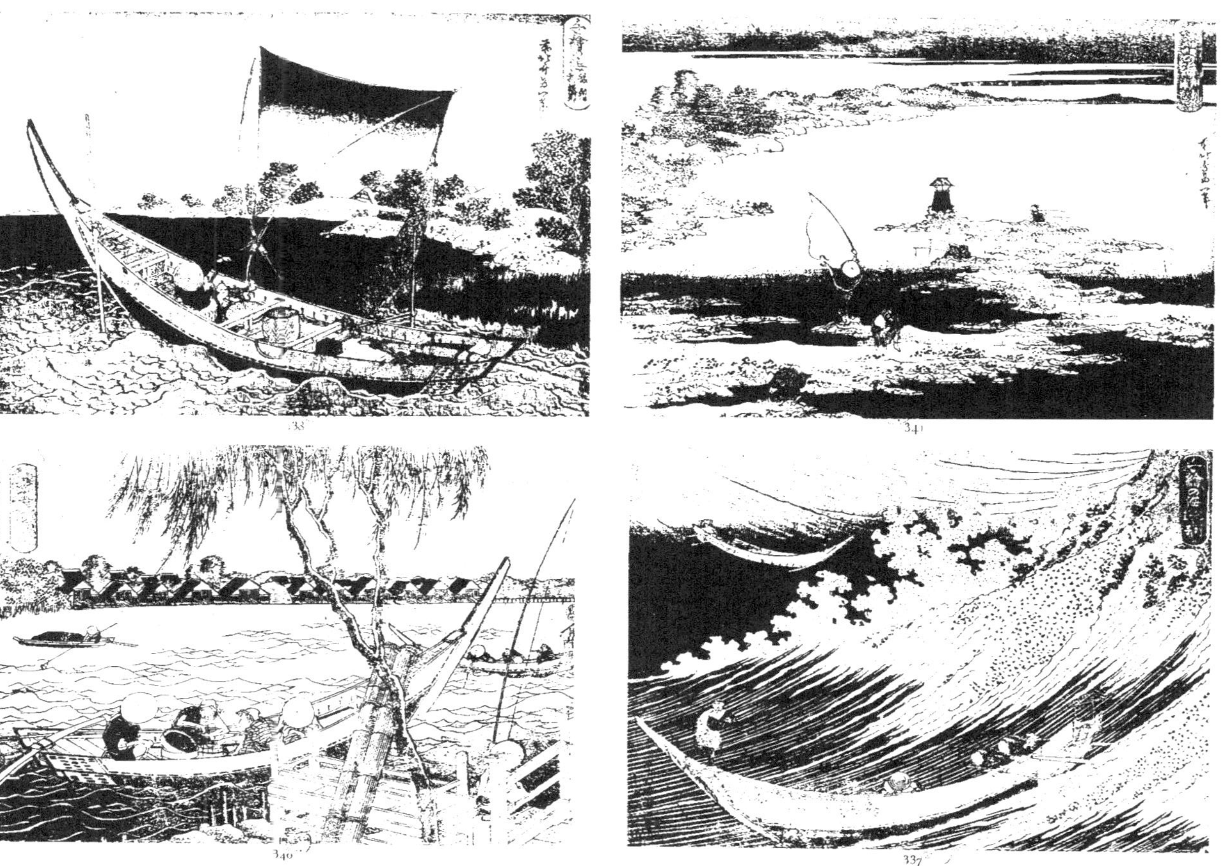

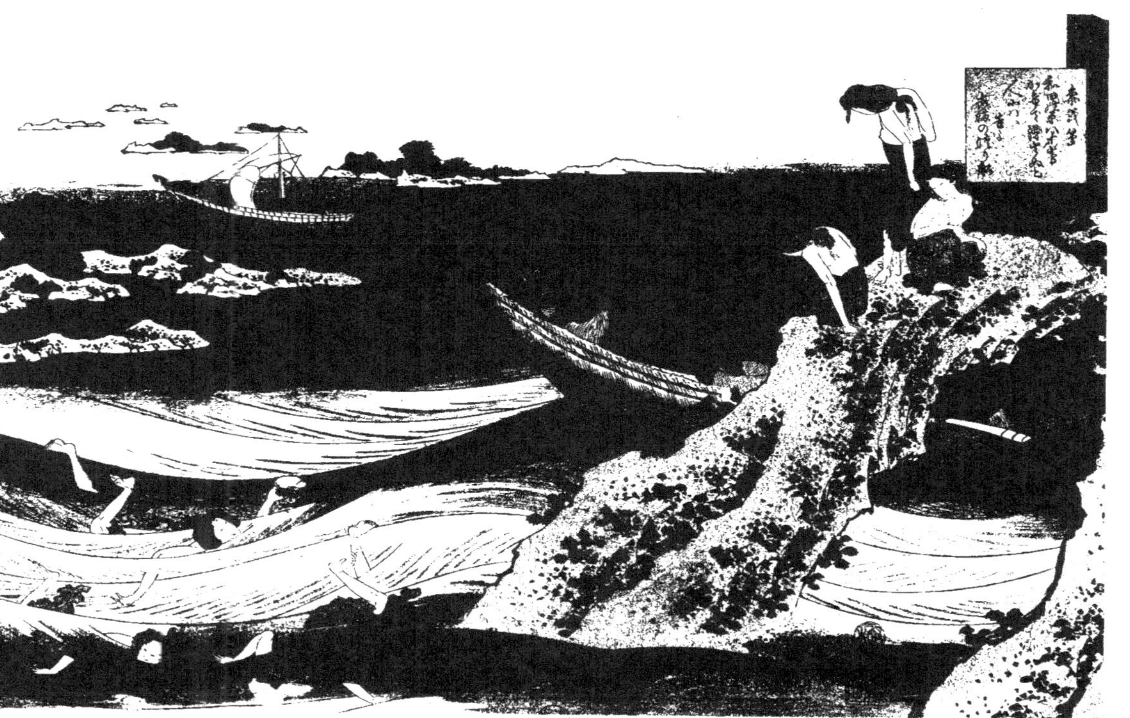

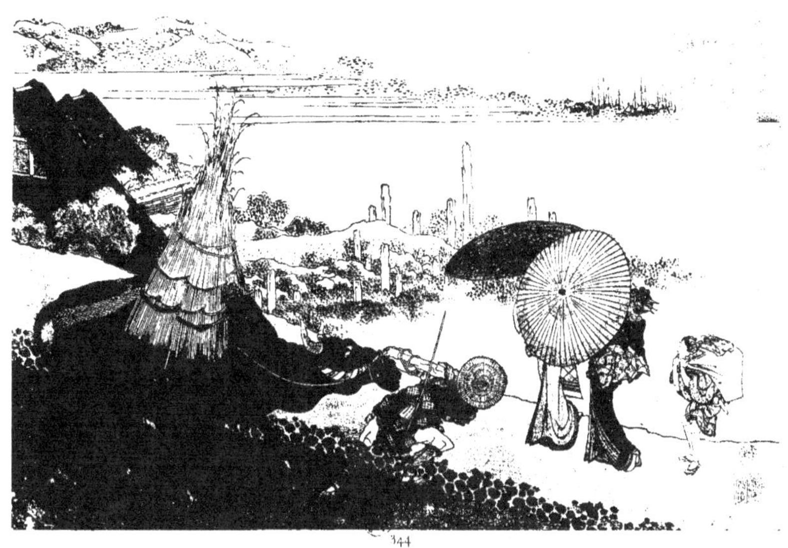

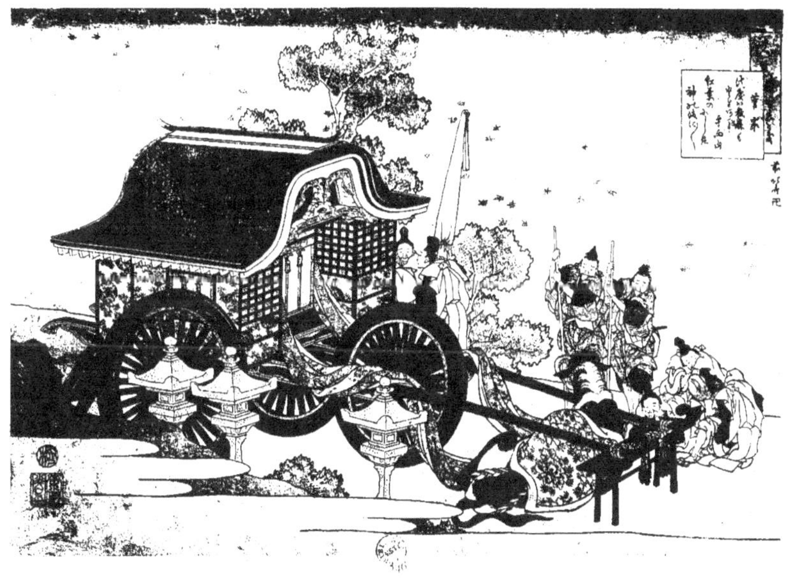

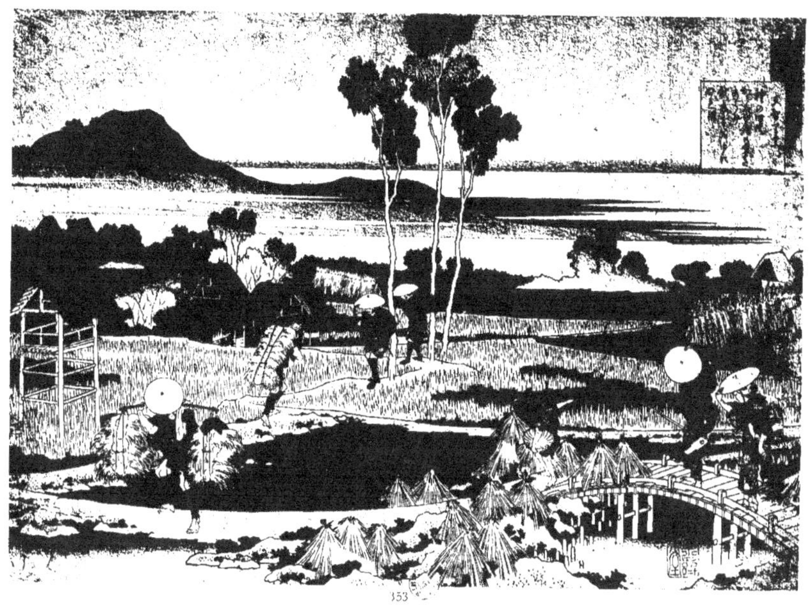

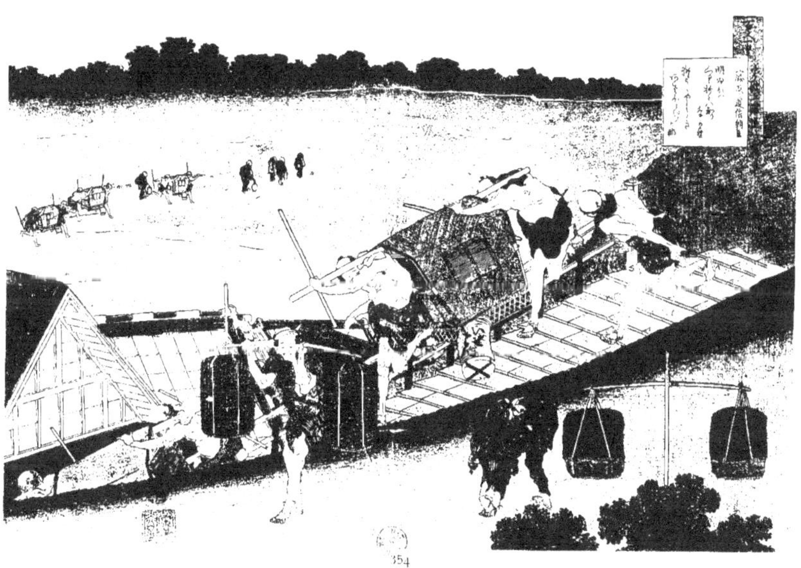

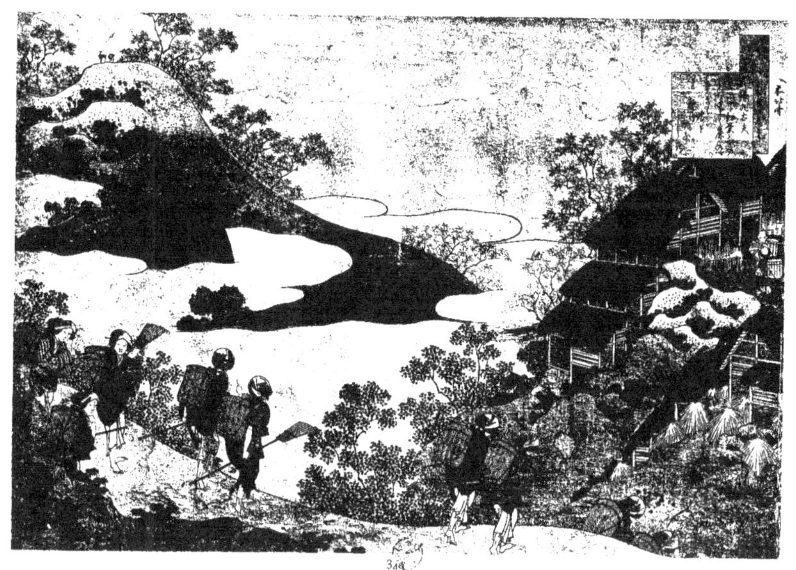

349

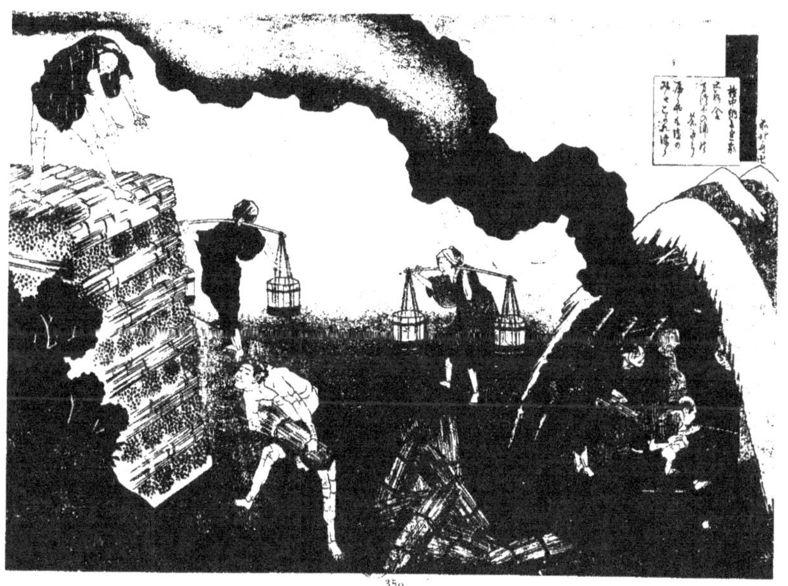

350

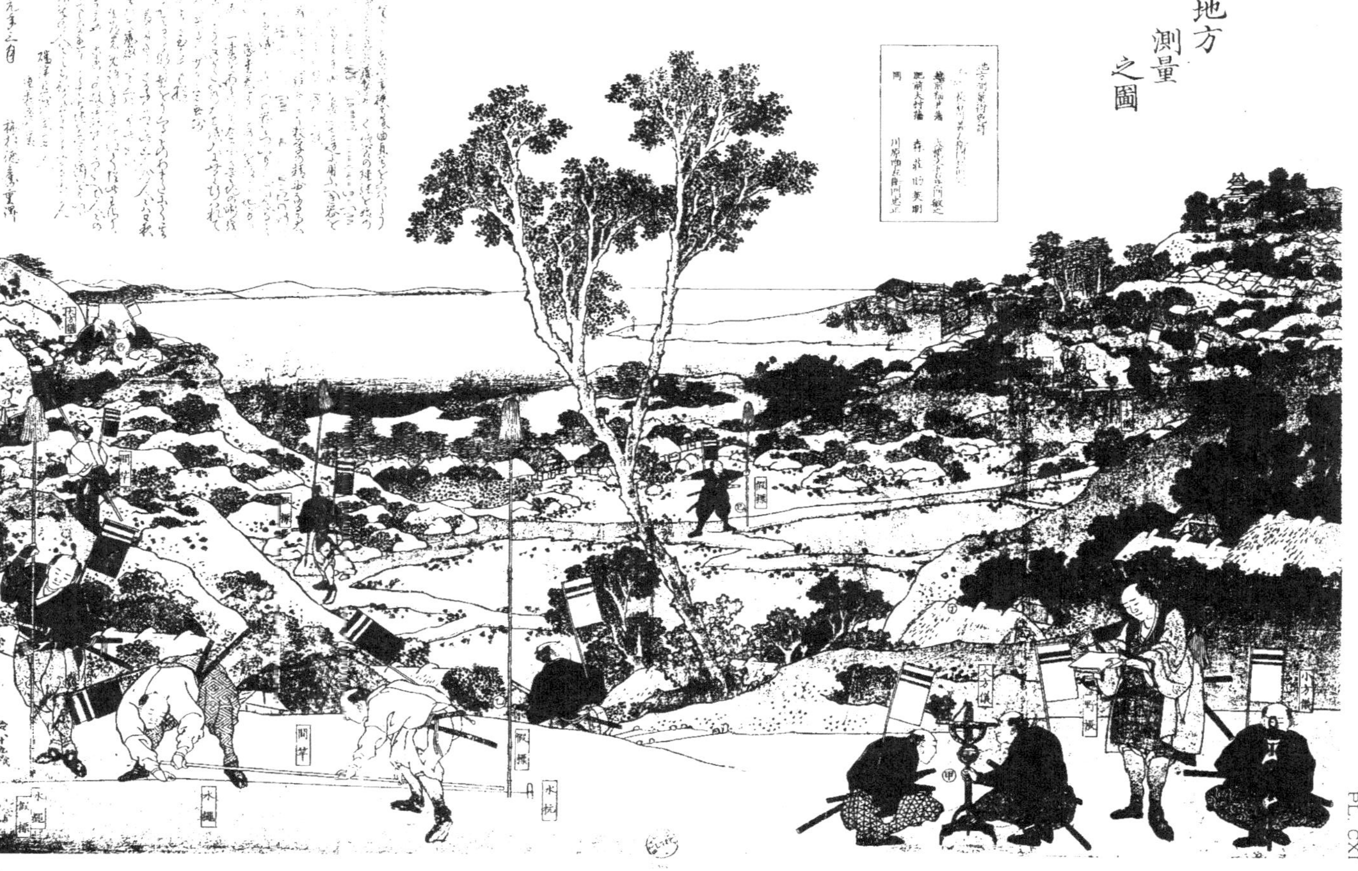

地方
測量
之圖

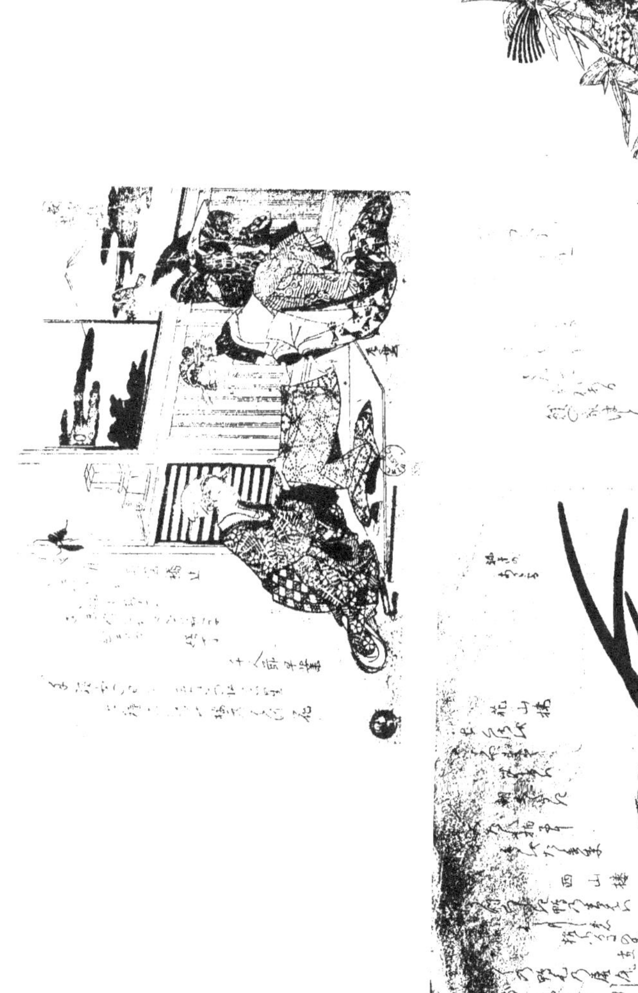

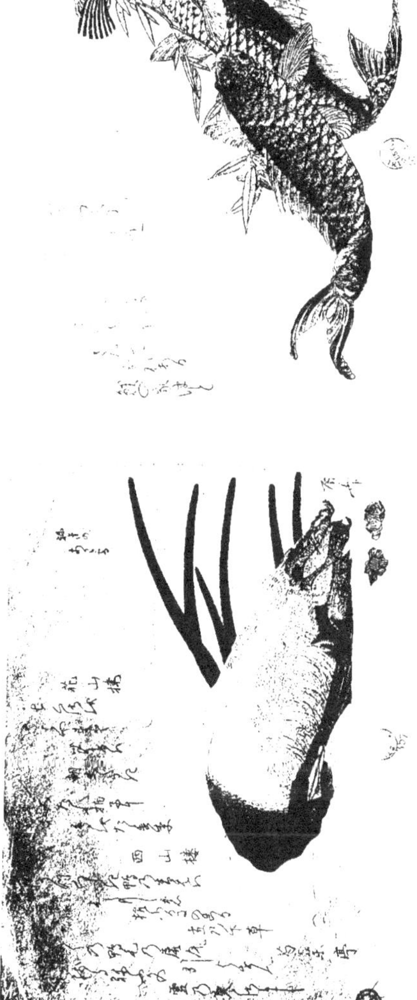

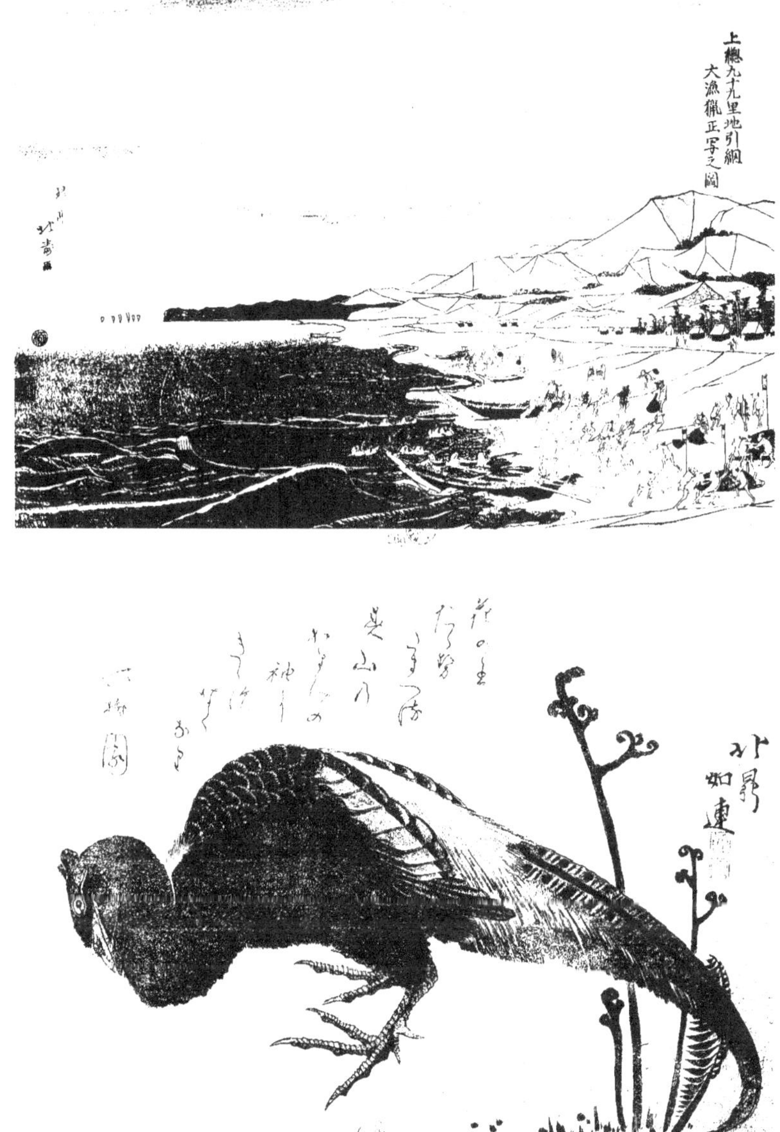
上總九十九里地引網
大漁獵正寫之圖
北齋

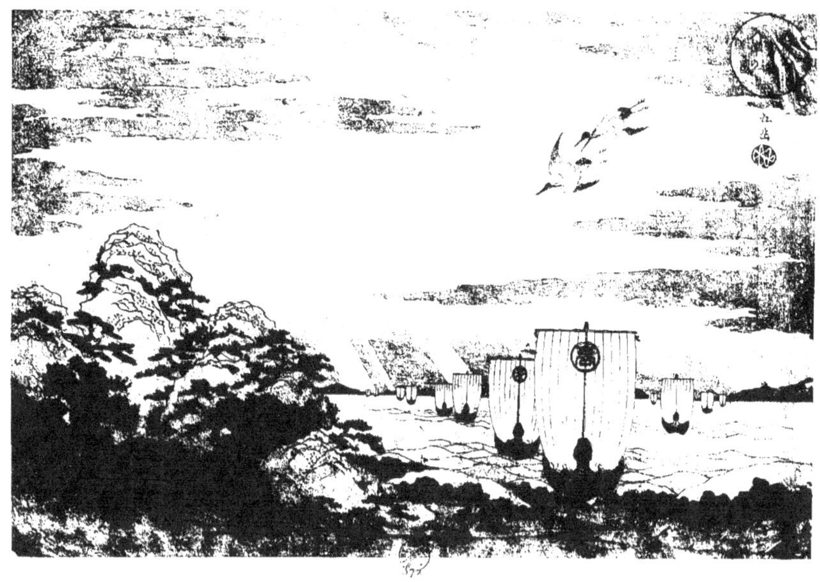

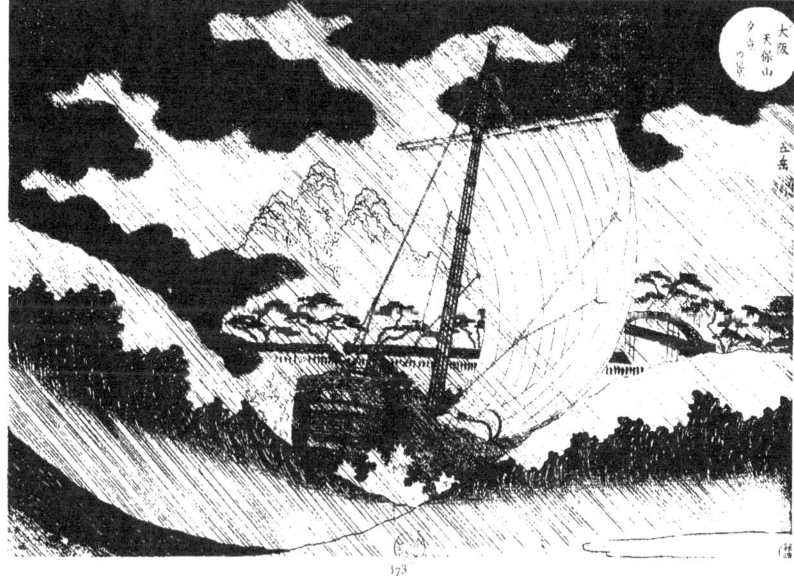

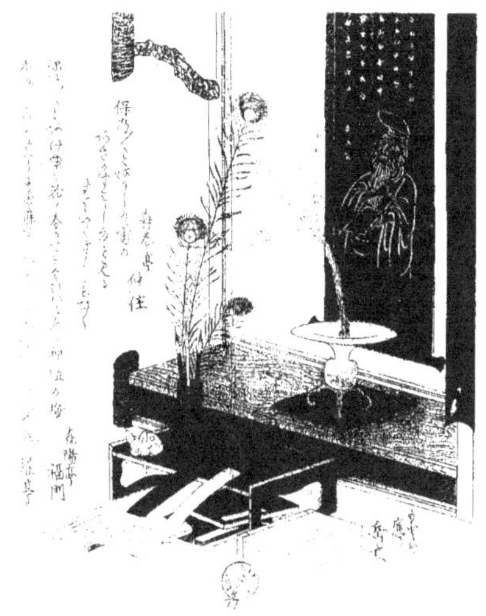

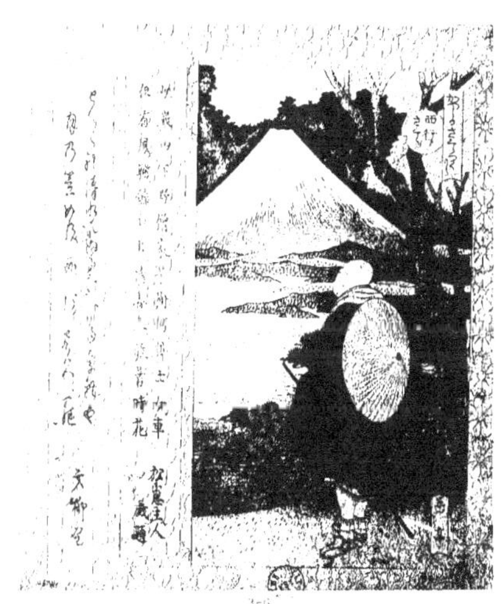

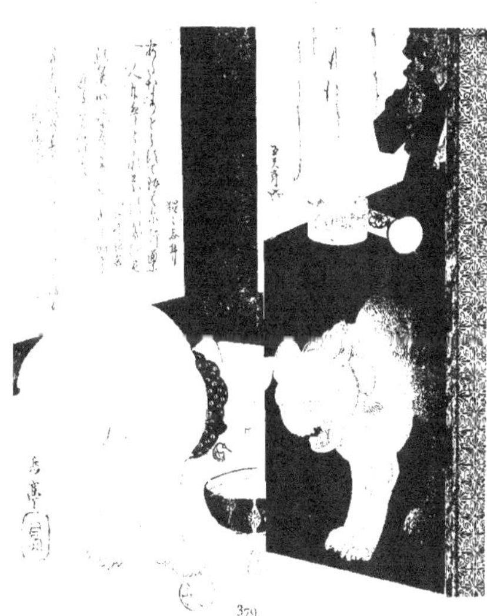

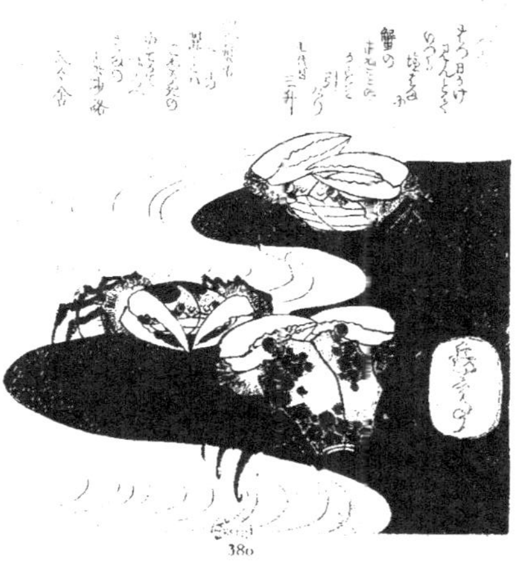

380

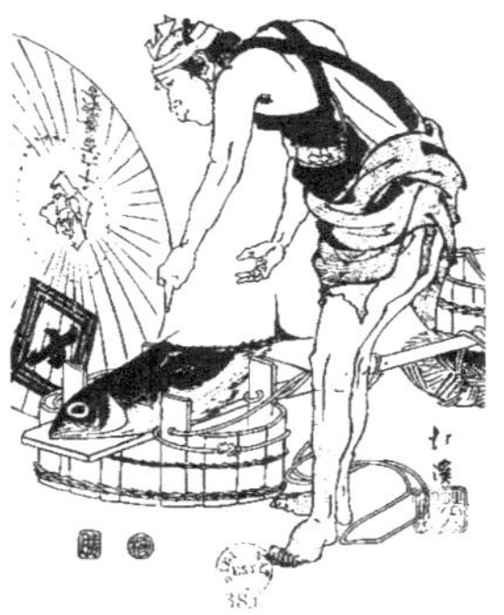

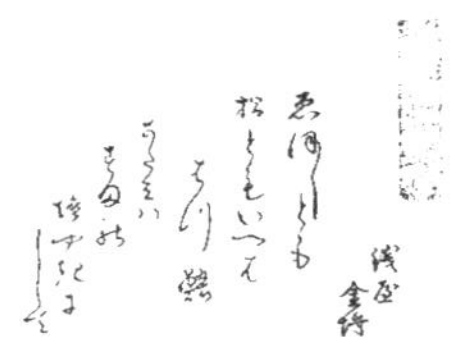

383

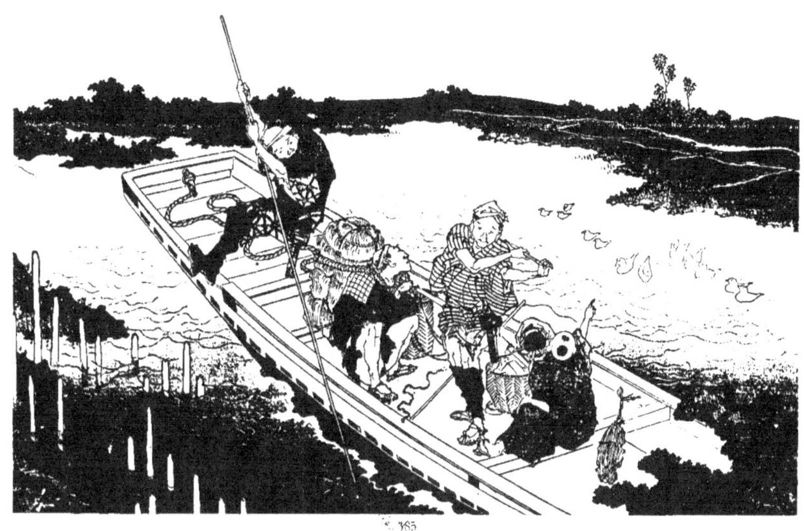

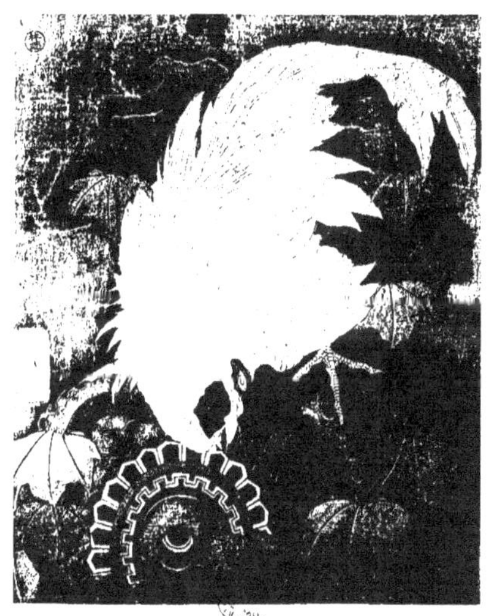

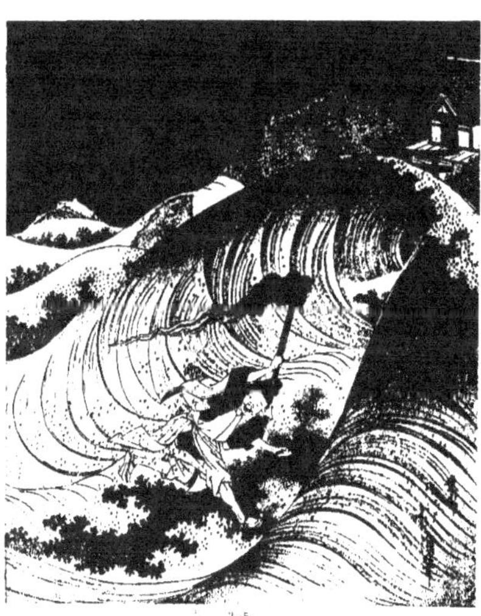

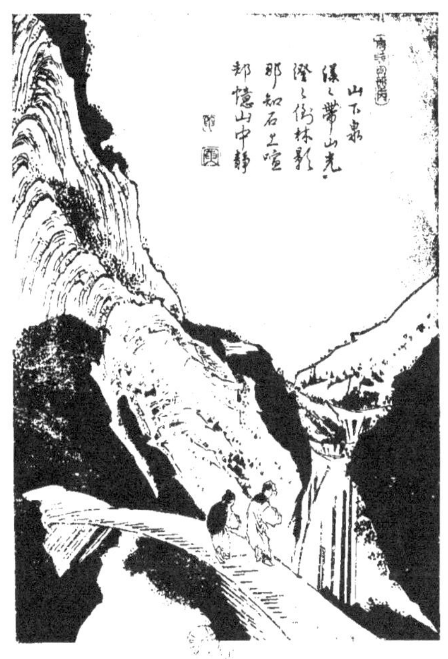

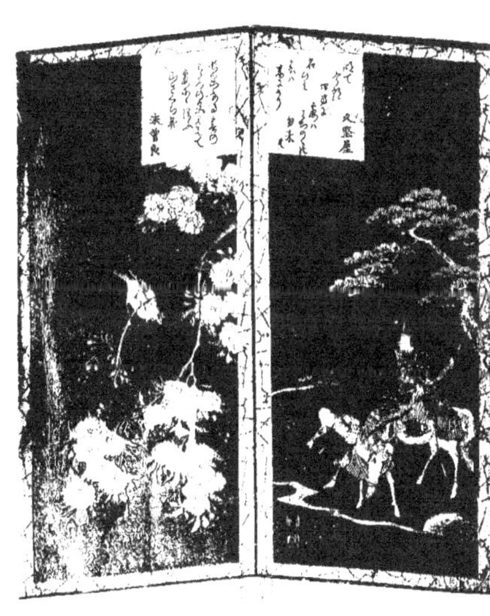

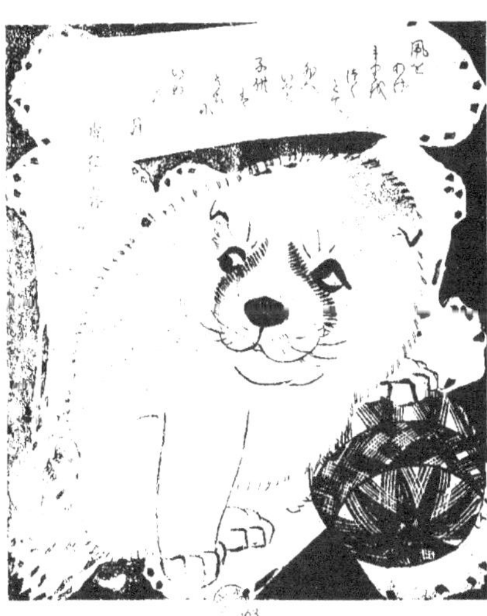